25,–

D1997298

Gered Mankowitz

The Rolling Stones

1965 – 1967

Schwarzkopf & Schwarzkopf

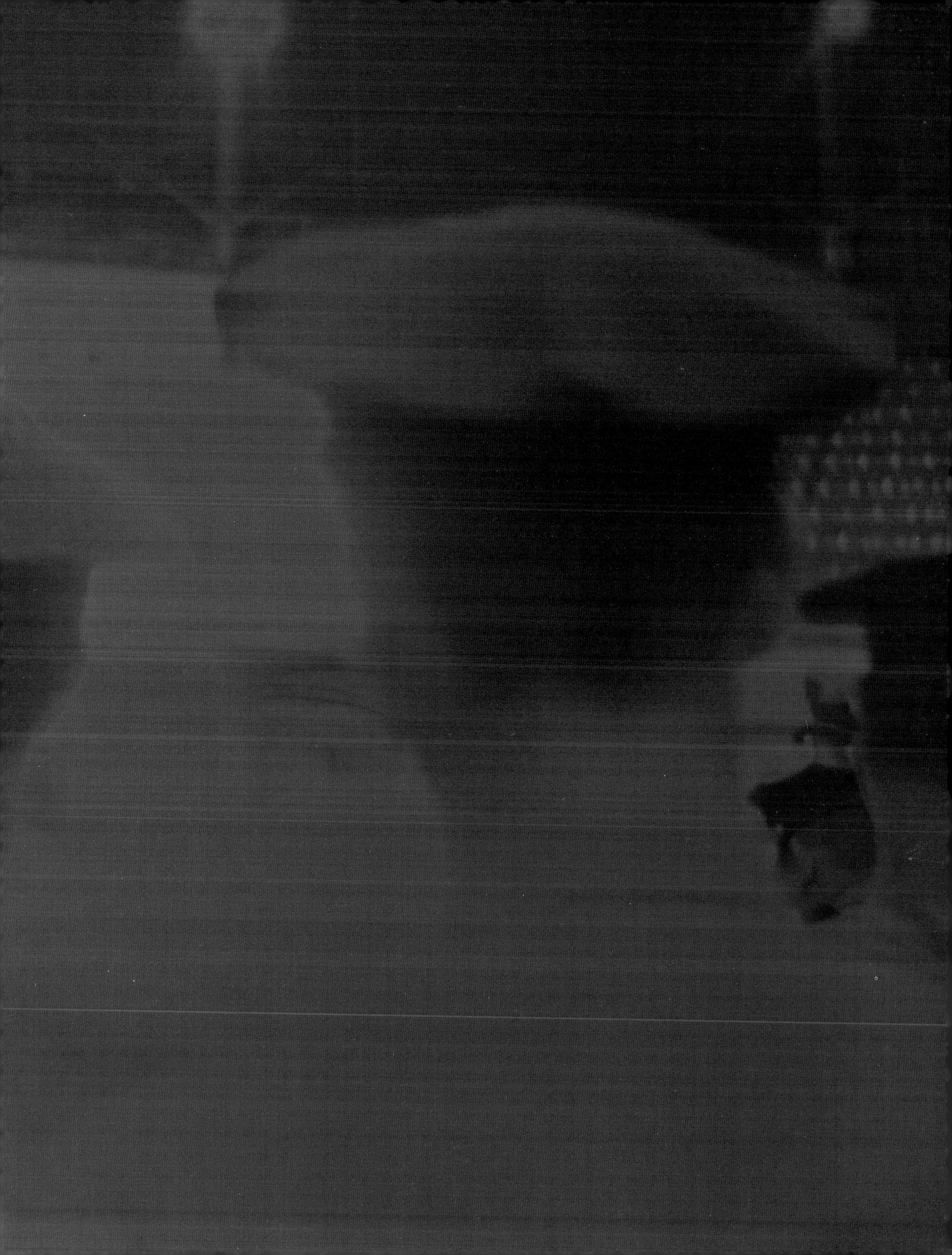

EST. 1928
Armored Motor Service

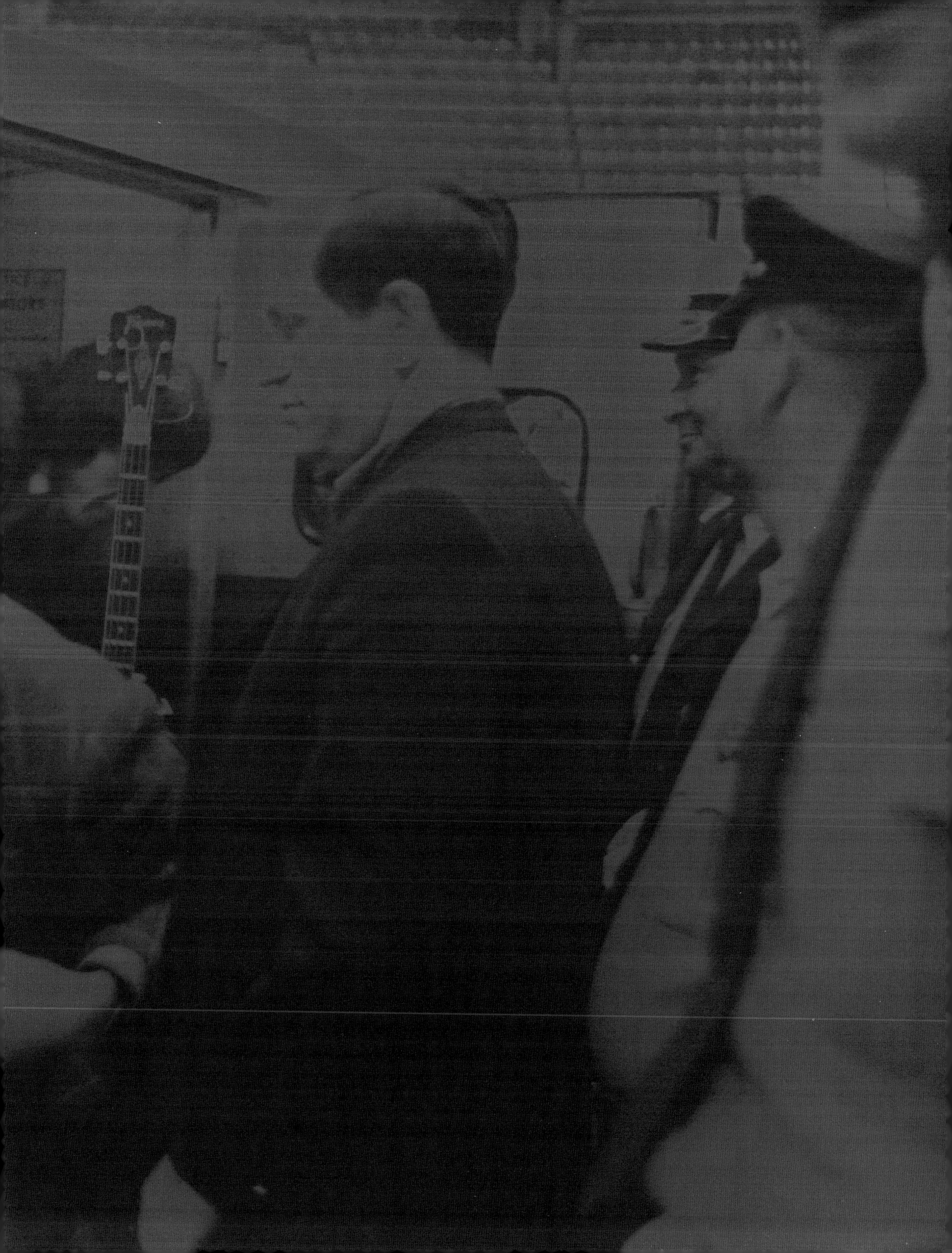

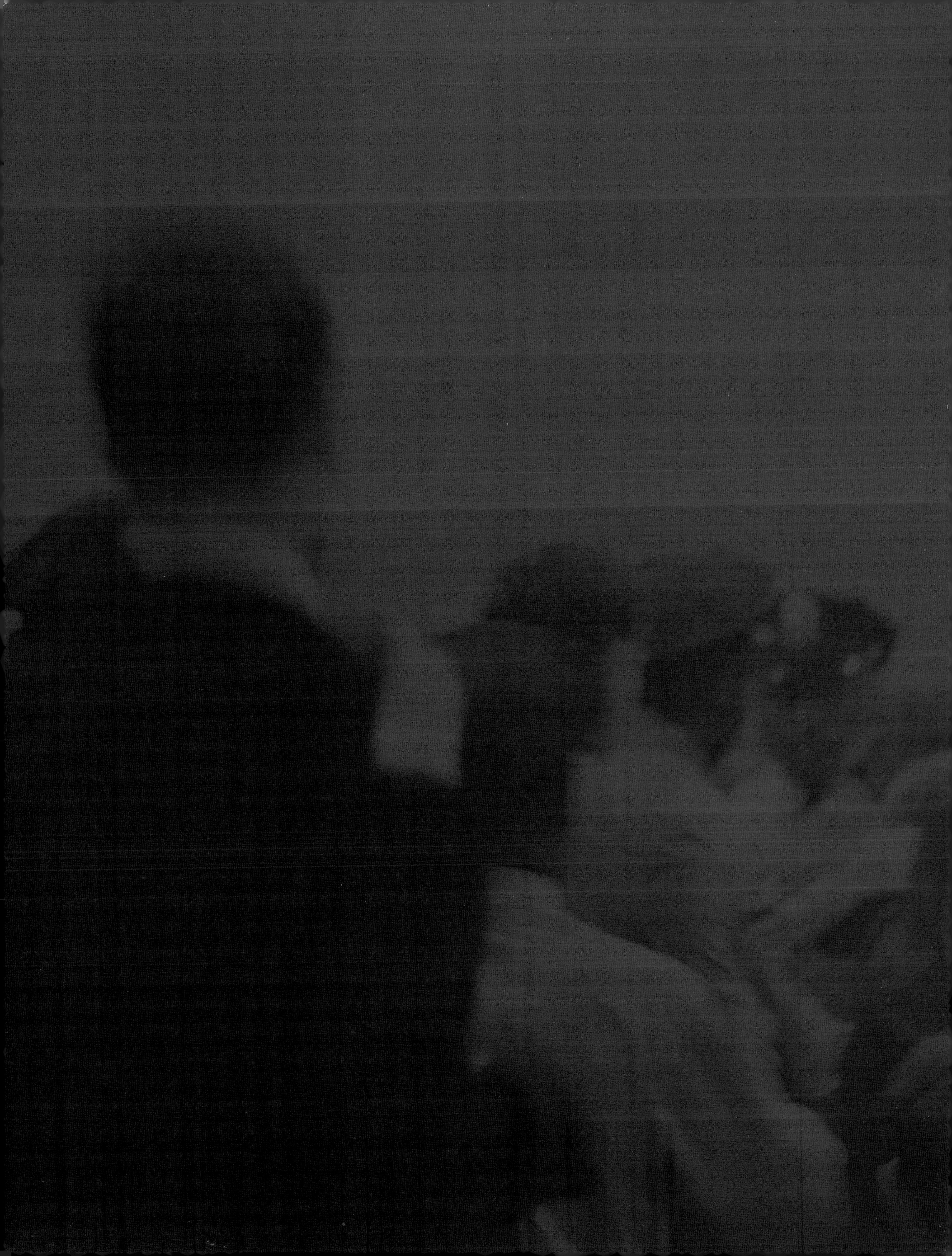

Armored

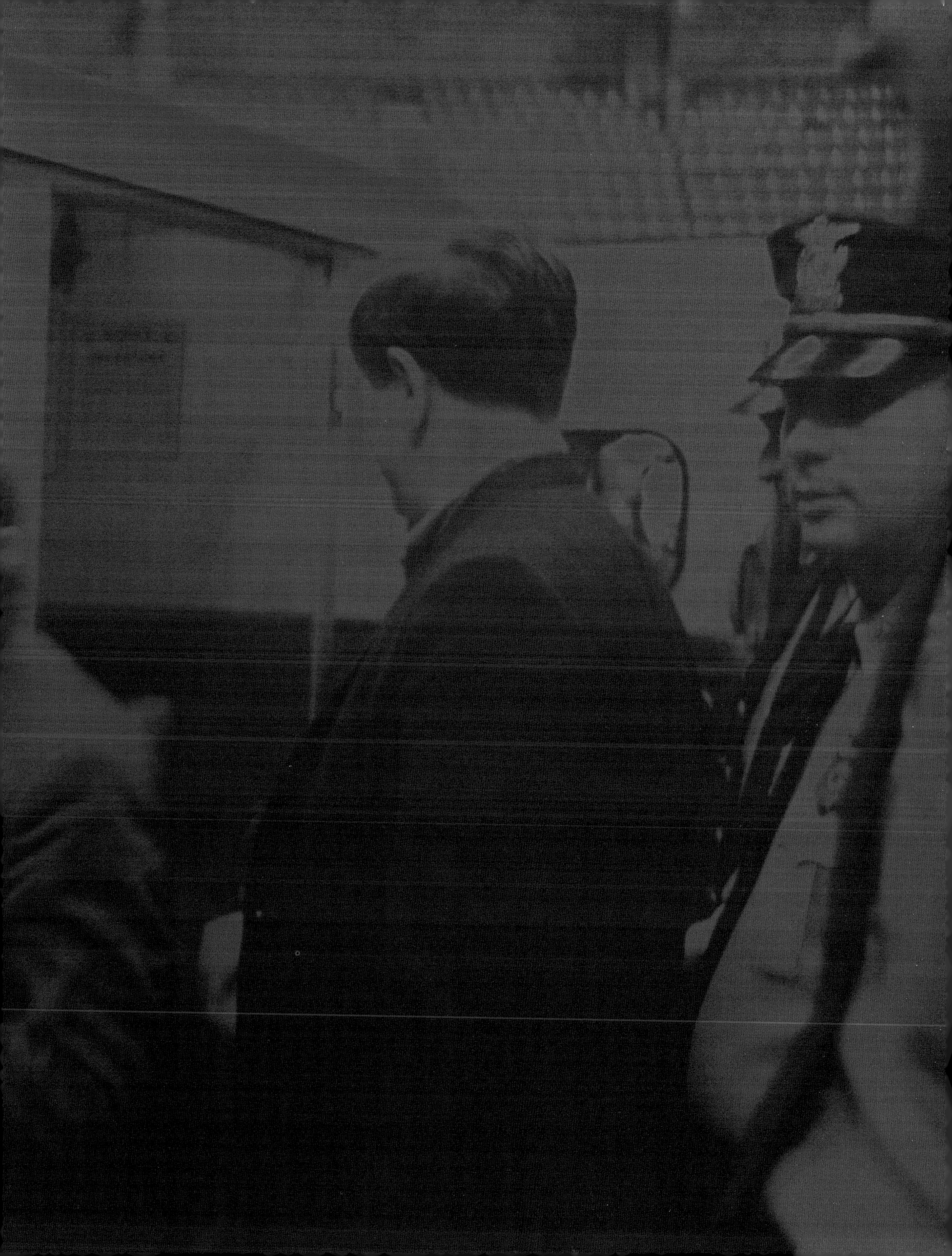

Andrew Loog Oldham war von 1963 bis 1967 Produzent und Co-Manager der Rolling Stones.

LADIES AND GENTLEMEN ... THE ROLLING STONES!

Vorwort von Andrew Loog Oldham

Dies ist kein Buch über die brillant gealterten, glorreichen Stones, es ist kein Buch über eine Zeit, in der Sir Elton John seit zwölf Jahren trocken ist, Mick Jagger behauptet »sein ganzes Leben lang« trocken gewesen zu sein und Keith Richards fortfährt, seine Schulden abzuzahlen. Dies ist kein Buch über den würdelosen Ruhm dieser Stars, die dadurch erniedrigt werden, dass die Blitzlichtgewitter auf unzähligen Preisverleihungen von ihnen verlangen, immer übermütig und jung zu wirken. Es ist aber auch kein Buch über den ebenso schwierigen wie großartigen zweiten Anlauf der Stones, der ihnen den Titel »beste Rock'n'Roll Band der Welt« einbrachte. Dieses Buch ist ganz nah an den ersten Anfängen dran, als sie zu fünft noch eine Einheit waren. Ein Buch mit Bildern, die ein für allemal die wunderbare Zeit festhalten, in der die Stones zugleich die absoluten Rock'n'Roll-Helden und blutige Anfänger waren. Und das Ganze wird Ihnen von Gered Mankowitz präsentiert.

Heutzutage scheint die Kunst der Musik eine Kunst der Hochstapelei zu sein, eine Riesenshow voller Schein und Schwindel, die auf dem Streben nach Ruhm und Geld basiert, aber immer noch davon abhängt, dass ein Song seine Zuhörer überzeugt. Und davon, dass die Stimme, die ihn singt, den richtigen Ton trifft. Die Kunst, die eigene musikalische Leidenschaft vor einem möglichst wachsenden Publikum zu entwickeln und auszufeilen, hat heute keine direkte Verbindung mehr zu der Veröffentlichung und Wertschätzung von Musik. Das ist ein Grund, warum die Welt des Musik-Entertainments oberflächlicher geworden ist. Live-Auftritte sind die Eckpfeiler für den Bezug des Musikers zu der Menge, sie sind die Realität einer gemeinsamen Erfahrung und die Basis einer Kommunikation, die dem Künstler erlaubt, am ganz normalen Leben teilzuhaben. Die derzeitige Vorstellung von Ruhm und Geld entwickelte sich, soweit ich mich erinnere, erst später in den Sechzigern, als sich der Überlebenskampf und die Drogen inzestuös in das ganze Business mit einschlichen. »Ruhm und Geld« funktionierten aber nicht so ganz, also kamen »Peace & Love« dazu. Zu Beginn dieses Spiels waren wir jungen Kriegskinder zum größten Teil daran interessiert, einen regulären Job – und somit das Leben, für das unsere Eltern uns formten – zu umgehen. Wir waren mehr als glücklich, uns unserer Leidenschaft für Musik und Mode und einem leichtfüßigen Künstlerdasein hingeben zu können. Auch wir wollten mit dieser Sache anfangen, die mit den Beatles losgetreten worden war und bis heute die Standards musikalischer und anderer Kunst definiert. Damals bewegte sich das Leben eines britischen Entertainers zwischen Clubs, Pantomime-Darbietungen und Auftritten in der Sommersaison. Von den Auftritten beim nationalen Fernsehsender und bei der BBC und von den Plattenverkäufen ließ sich keine Villa kaufen, da gab es einfach nur zwanzig oder fünfzig Steine zusätzlich zu dem Geld, das man bei den nächtlichen Auftritten herausholte.

Die Rolling Stones sind zu unseren absoluten Helden geworden, zuerst waren sie die »Masters of the World« und dann meisterten sie ihre eigene Welt. Wir haben an ihren Momenten des Triumphes und des Zweifels teilgenommen. Sogar als die Boulevardpresse und die Öffentlichkeit begannen, die Stones niederzumachen – das war Ende 1967, kurz bevor Gered und ich aufhörten, mit der Band zusammenzuarbeiten – weigerten sie sich, einem Image nachzukommen, das ihnen vorschrieb, wie heimatverbunden sie als Helden und Gewinner zu sein hatten. Sie lehnten die ihnen zugedachte Rolle ab, räumten das Feld und kehrten danach als eine lebendige, standhafte Verkörperung des Rock'n'Roll zurück und repräsentierten eine Lebensweise, die uns bis zum heutigen Tag inspiriert, ermutigt und verjüngt. Mit der weit verbreiteten, vermeintlichen Bewunderung für die Rolling Stones war es irgendwann zwischen dem Fiasko bei ihrem Auftritt in der »London Palladium Show«, der Drogenrazzia bei Keith Richards in Redlands und den erbarmungslosen Hetzereien in den »News Of The World« vorbei. Ich denke, die Akzeptanz und die Anerkennung der frühen Jahre ist ihnen nie wieder zuteil geworden. Dieses Buch soll an das erinnern, was einem nicht genommen werden kann.

Das war die Zeit vor diesem ganzen Mist, bevor die Musik reines Maschinenfutter wurde. Damals war die Musik noch eine Art Lebenseinstellung, mit der man Gesicht zeigen konnte, sie war nicht bloß Gedudel, das man beim Autofahren hörte. Es war eine Zeit, in der es so einfach war, brillant zu sein und so schwer, durchschnittlich zu sein. Es war normal, »besonders« zu sein, vielleicht war das ein Zweiter-Weltkrieg-Bonus für draufgängerische Möchte-Gern-Künstler. Es war eine Zeit, in der man sich nach mehr als dem bisher Dagewesenen sehnte. Und diese Sehnsucht bereitete den Weg für einen taufrischen Neubeginn. Die Musik, der Lifestyle und das Image jener Zeit sind das Rückgrat der heutigen gegelten Kulturnieten.

In der Zeit, in der Gered Mankowitz mit den Rolling Stones zusammenarbeitete, war unser größtes Talent vielleicht die Kunst, jung zu sein. Gered wurde im August 1946 im Sternzeichen Löwe als Kind des Drehbuchautors und Schriftstellers Wolf Mankowitz und der Psychoanalytikerin Ann Mankowitz geboren. Vielleicht lag es an diesem robusten Elternduo, dass Gered in seiner Karriere die Fähigkeit entwickelte, den Zeitgeist in Visionen und Bilder umzusetzen. (Sein Vater hat mit seiner Bühnen- und Filmversion von »Expresso Bongo« Ende der 50er einen bleibenden Eindruck bei mir hinterlassen, denn diese Version hatte großen Einfluss auf den Typen, der ich einmal werden sollte.) Gered war der älteste der vier Mankowitz-Kinder und um immer vorneweg zu bleiben, verließ er mit 15 die Schule, sagte »Nein Danke« zur Schulbildung und »Hallo« zur Schule des Lebens. Er entdeckte bald seine Neigung zur Fotografie und besorgte sich eine Kamera, die er überall mit sich herumtrug und die sein Lebensinhalt werden sollte. 1963 hatte er genügend Aushilfsjobs als Fotograf absolviert, um sich die Grundlagen dieser Kunst anzueignen und fotografierte »Chad & Jeremy«, eine der erfolgreicheren britischen Antworten auf die »Everly Brothers«. Ein Jahr später führten Umstände, an denen ich, soweit ich mich erinnere, nicht beteiligt war, dazu, dass Gered herausragende Aufnahmen von Marianne Faithfull machte, mit der ich durch »As Tears Go By« einen sehr schönen Hit gelandet hatte. So verschaffte sich Gered Zugang zu der neuen Generation von talentierten, ungebundenen Musikern – den sogenannten Waifs – und deren Produzenten und Impresarios. Aus dieser Szene formierte sich die Ersatzbrigade für die Stars der Modewelt, die eigentlich für die erste »britische Invasion« gesorgt hatten. Noch bedeutender (im Sinne dieses Buches) war, dass Gered begann, mit den Rolling Stones und mir zusammenzuarbeiten.

Gered Mankowitz bezeichnet das als einen bedeutenden Wendepunkt in seiner Karriere und er kam mit seinen Fähigkeiten zu uns, als auch die Stones an einem ähnlich wichtigen Punkt ihrer Karriere waren. Als Gered Mankowitz Aufnahmen von den Stones machte, trafen Kunst und Wille aufeinander. Damals hatte ihre Musik eine gewisse Verwundbarkeit, das ist ein Schlüsselmoment in der Entwicklung jedes wahren Künstlers (im Gegensatz zu dem heutigen Know-How, dem jede Basis fehlt). Gered hatte eine klare Vorstellung davon, was um ihn herum passierte, und das waren wir. In dieser wunderbaren Zeit reflektierte er mit seinen Aufnahmen sich selbst, uns und das, was der Tag so brachte. Dazu gehörte auch die rekordbrechende Satisfaction-Tour durch die Staaten im Herbst 1965 und hier beginnt die eigentliche Legende. Während die Fotos die visuelle Realität und Beobachtungen vom Leben und der Entwicklung der Band auf der Tour und in den Aufnahmestudios einfangen und festhalten, finden die Rolling Stones über ihre Songs und ihr Charisma zu sich selbst. Sie behaupten sich auf der amerikanischen Etappe und gewinnen damit die ganze Welt für sich. Die Kehrseite der Medaille zeigte sich, als die Gruppe im Winter 1966 von Hollywood, dem Sitz des amerikanischen Traums und dem Geburtsort der ersten Goldenen Schallplatte, nach London zurückkehrte. Hier mussten sie unter den prüfenden Blicken von Presse und Polizei arbeiten, die mit ihrer Kritik die Empörung der Öffentlichkeit über die Band noch mehr anheizten. Ladys and Gentlemen – The Rolling Stones! Es war okay, dass die Beatles alles hatten – den Titel »Members of the British Empire«, Rock'n' Roll-Landsitze, Gurus und Bentleys – aber das galt nicht für die Stones. Das ging über den ihnen zugedachten Status hinaus, da wurde mit der Stirn gerunzelt – und dieses Stirnrunzeln wurde bald feindselig und grimmig. Es ist wahr – die Stones hätten weiter touren und nie wieder zurück nach Hause kommen sollen. Aber sie taten es und das hat man ihnen nicht vergessen, im positiven wie im negativen Sinne. All die Sessions in den Aufnahmestudios und die Bilder und Veränderungen verschmolzen miteinander in »December's Children«, »Between the Buttons«, »Aftermath«, »Got Live If You Want It!«, »Flowers« und »Big Hits (High Tide and Green Grass)«. Gered hat alles festgehalten: die Gerichtsverhandlungen der Rolling Stones, tatsächliche und bloß als solche wahrgenommene Widrigkeiten, die Erschöpfung der Band und »die Wachablösung« (d. h. mein Abgang). Hier finden sich Bilder voll Feuer und Anmut, die aber auch ganz einfach das Vergängliche zeigen. Sie stammen aus einer Zeit, in der »alternativer Lebensstil« bedeutete, die Arbeit als Spiel zu verstehen. Eine Verknüpfung, die Großbritannien zu einem Imperium neuer Mode und Rhythmen sowie zu einem neuen Lebensgefühl und damit zu einem Platz an der Sonne verhalf.

Lassen Sie mich einige dieser Bilder kommentieren. Ende 1966 machten wir mit Gered um fünf Uhr morgens auf dem Primrose Hill die Aufnahmen für das Albumcover von »Between the Buttons«. Das war gegen Ende der ersten goldenen Glückssträhne der Stones. Der traurige, kontinuierliche Verfall von Brian Jones wurde immer deutlicher. Die Stones waren in den letzten dreieinhalb Jahren ständig auf Tour gewesen, hatten eine Platte nach der anderen aufgenommen und versuchten ihr Bestes, um in eine irreale »reale« Welt zu passen. In dieser Welt hatten sie seit ihrem Marathon-Terminplan, der Mitte 1963 losging und sich bis Ende 1966 – als das Boot dann kenterte – fortzog, nicht wirklich gelebt. Wir waren jeden Abend in den Olympic Studios. Das war schon für sich genommen eine Art Anpassungsmaßnahme. (Wir entwöhnten uns von unserem Aufenthalt in Amerika, wo wir mit einem Shuttle zwischen den Hotels und Motels auf dem Sunset Strip und den RCA Studios in Hollywood hin- und herpendelten und somit gänzlich abgeschottet lebten.) Zum ersten Mal nahmen wir die Musik nun zu Hause auf, und zwar unter dem Druck, »es geschafft zu haben«. Die Aufnahmen bei Olympic waren ein Lernprozess, bei dem wir uns mit dem Raumklang vertraut machten und die Einzigartigkeit dieser Studios erlebten. Das Wesen von Olympic brachte ich aber eigentlich eher mit strahlendem Sonnenschein als mit der grauen Dunkelheit des herbstlichen Londons in Verbindung. Wir hatten es nun mit einem neuen, entspannteren Terminplan zu tun, aber insgesamt war es schwieriger. Der Kick war weg. Wir befanden uns nun in einem völlig neuen Umfeld, in dem alles, einschließlich der Albencover, einen Abgabetermin hatte. Also beschlossen Gered und ich, dass das Shooting für das »Between the Buttons«-Cover im Morgengrauen, nachdem die Stones ihre nächtlichen Aufnahmen beendet hatten, stattfinden müsse. Um fünf Uhr morgens aßen wir Spiegeleier mit gebratenem Brot, tranken heißen, starken Tee, rauchten was und fuhren in meinem Phantom V und in Keiths umwerfendem Bentley-Cabrio so schnell wie möglich von den Olympic Studios in Barnes südlich der Themse nach Primrose Hill in den Nordwesten Londons. Beide Fahrer wurden angehalten, ordentlich Gas zu geben. Ich war besorgt, dass wenn die Fahrt zu lange dauern würde, es bei unserer Ankunft aufgrund der Müdigkeit und der Hitze im Auto für Gered nichts mehr zu fotografieren gäbe außer einem Haufen schlafender Stones.

Wir schafften den Weg in knapp 20 Minuten. Um die Gruppe wach (und möglichst auch bei Laune) zu halten, ließ ich meinen Fahrer den Phantom V durch den Park und so weit es ging auf den Primrose Hill hinauf fahren. Wir stiegen aus und gingen die letzten Treppen zur Hügelkuppe zu Fuß hoch. Gered hatte seine Objektive mit Vaseline präpariert und beabsichtigte, dort oben »mit Licht zu schreiben«, wie Hubbard das Wesen der Fotografie erklärte. Etwas unterhalb von der Stelle, wo wir geparkt hatten, erblickten wir einen weiteren

»Los, komm schon, Gered, es ist arschkalt, jetzt leg' verdammt noch mal endlich los!«

morgendlichen Besucher. Ein langhaariger, bärtiger Hippie, der mit einem Mantel bekleidet war, stand auf einem Bein. Das andere hatte er ballettartig angewinkelt und drückte seine Fußsohle an die Innenseite seines Knies. Dazu spielte er Flöte, um den neuen Morgen zu begrüßen. Er erstaunte und belustigte uns alle dadurch, dass ihm unsere Ankunft in den langgezogenen, dunkel verglasten Rolls Royces auf dem Hügel »seines« Anwesens überhaupt nichts auszumachen schien. Er spielte einfach weiter. Das dunstige Dämmerlicht erinnerte an den Nebel über dem Moor von Baskerville. Nachdem Gered zehn Minuten lang seine Ausrüstung aufgebaut hatte und »Ihr Lieben« und Befehle gebrüllt hatte, fühlte sich auch Moxie, unser eifriger Jethro-Tull-Vorbote, gestört und entfernte sich, um an einer anderen Stelle sein morgendliches Ritual fortzusetzen.

Mick, Keith, Charlie und Bill stöhnten ein wenig und riefen: »Los, komm schon, Gered, es ist arschkalt, jetzt leg' verdammt noch mal endlich los!« Aber sie hatten Lust auf die Session und waren voll dabei, während Brian sich von diesem Moment an in seinen hellbraunen Pelzmantel zurückzuziehen schien. Während die anderen Stones in der Situation aufgingen, schien Brian dem Ganzen zu entschwinden. Es kam der Augenblick, an dem die vier Stones (aus Erfahrung und Instinkt) wussten, dass Gered ganz nah an der Serie von Momenten, die zählten, dran war und sie strahlten dieses gewisse Extra aus, sie rissen sich zusammen und in ihren Augen lag der Funke, der den Menschen von Puppen unterscheidet – der Ausdruck des Lebendigen, der Ausdruck dessen, was wir sind, sie gaben sich selbst für die Kamera auf. So wird die eine Kunst durch eine andere Kunst vermittelt, das Visuelle bildet die Audiokommunikation ab. Der Augenblick wird aufgenommen oder besser noch: er wird von allen geteilt und dann auf dem Film festgehalten. »Das sind wir! Jetzt! Schau dir an, wer wir sind und drinnen im LP-Cover wirst du uns und unsere neuesten Aufnahmen finden.« Die Stones waren plötzlich da, Gered war da, das Bild war da und wurde aufgenommen. Unsere Zeit war vorbei, das Licht hatte sich verändert, der Tag war gekommen und gehörte anderen. Aber für uns hatte er seinen Dienst getan und es war Zeit, nach Hause zu gehen. Wir hatten die Aufnahmen und es wurde Zeit, den Phantom aus dem Park heraus und »in sein Bett« zu bringen, bevor die Polizei käme und uns fragte, ob wir eine Einfahr-Erlaubnis hätten. Ich haute mich für ein paar Stunden hin. Am Nachmittag kreuzte ich um halb fünf erwartungsvoll in Gereds Studio auf, um mir die Ergebnisse der Session anzuschauen.

Gered zeigte mir farbige und schwarz-weiße Abzüge von den Aufnahmen und wartete ungeduldig auf meine Begeisterung. Und ich war begeistert. Gereds Arbeit war wie immer ungewöhnlich gut, aber für diese Bilder musste man ihm ein Extralob aussprechen. Zwar ist jede seiner Aufnahmen einzigartig, aber mit dieser war er aufs Ganze gegangen und hatte der Zeit ein paar Momente gestohlen, die in wenigen Minuten Kunst sein würden. Es sollte mein liebstes Albumcover werden und das ist es noch heute. Aber da war noch was ...
»Andrew«, sagte Gered, »das ist ziemlich komisch. Guck dir mal all die Aufnahmen an, siehst du auch, was ich sehe?«
»Was denn?« Ich war verblüfft. Ich hatte ihm schon mehrfach gesagt, dass ich die Ergebnisse genial fand. »Sieh dir mal Brian an. Es ist, als ob er nicht wirklich da wäre ...«
Gered hatte recht. Die Kamera zeigte nicht nur die Realität, es war ihr zudem gelungen, quasi um die Ecke in die Zukunft zu spähen. Auf einigen Aufnahmen sah es so aus, als ob Gered Brian über das Primrose Hill-Geschehen hineinretuschiert hätte. Auf anderen wirkte es so, als hätte er Brians Kopf und Schultern einfach aufgeklebt, so dass Brian aus einer anderen Welt zu kommen schien. Mick, Keith, Bill und Charlie verschmolzen mit ihren Schultern und ihrem ganzen Wesen zu einer Einheit und blickten Gered direkt an. Sie gehörten zusammen und das sah man. Brian wirkte nicht ganz zurechnungsfähig – ein Häufchen Elend, das sich aufgegeben hatte, um seinen Schöpfer zu suchen.

In den Sechzigern ermöglichten die neuen Kameras den Fotografen einen größeren Spielraum hinsichtlich ihrer Arbeit. Man begann, sich von der Auftragssklaverei zu befreien, und Gered war mittendrin. Er hatte das Glück, mit seiner jungen Karriere und den Ideen der Zukunft in Einklang zu sein. Die Kamera und die Kunst können sich in die Quere kommen, und das haben sie auch getan. Die Kamera hat die Träume der Künstler falsch interpretiert. Bands brauchen Auftritte, die Leute gewöhnen sich ans Posieren und die Fotografen werden als Handlanger für den Aufstieg von Künstlern benutzt. Es ist offensichtlich, dass Gered solch eine Arbeitsteilung nicht mitmachte und diesem Kunstverständnis etwas entgegensetzte. Er liebte die Musik, die Vision und die Attitüden seiner Generation. Mit seinen Objektiven fing er eine neue Realität ein: eine unschuldige Ambition und eine Leidenschaft für den Rock'n'Roll, dem es vergönnt war, sich (im Gegensatz zu dem heutigen Video-Boom) live zu entwickeln. Gered teilte sich seine Glückssträhne mit den Rolling Stones, genau wie ich. Wir spielten in glorreichen, rauen, wilden Zeiten und waren erstaunt über unser Glück. Wir lernten dazu, während wir unseren Job machten. Wir machten das, was wir wollten, und unsere Leidenschaft hielt unsere Entwicklung und unseren Erfolg in Gang. Wir besaßen einen gesunden Menschenverstand und entschieden uns daher für die Zusammenarbeit mit Gered. Er hatte die Fähigkeit, Neuigkeiten in Bilder umzusetzen, und wir waren eine Neuigkeit, wir waren eine Warnung. Der Privatclub um uns und das Wesen der Rolling Stones würden schon bald unweigerlich auf die Strukturen der Gesellschaft, die ihr heute fürchtet, abfärben. Gered fing jenen Zeitgeist mit seinen Bildern ein, bevor die Rock-Agenten ihn zu einer Botschaft machten, die in den Poren der Zukunft versickerte. Wir alle hatten eine gute Zeit und die hat er für uns festgehalten. Damals hatten die Stones noch strahlende Augen, sie waren jung, stolz, ambitioniert und rebellisch – und so war auch die Welt, in der wir produzierten.

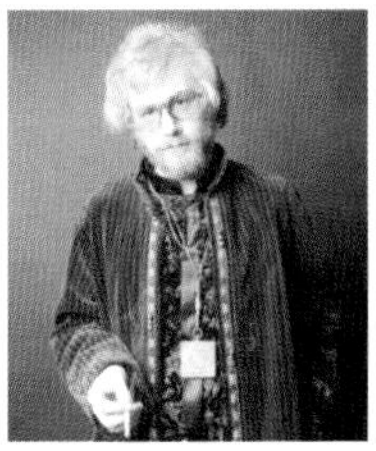

Andrew Loog Oldham war von 1963 bis 1967 Produzent und Co-Manager der Rolling Stones. Er lebt in Bogotá in Kolumbien und ist der Autor des Buches »Stoned«. Der zweite Teil seiner Triografie, »2Stoned«, ist im Oktober 2002 bei Secker & Warburg erschienen. *© Clear Entertainment Ltd.*

THE STONES
1965 – 1967

Es war die zweite Tour 1965, wahrscheinlich ihre 3. Amerika-Tour. Es gab keine große Begleittruppe. Andrew Oldham war schon in New York. Wir waren also zu siebt in einer Kabine der ersten Klasse. Ich glaube, die anderen Passagiere nahmen kaum Notiz von uns. Wir spielten einfach Karten in der Lounge.

Die Stones waren noch nicht abgespannt von der Tour, aber es war ihre dritte und sie hatten eine ziemlich gute Vorstellung von dem, was sie erwartete. Es war die erste Tour, bei der sie ihr eigenes Flugzeug hatten. Ich schätze, dass sie das aufregend fanden.

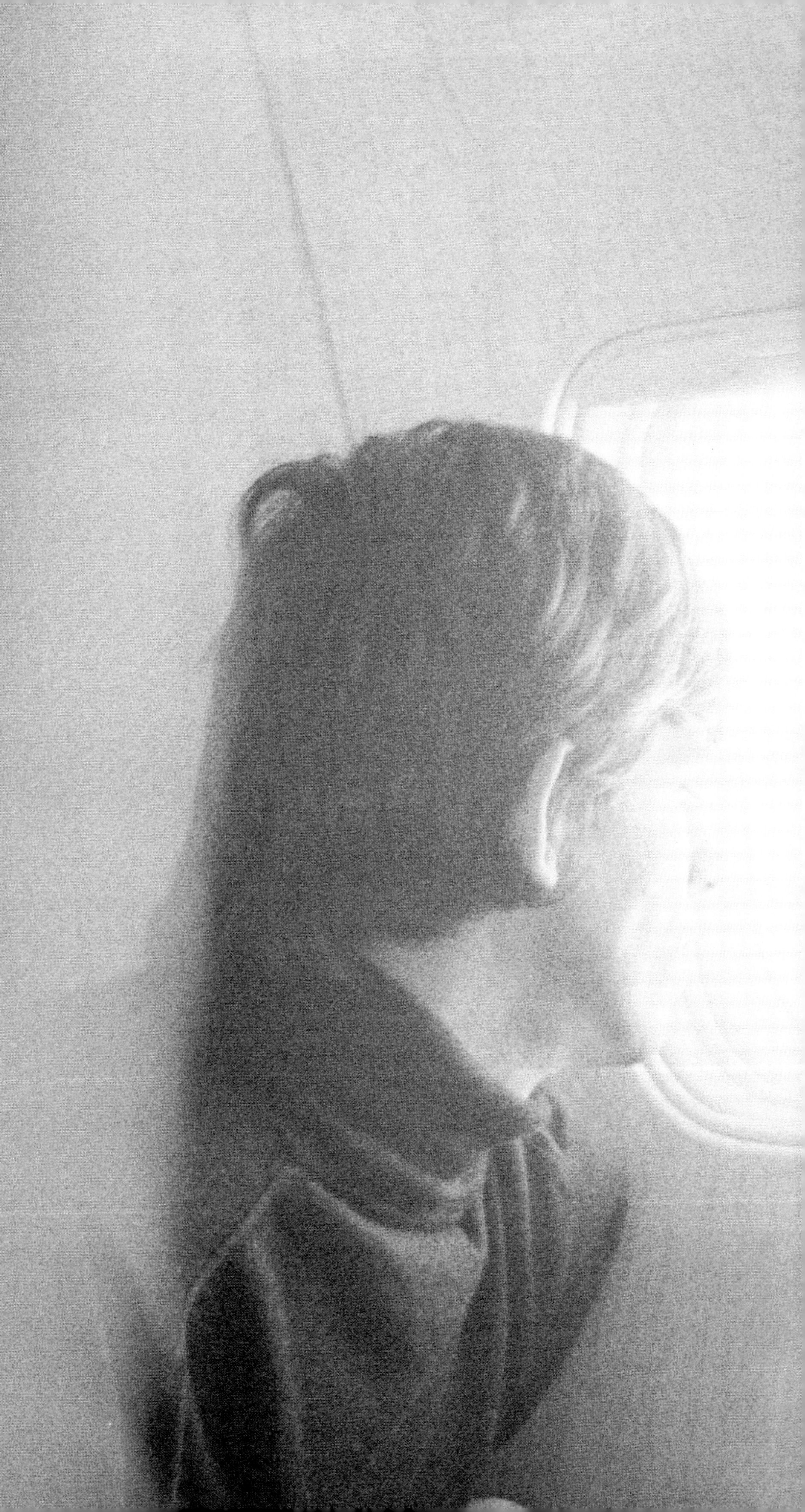

1965 – Sie hatten eine ziemlich gute Vorstellung von dem, was sie erwartete.

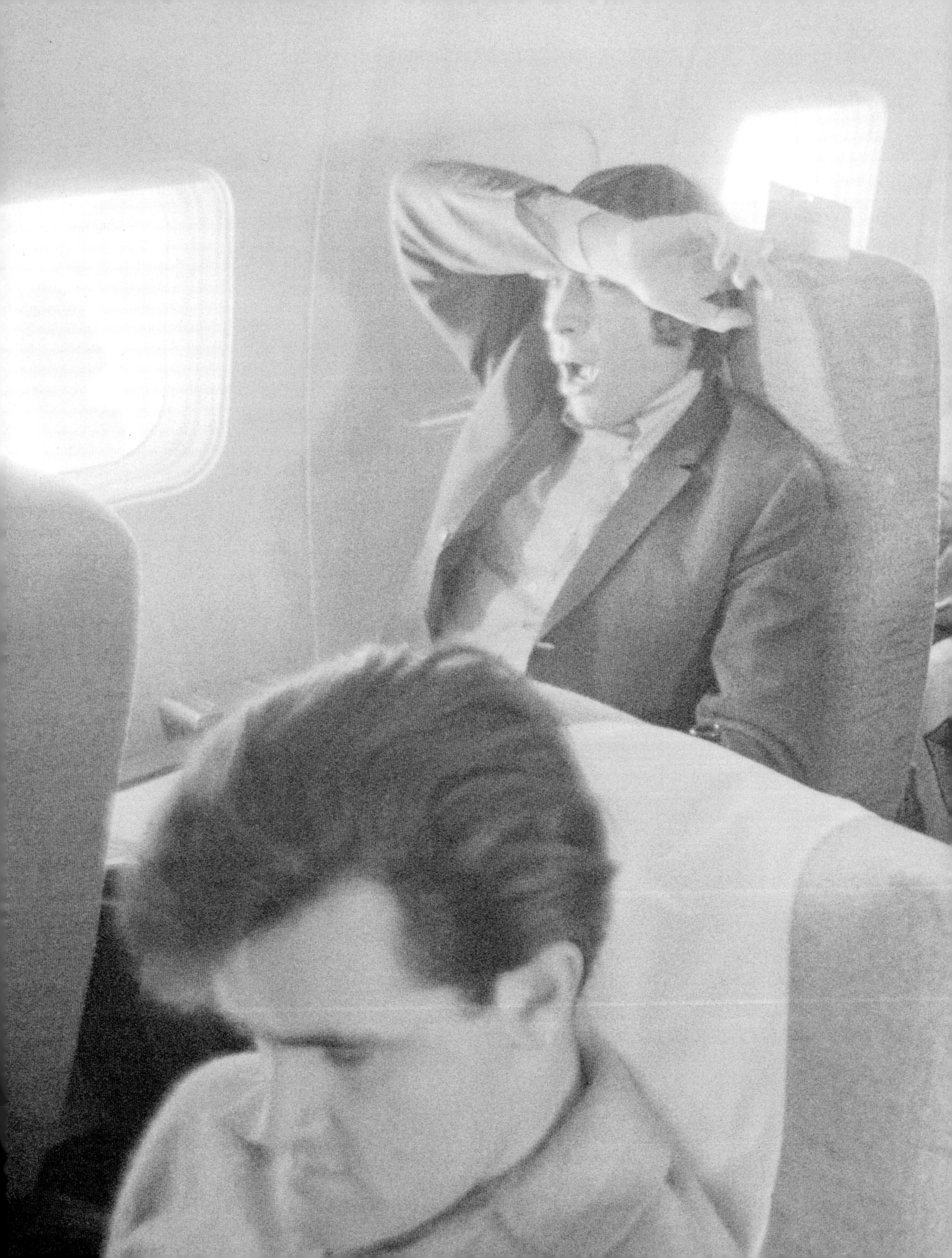

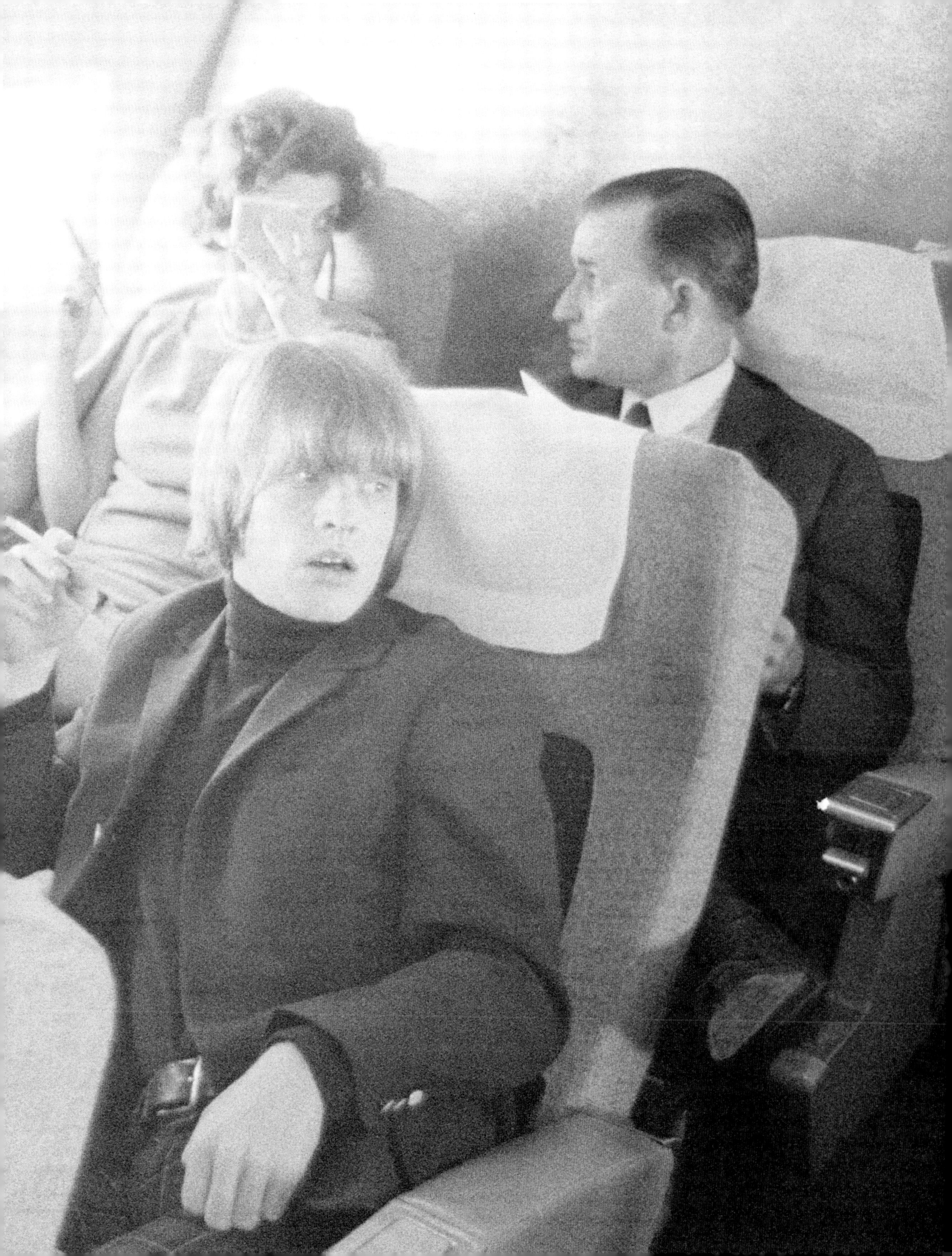

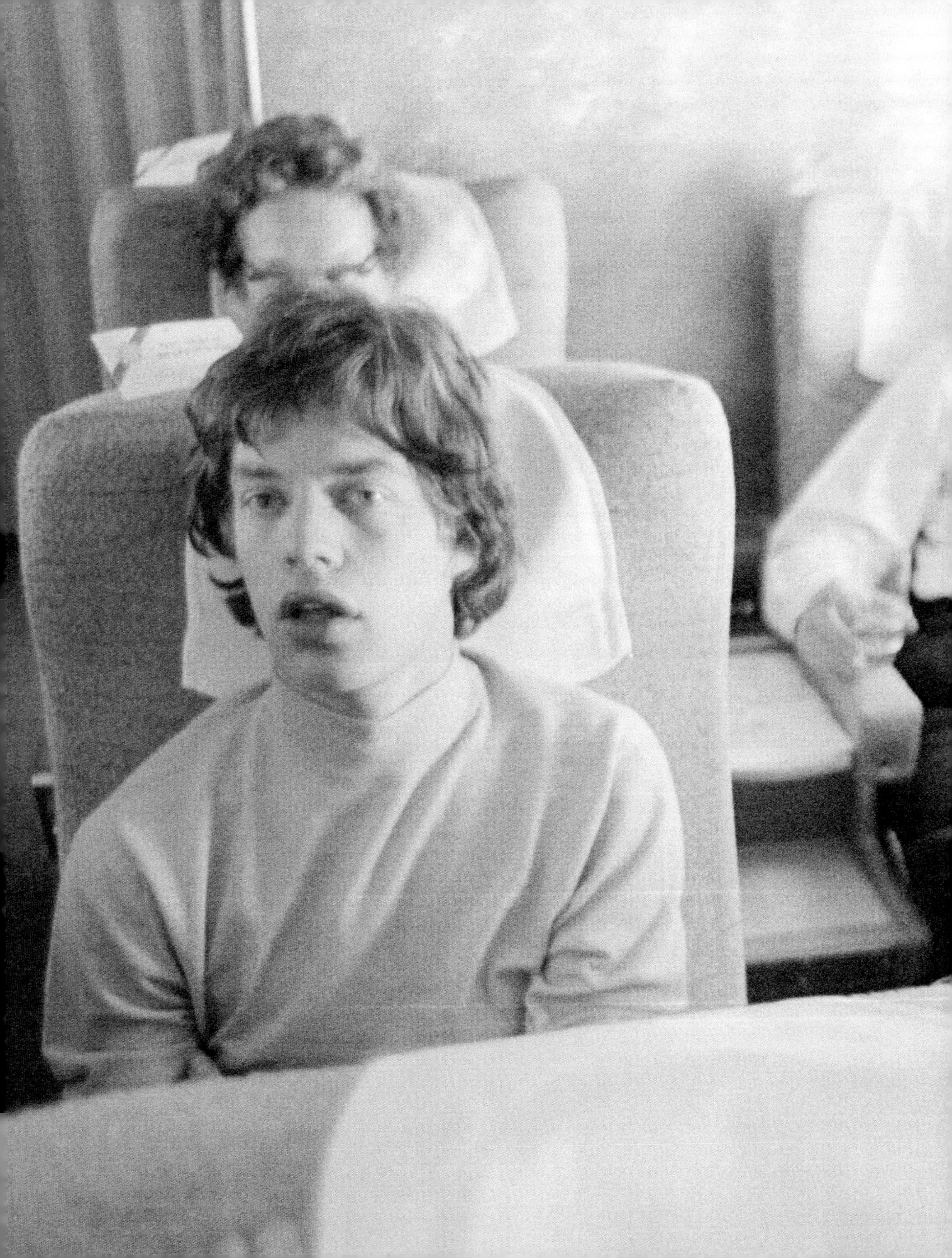

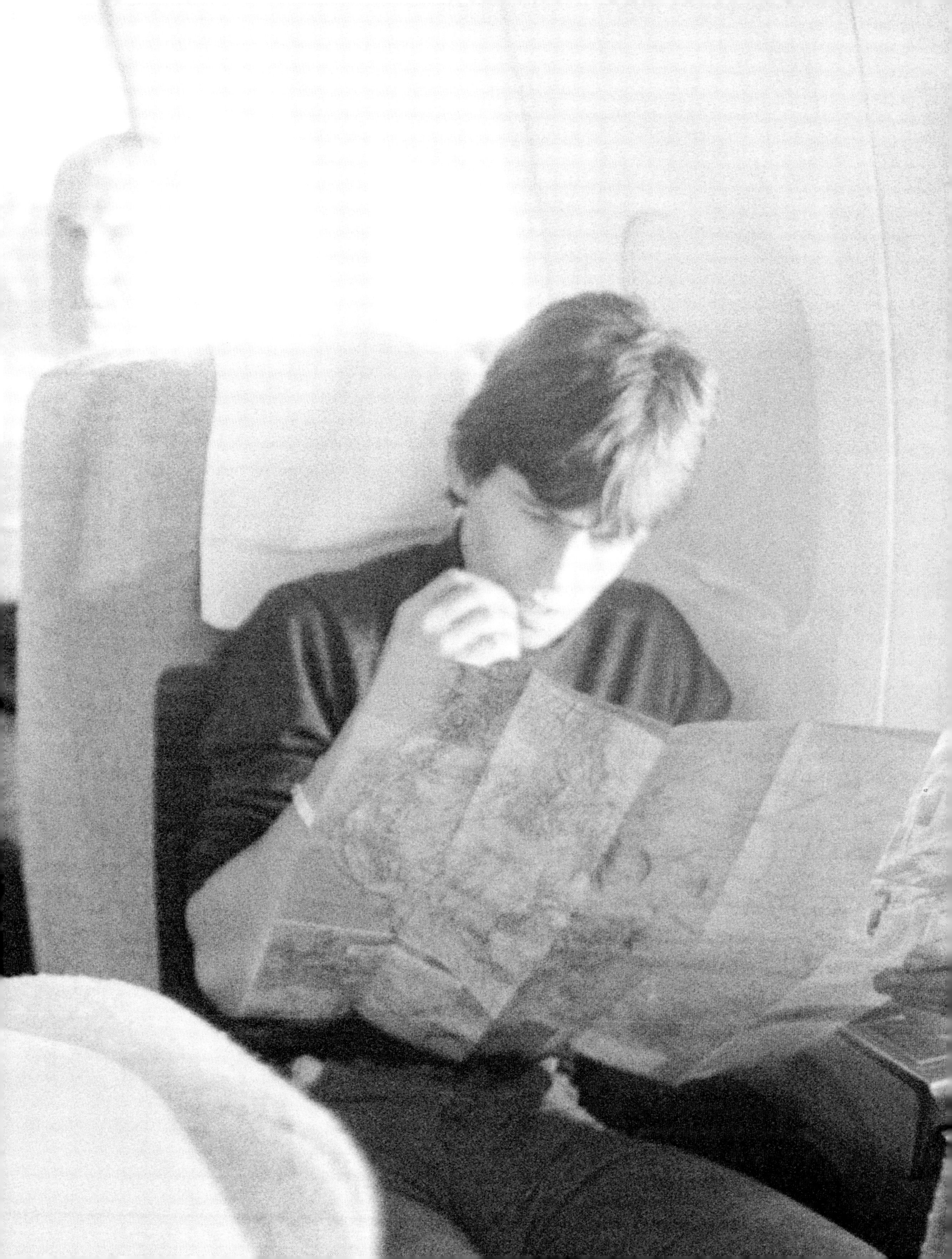

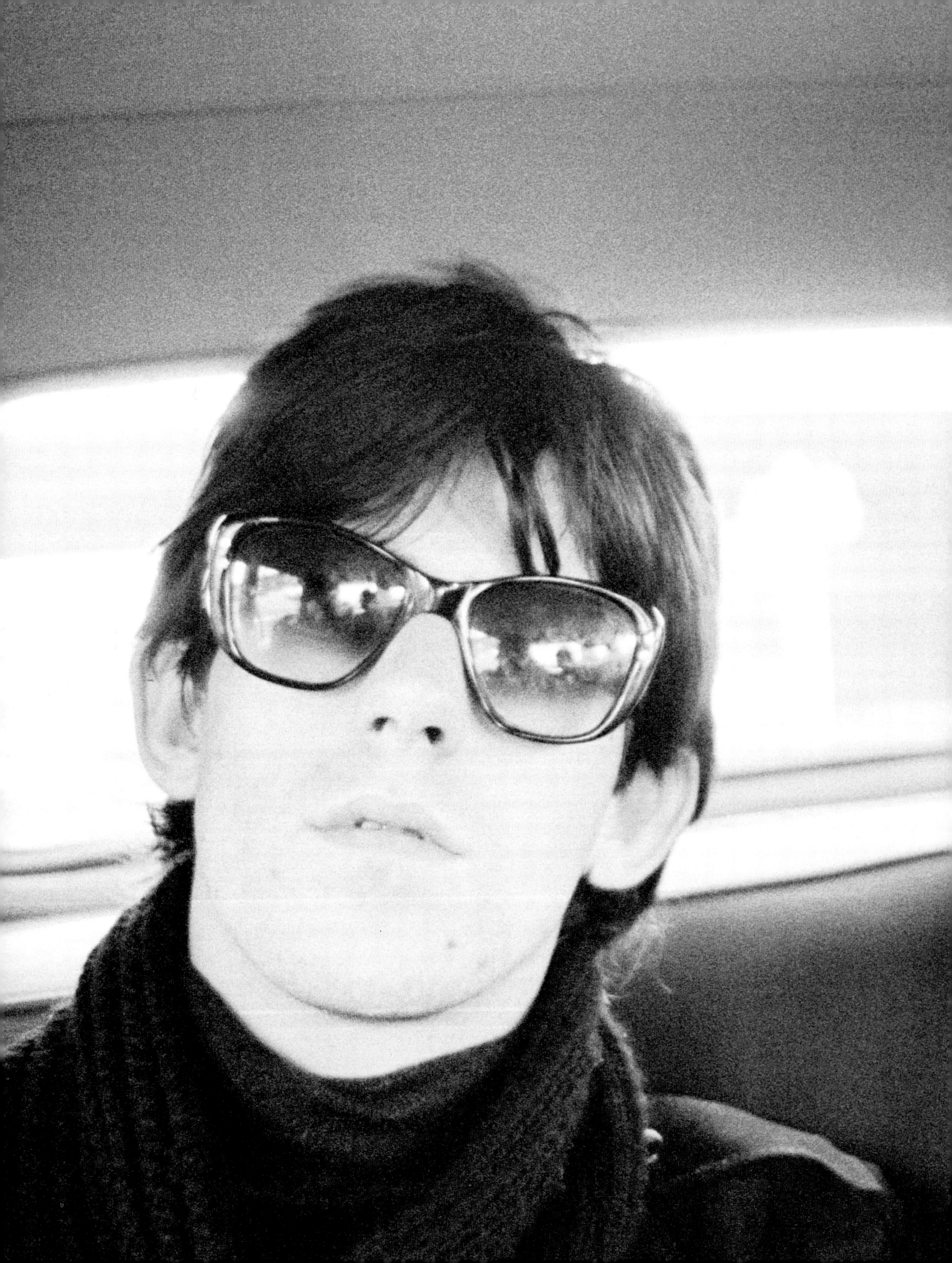

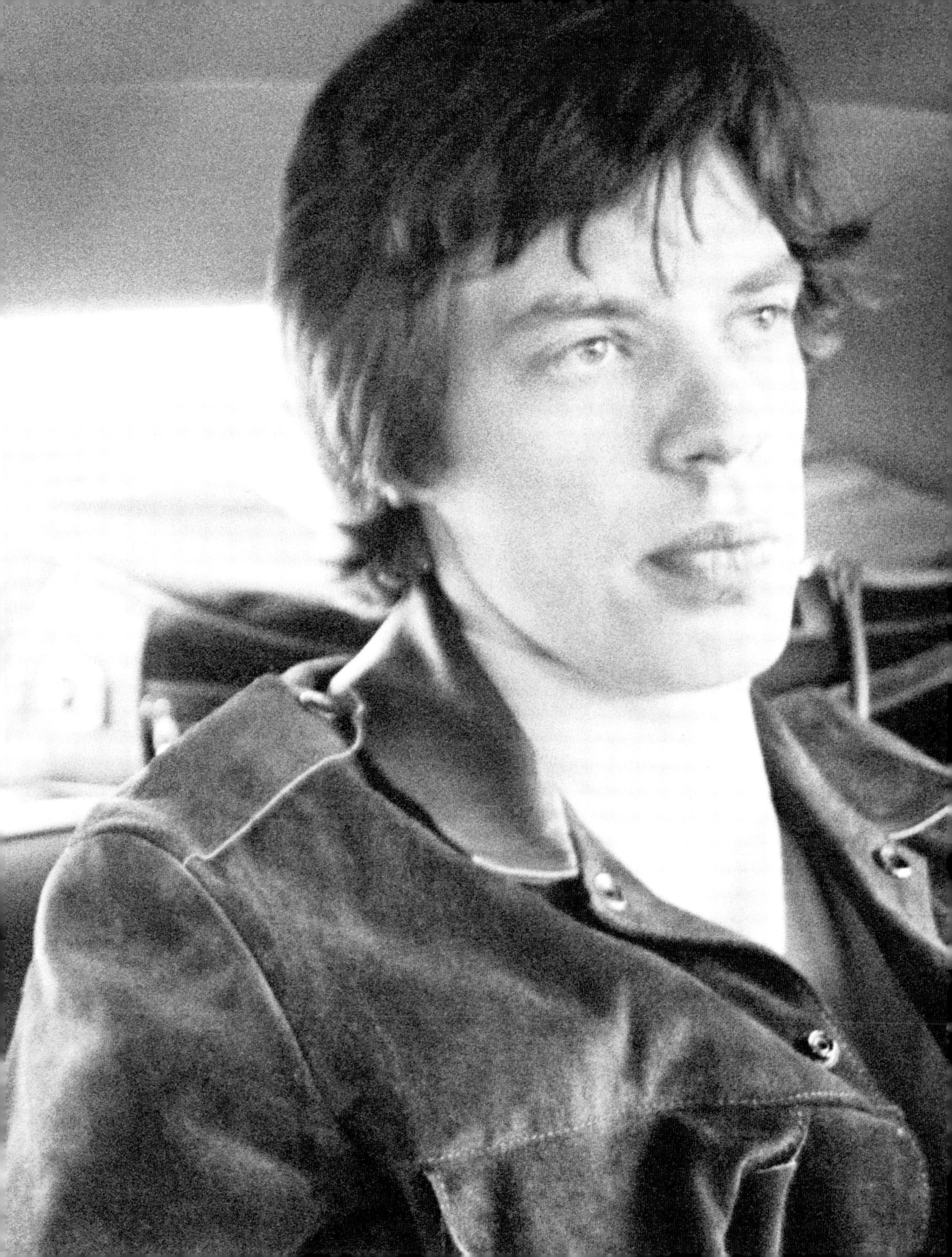

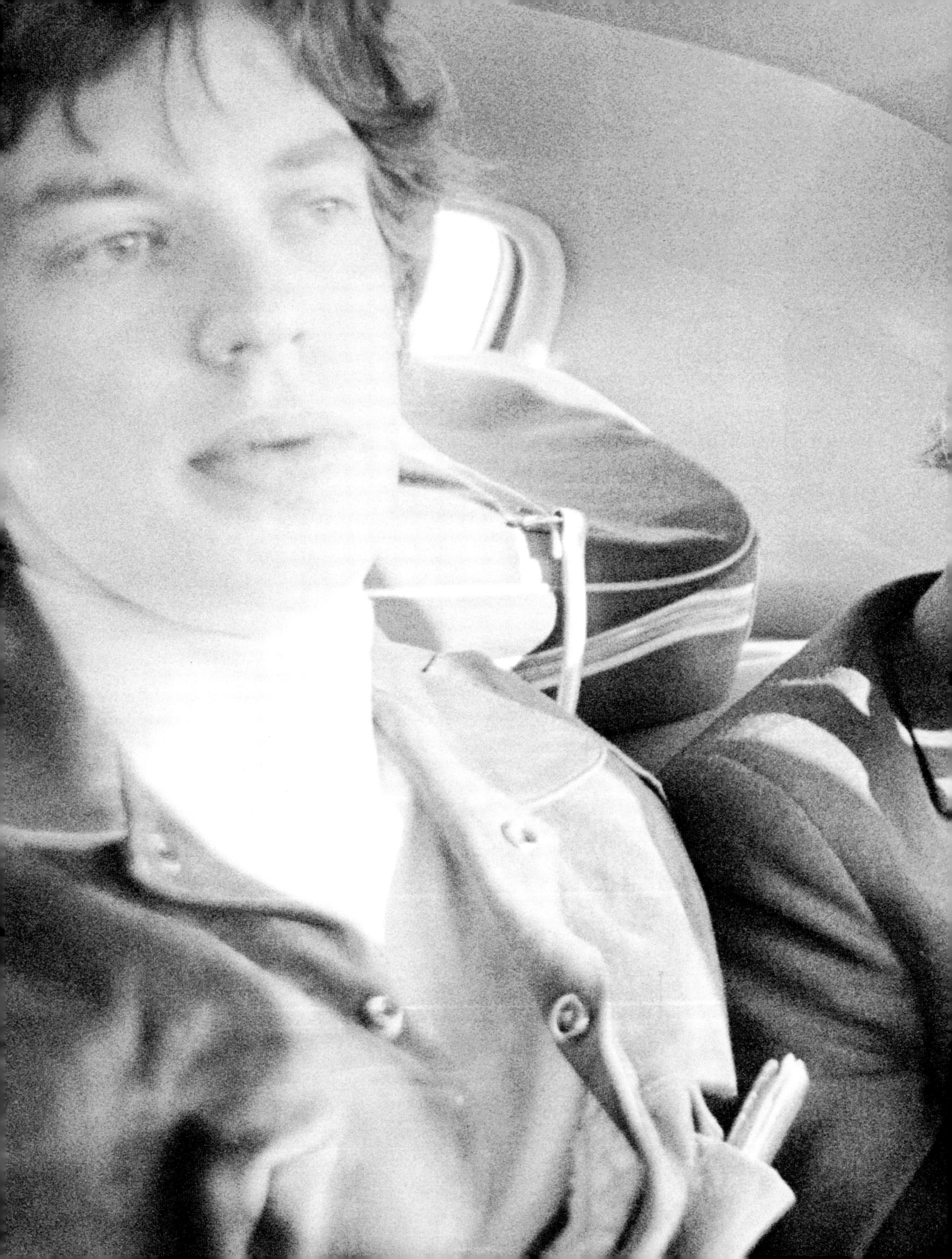

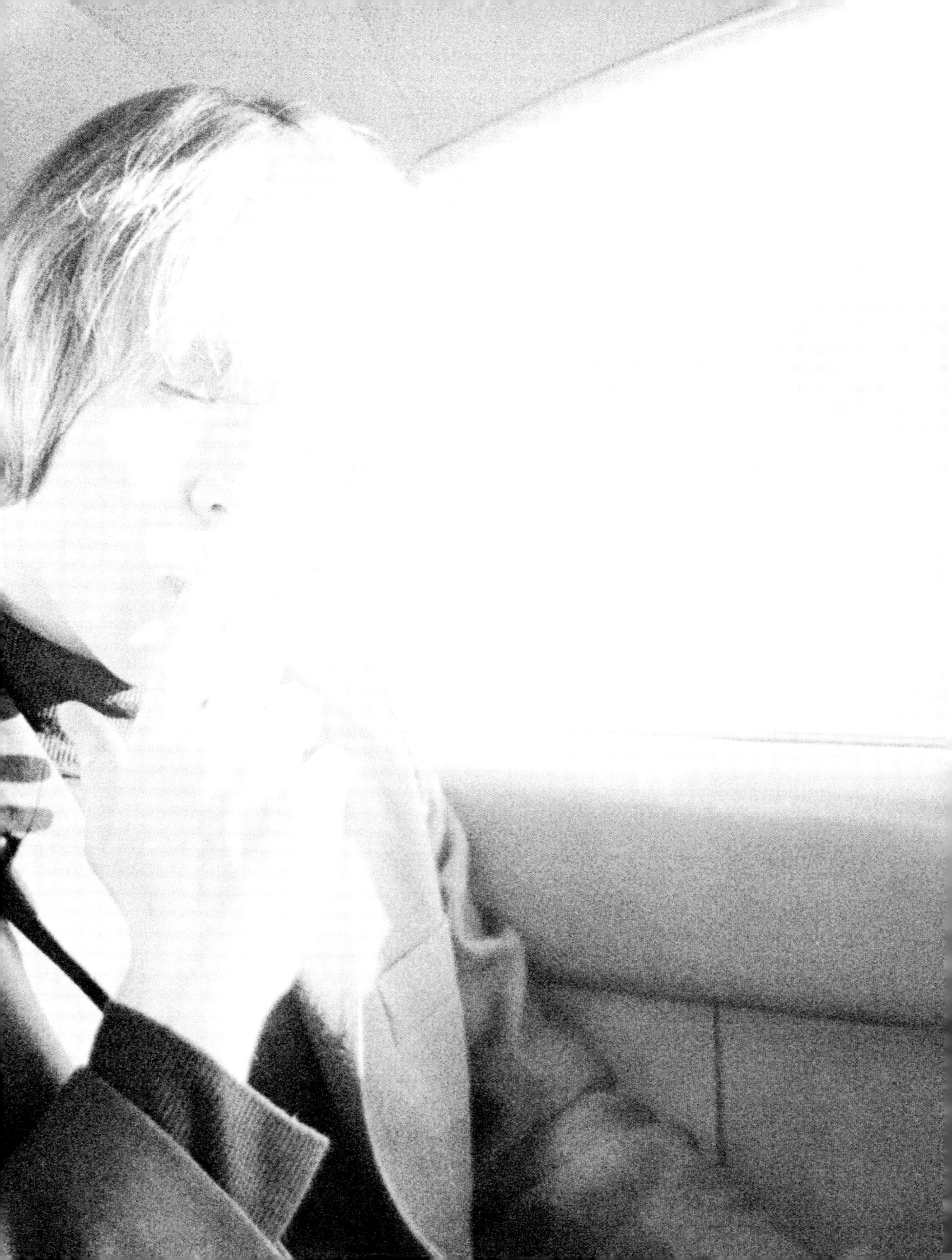

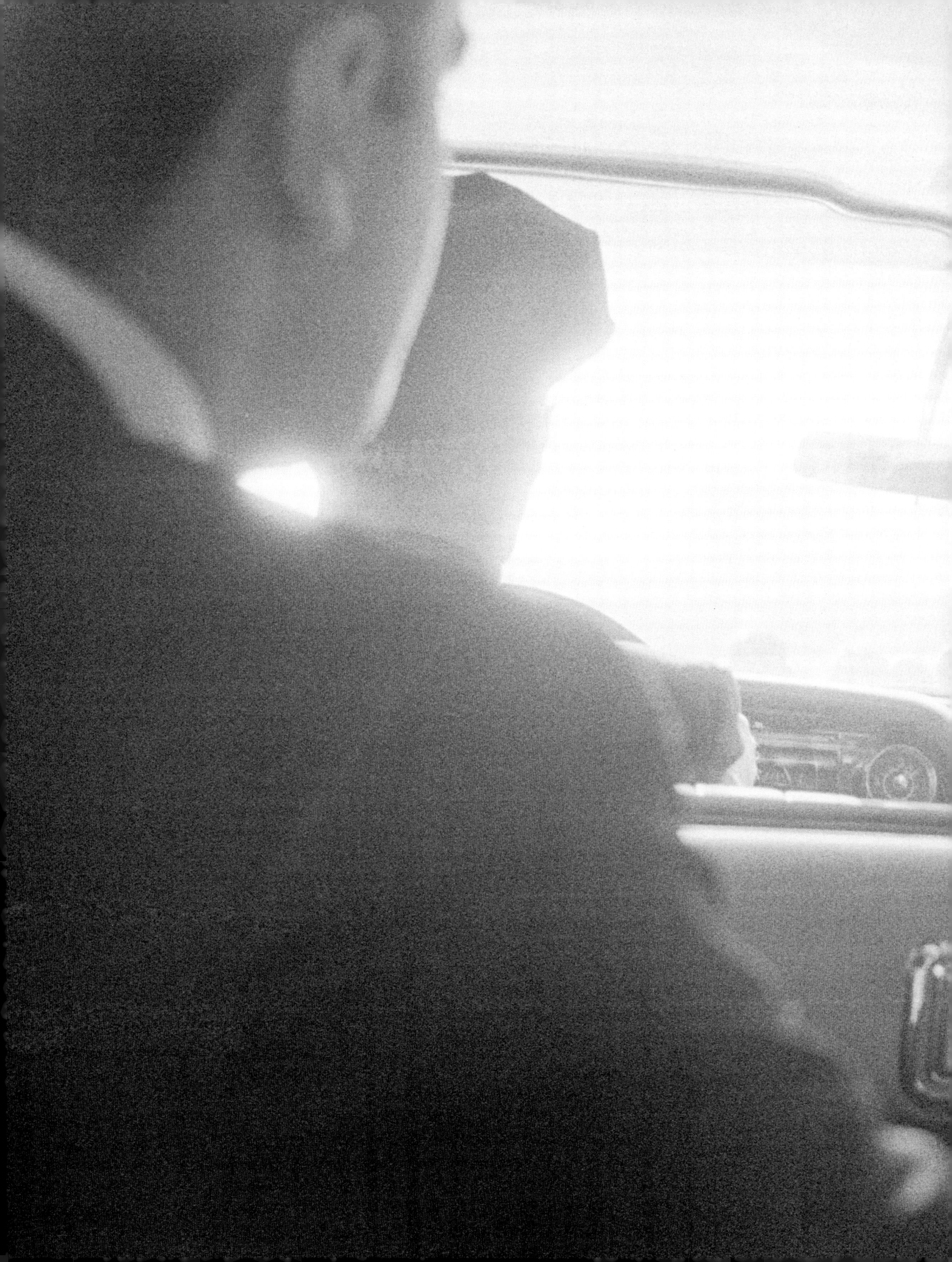

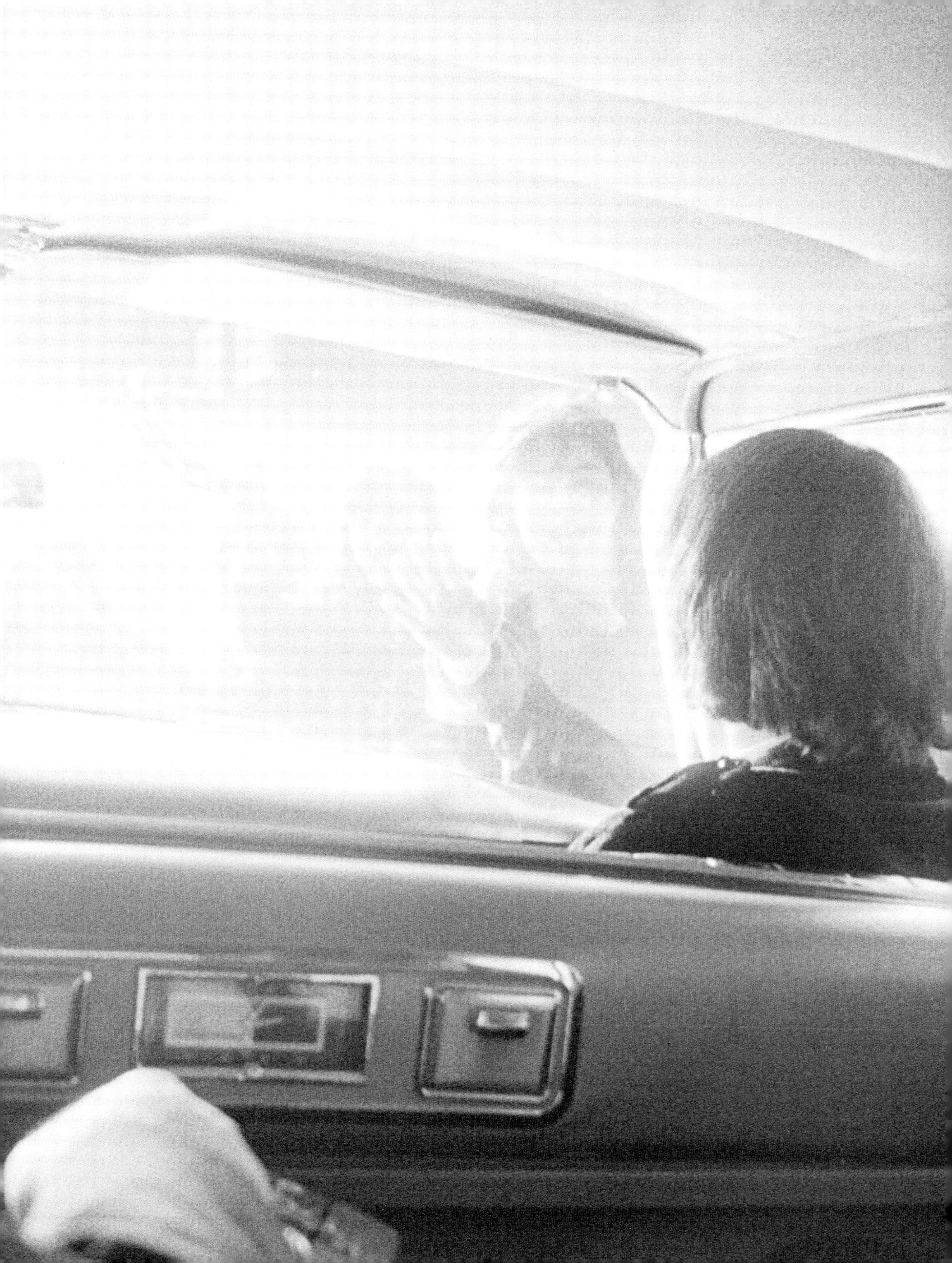

Sie hatten eine ziemlich gute Vorstellung von dem, was sie erwartete. Als wir in Kennedy landeten, erwarteten uns Andrew Oldham und Alan Klein und wir wurden umgehend mit Cadillac-Limousinen nach New York gefahren.

Dort wartete am Broadway vor dem Hotel »The City Squire« eine riesige Menschenmenge auf uns und die Fahrer wussten nicht so richtig, wie sie damit umgehen sollten.

Die Polizei vor dem Hotel war völlig aufgebracht und wir konnten nicht in die Tiefgarage fahren. Also hielten die Fahrer an. Daraufhin stürmten die Mädchen los und warfen sich auf die Autos. Die Dächer begannen sich nach innen zu biegen und wir mussten dagegenhalten. Während wir das die ganze Zeit machten, flirtete Bill, der vorne saß, durch das Fenster mit den Mädchen.

Es war das totale Chaos. Im Dach des Autos blieb eine Beule zurück, aber die fotografierte ich nicht. Ich war zu sehr damit beschäftigt, was um mich herum passierte.

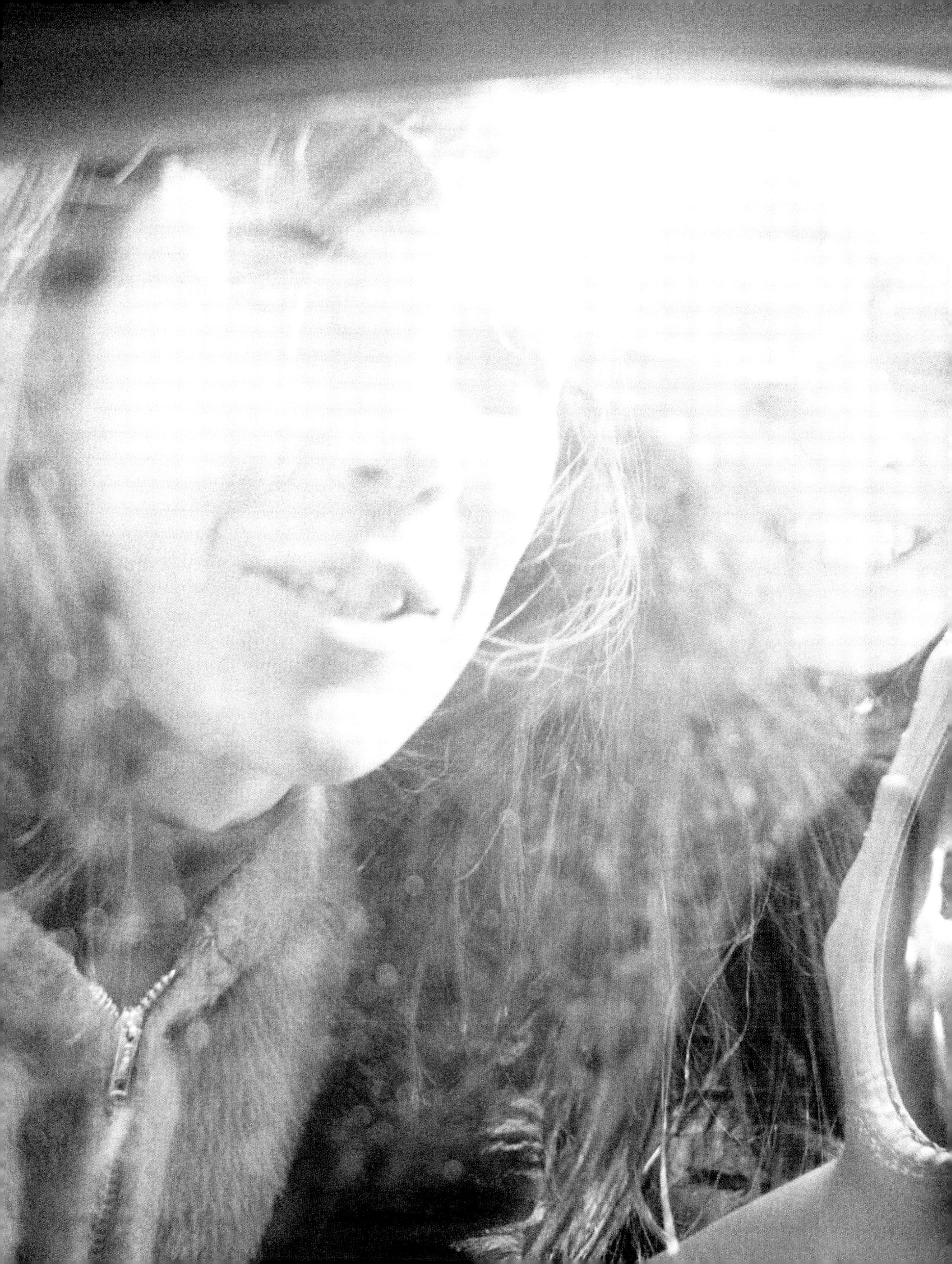

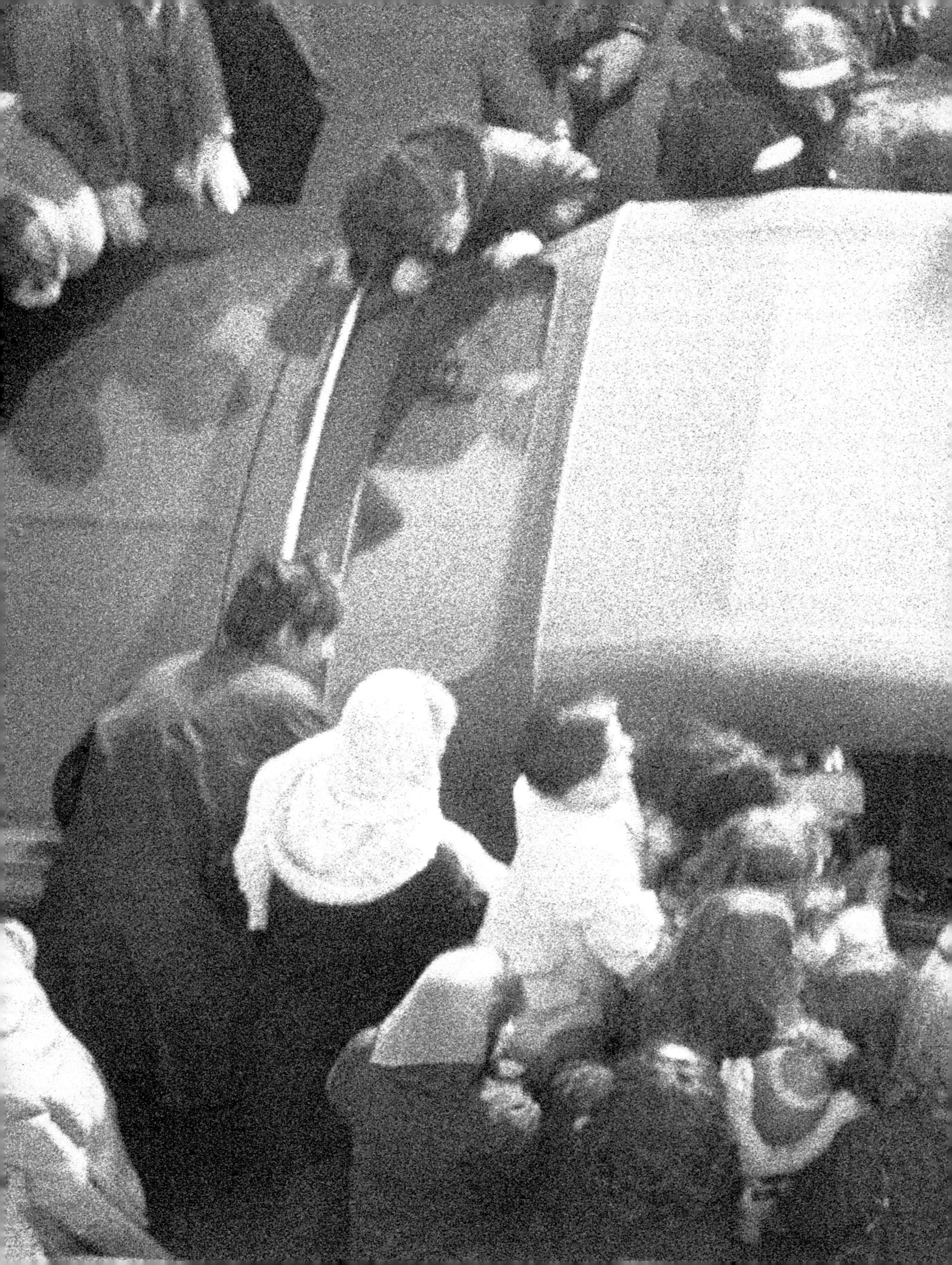

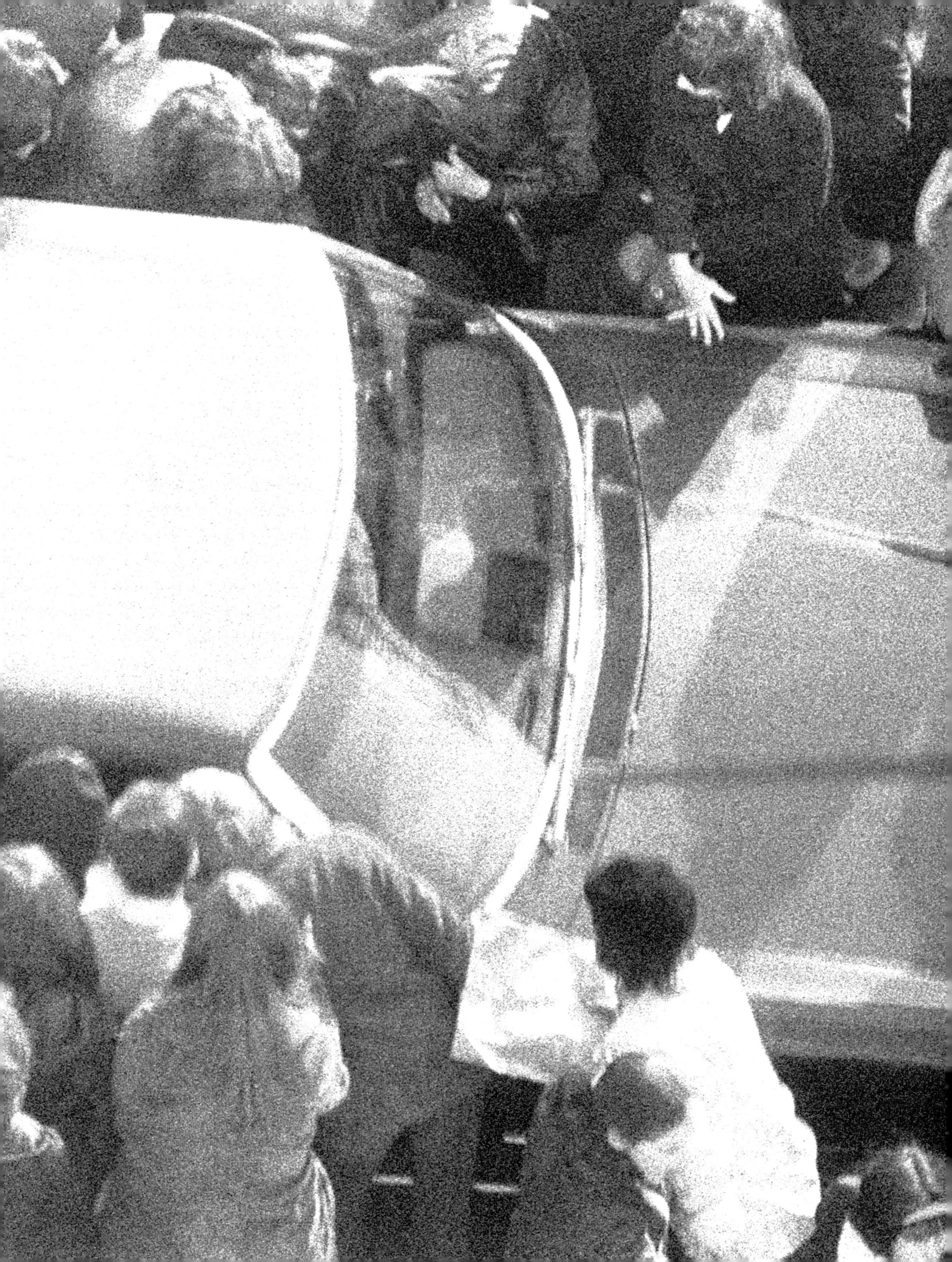

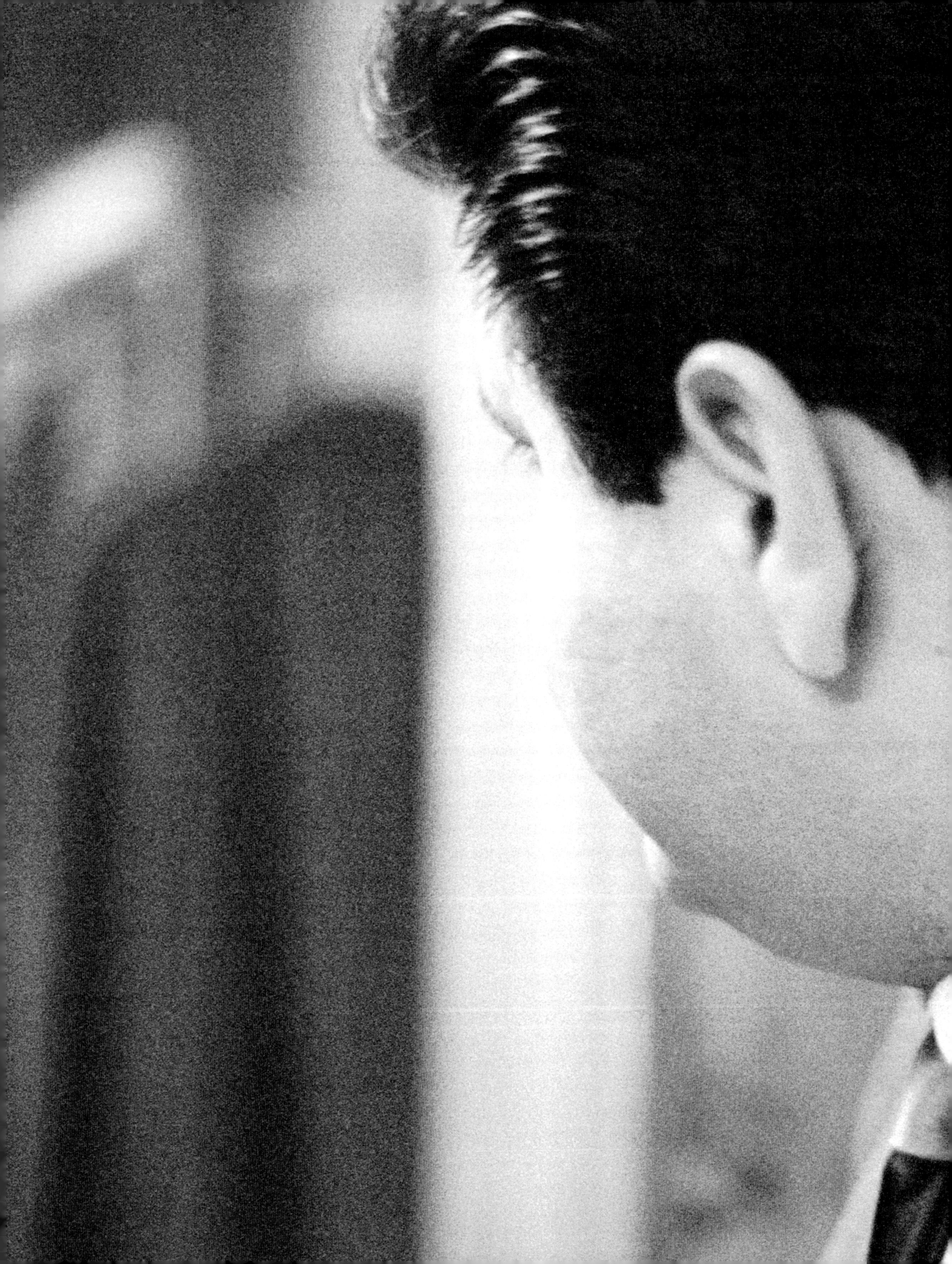

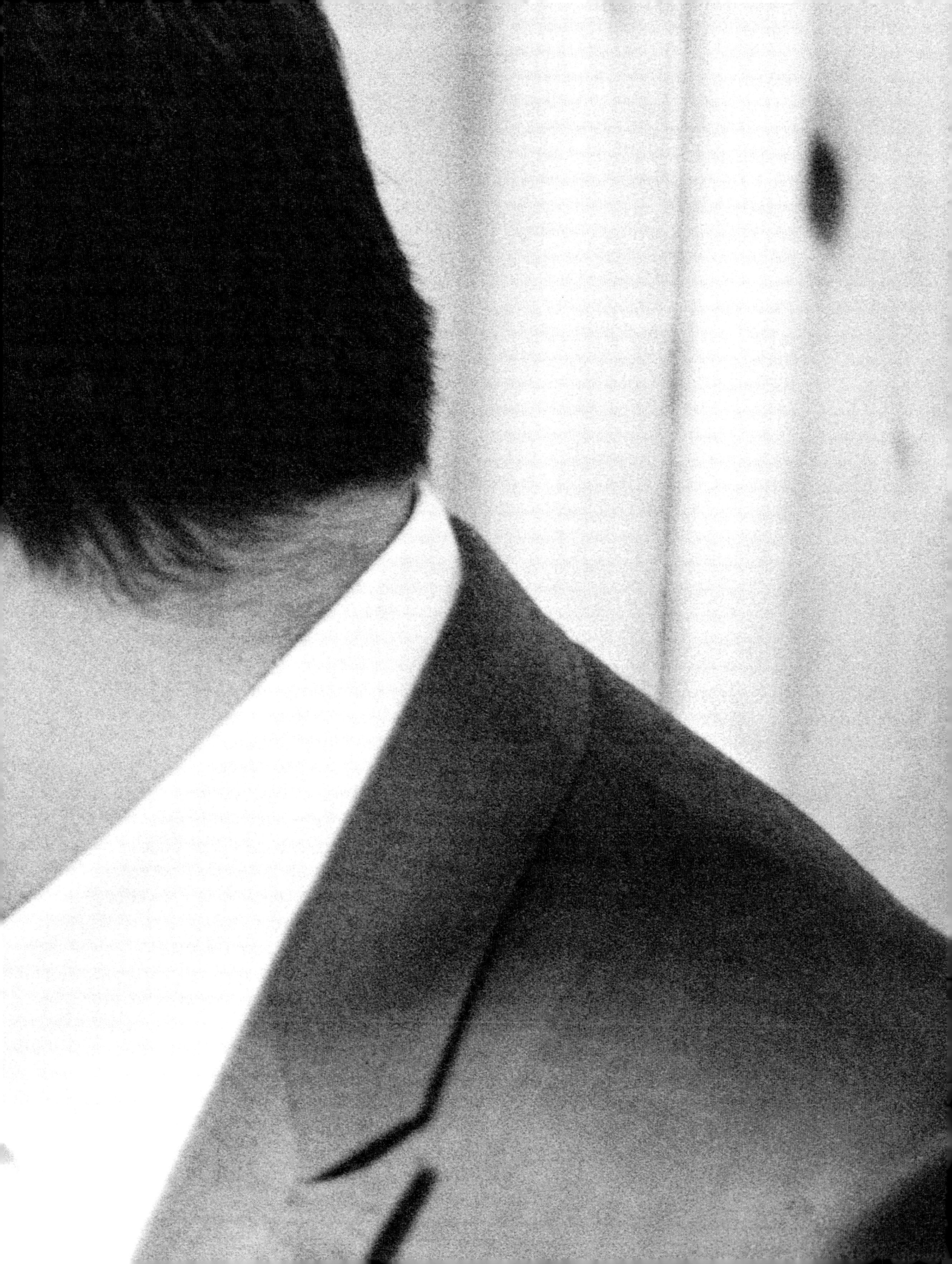

Pete Bennett war der beste Platten-Promoter aller Zeiten und der Promoter von Alan Klein. Er war berühmt und er hatte einen fantastischen Charakter und wie man sehen kann, wirkt er wie jemand aus einem Martin Scorsese-Film.

Einer der Gründe, warum ich so gerne zurückschaue und ihn mir betrachte, ist, dass sein Aussehen sehr typisch für die Zeit war. Er war tadellos sauber, geschniegelt und manikürt und die Antithese der rebellischen, schmuddeligen Studentenszene, zu der wir eher gehörten.

Er hatte auch seine Initialen auf allem, auf seinen Hemden, auf seinen Krawatten und sogar auf seinen Socken. Auf allem. Während der Tour teilte ich mir einige Male ein Zimmer mit Pete Bennett. Er trug unglaublich riesige Boxershorts, hatte Strumpfhalter für seine Socken und brauchte immer sehr lange, um sich seine Frisur zurecht zu machen.

Aber der entscheidende Punkt war, dass »Get Off Of My Cloud« während der gesamten Tour genau dort in den Charts war, wo es sein sollte. Ich habe keine Ahnung, wie er das machte. Aber man hatte einen enormen Respekt für diesen Typen. Er hatte unglaublich gute Beziehungen. Er hatte Fotos, auf denen er mit Nixon, Elvis, den Kennedys, Tom Parker, einfach mit jedem abgelichtet war.

1965 –

Er hatte unglaublich gute Beziehungen. Er hatte Fotos, auf denen er mit Nixon, Elvis, den Kennedys, Tom Parker, einfach mit jedem abgelichtet war.

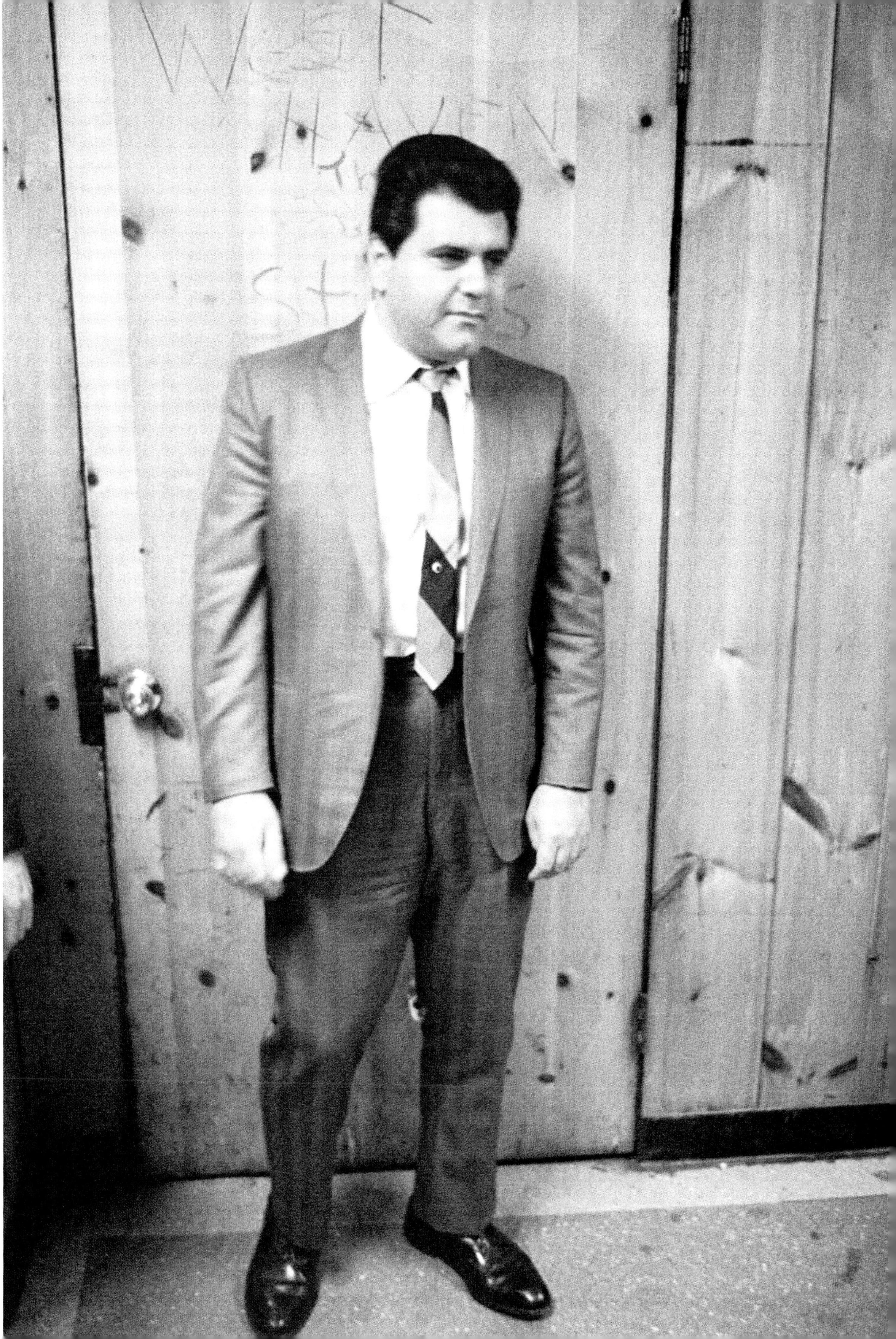

Die Veranstaltungsorte waren sehr unterschiedlich. Oft waren es Mehrzweck- bzw. eigentlich Sporthallen. An manchen Orten hatte es vorher Rodeos gegeben und es stank nach Kühen und Pferden und die Umkleideräume waren sehr primitiv.

Wenn man Glück hatte, gab es Tische und Stühle und wie man sehen kann, pinkelt Charlie ins Waschbecken. Ich schätze, weil die Toiletten so weit weg waren, oder weil wir eingeschlossen waren.

Es gab keine Zimmer mit Bädern und einen ausreichenden Vorrat an Drinks und leichten Mädchen gab es auch nicht. Das Ganze war sehr weit entfernt von der Traumvorstellung einer Rock'n'Roll-Tour.

Einen ausreichenden Vorrat an Drinks und leichten Mädchen gab es auch nicht.

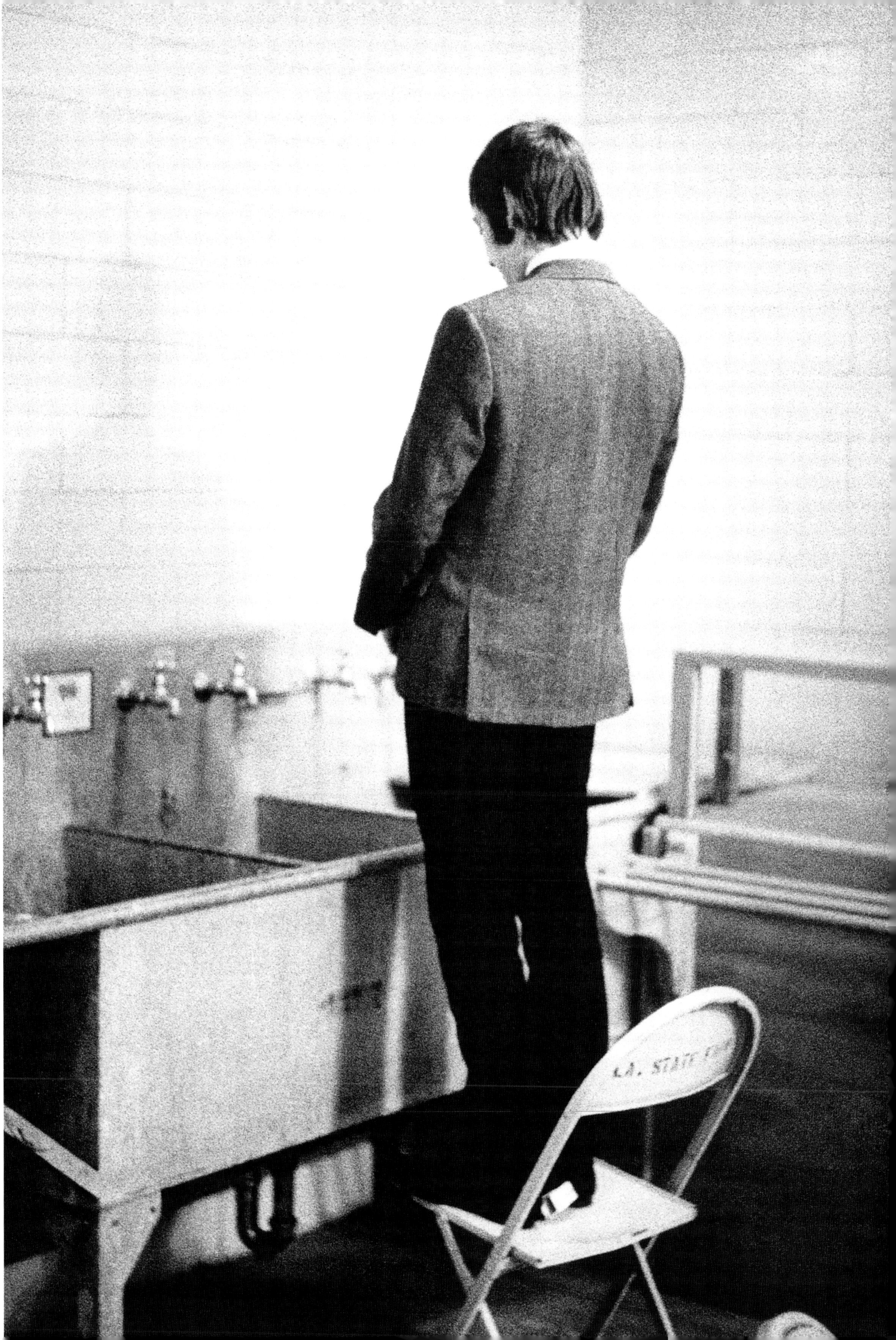

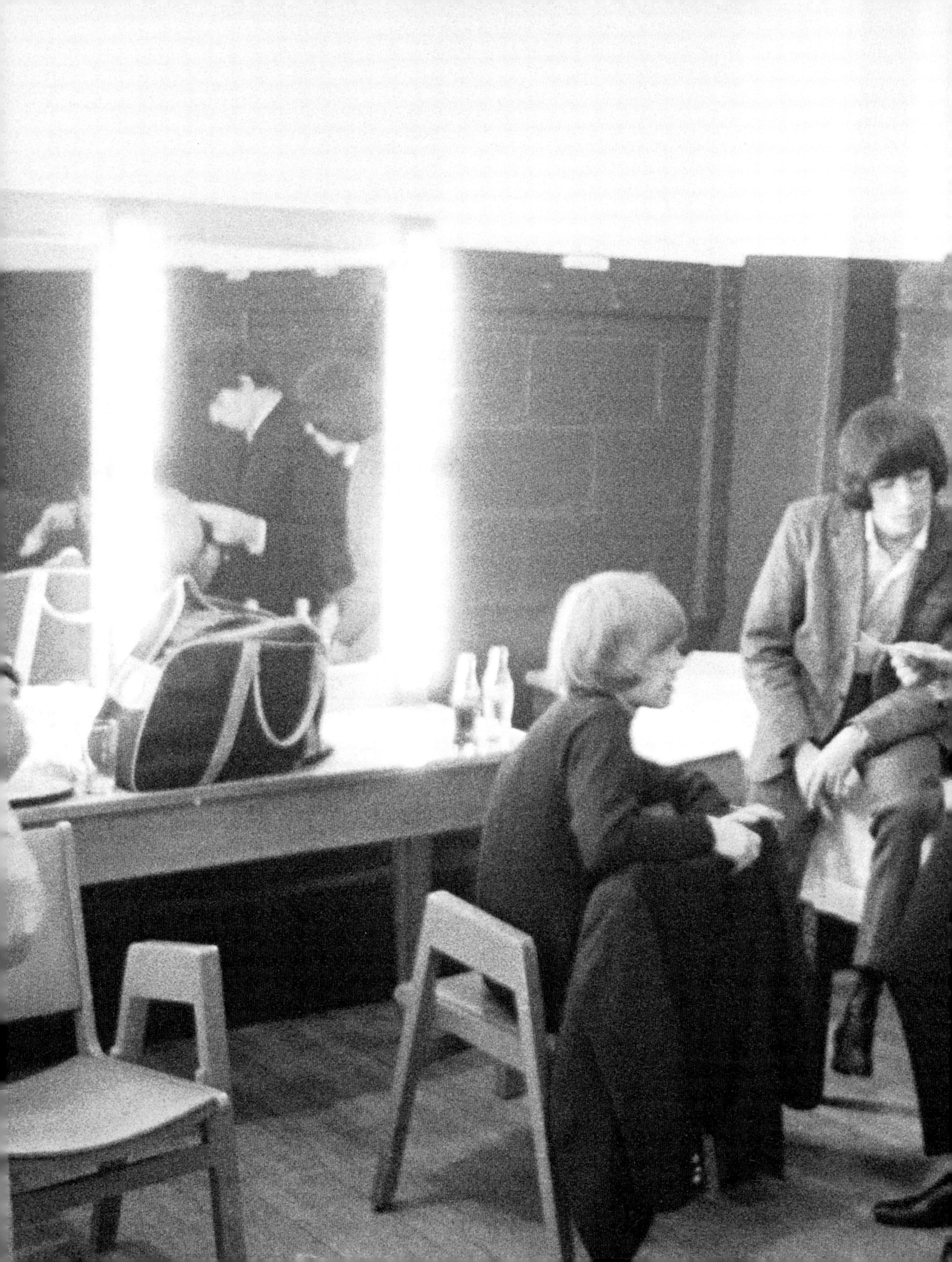

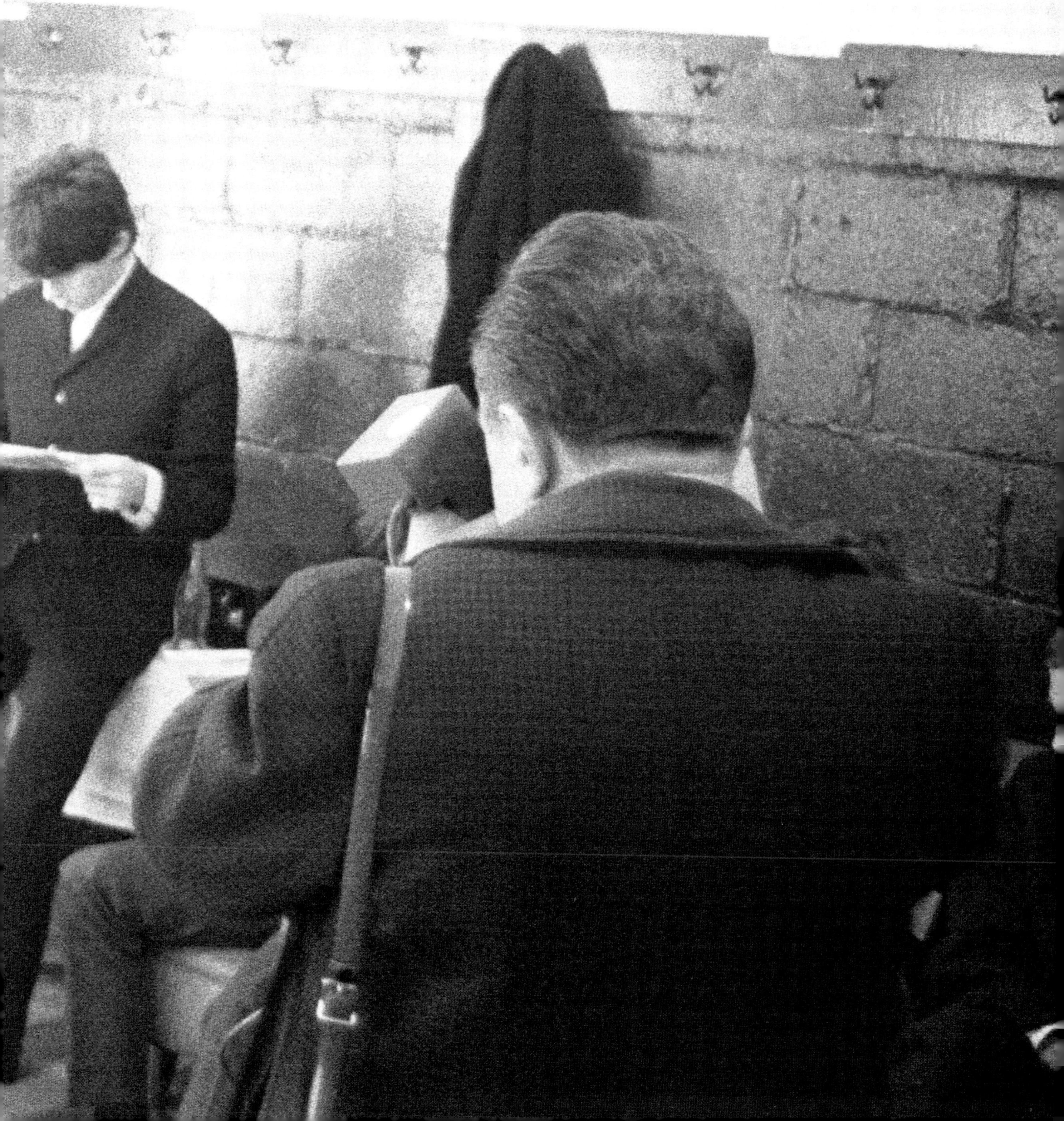

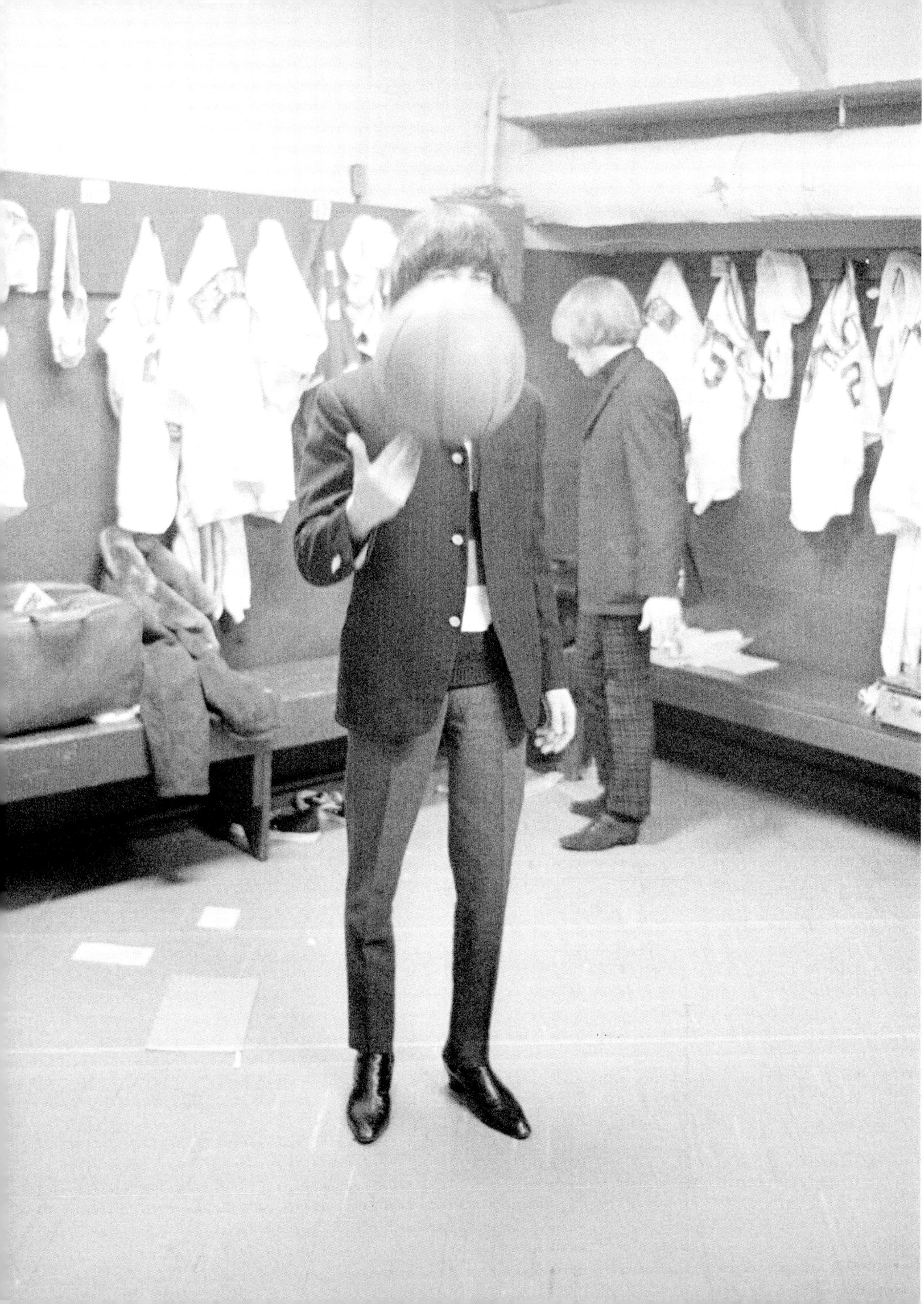

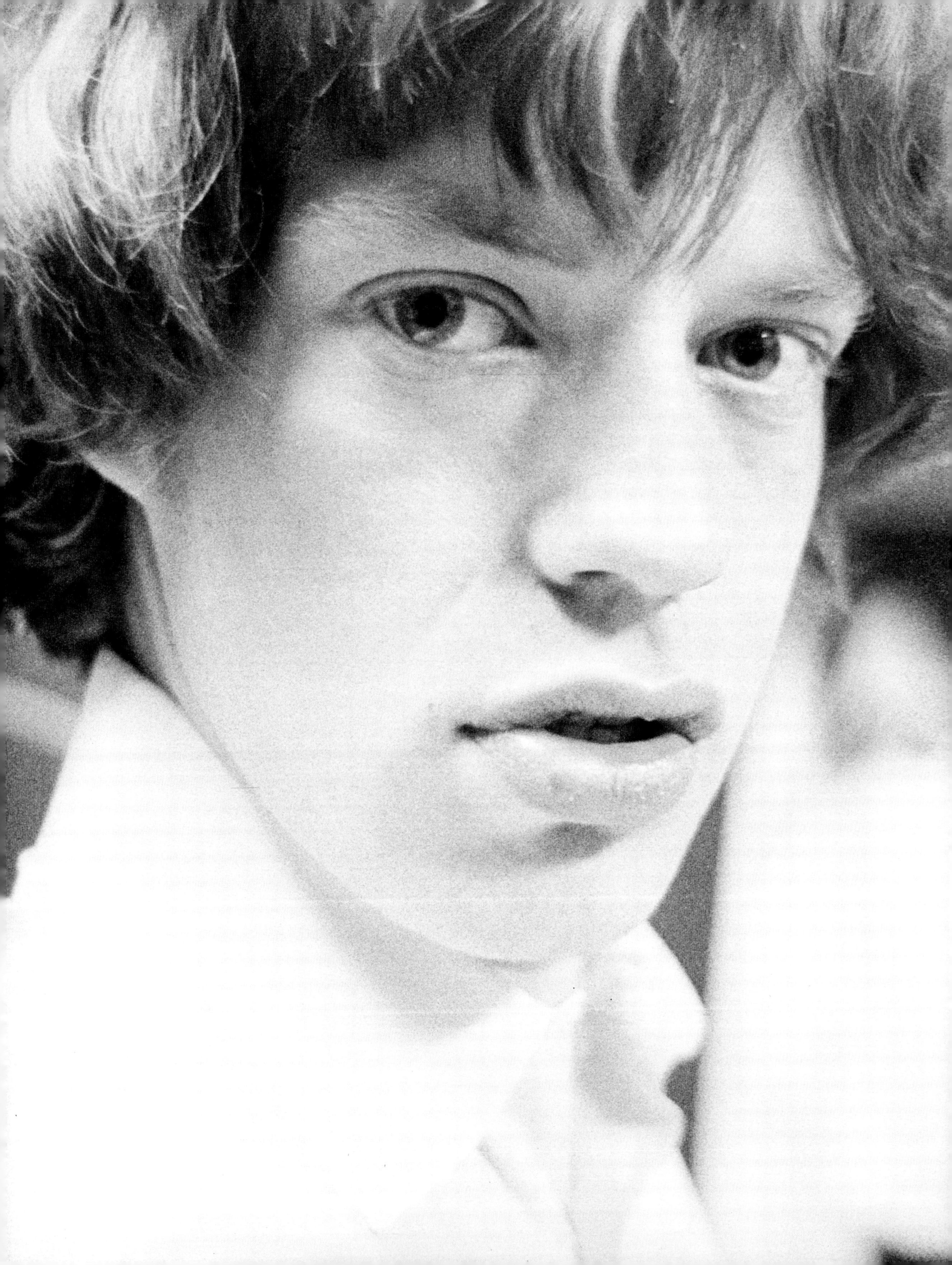

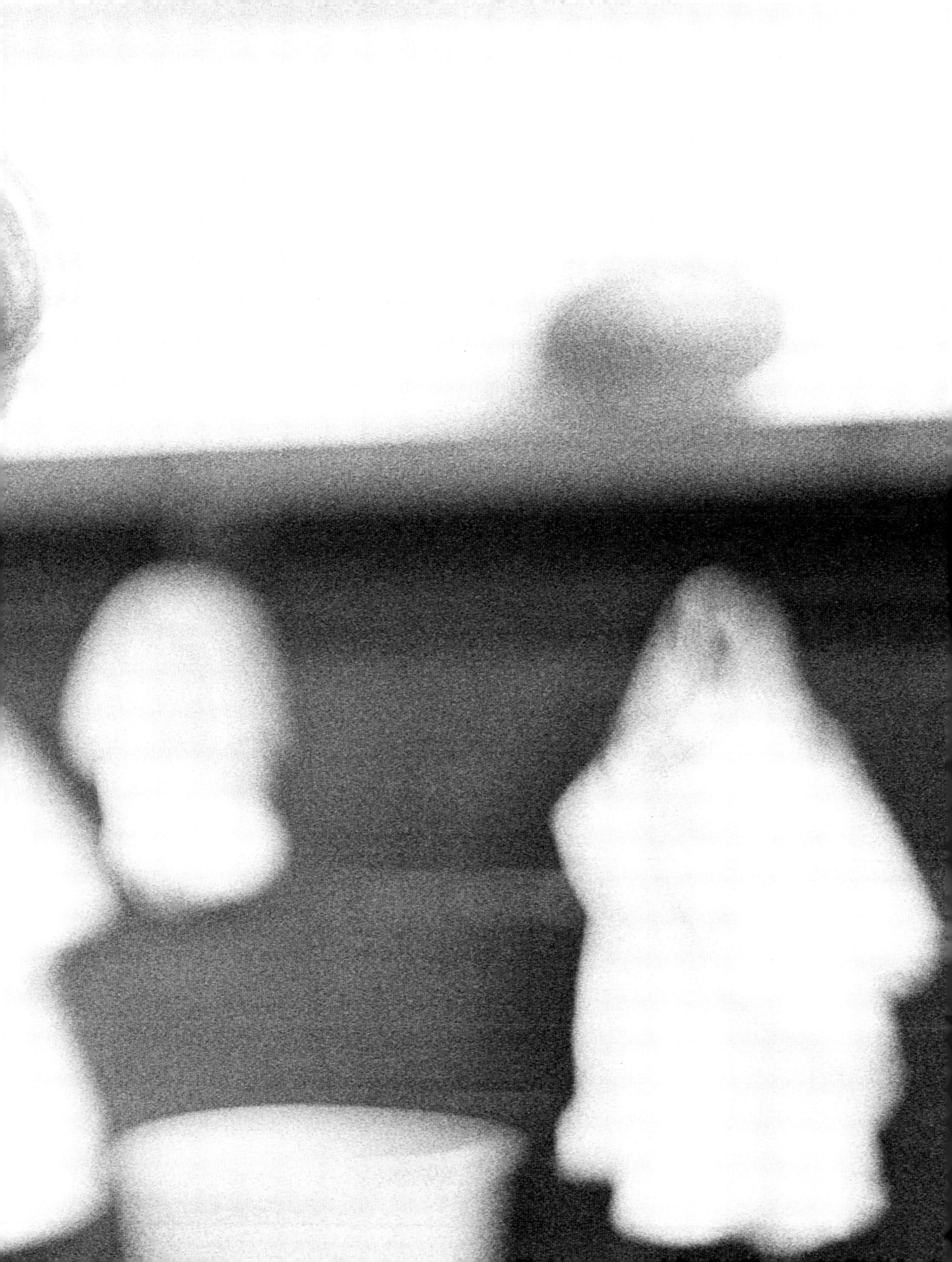

Für damalige Verhältnisse waren ihre Haare sehr lang.

Charlie und ich waren einmal in einem Café irgendwo im Süden um zu frühstücken und eine kleine, alte Lady beschimpfte uns, dass wir langhaarig und schmutzig seien. Wenn du lange Haare hattest, warst du automatisch schmutzig.

Diese lustige, kleine Oma hatte einen Regenschirm mit einem Entengriff. Beinahe hätte sie uns damit attackiert.

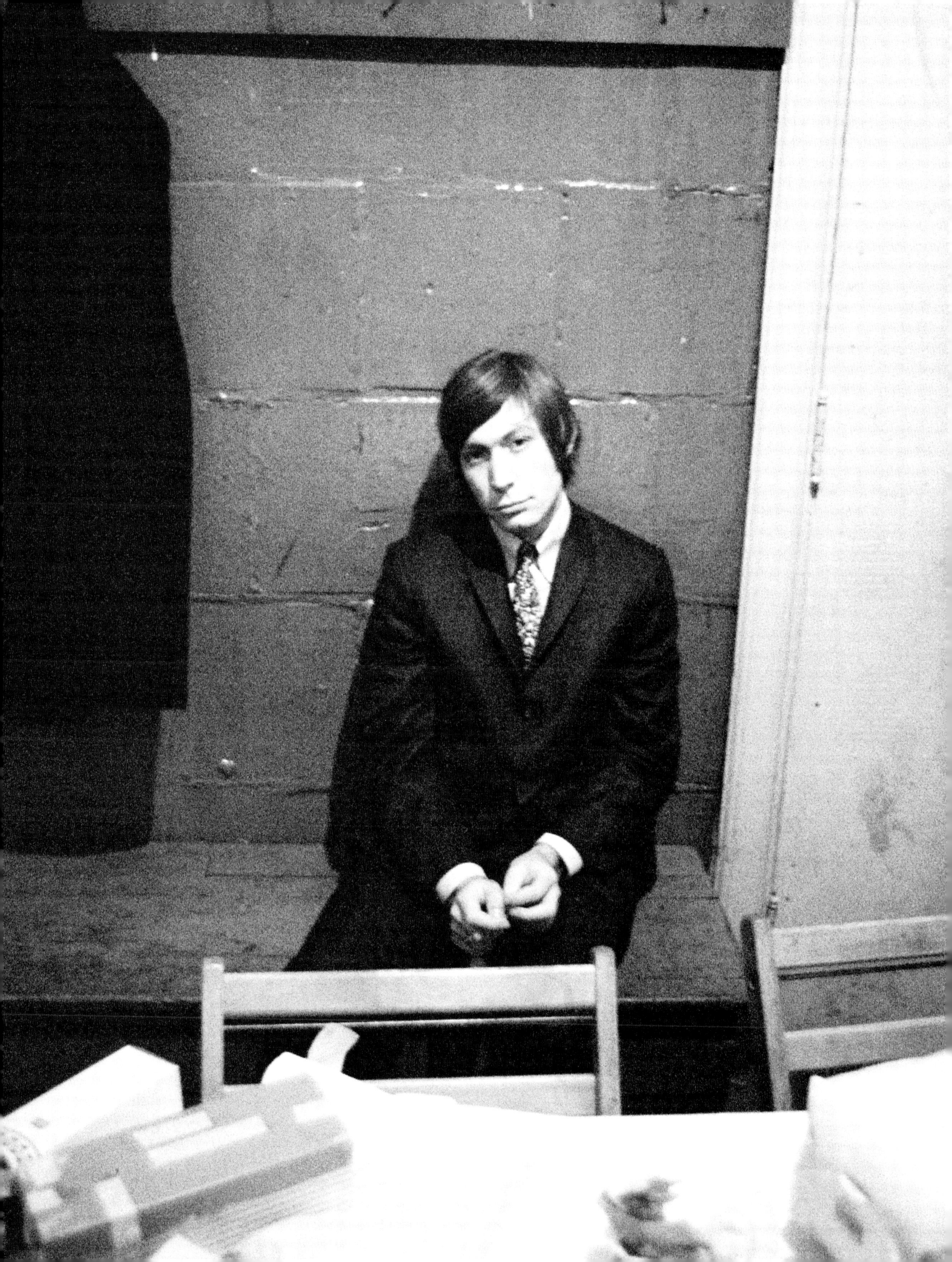

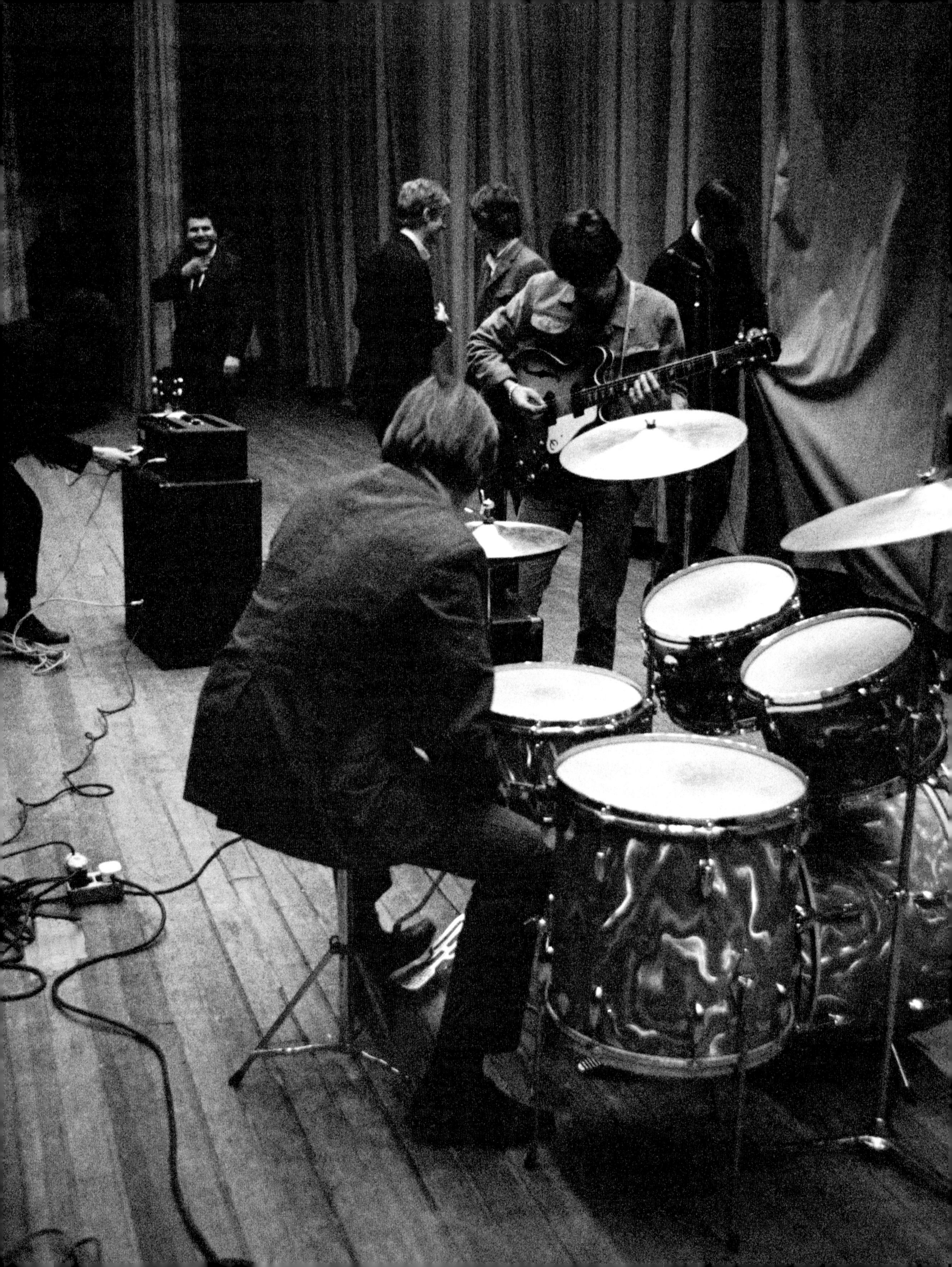

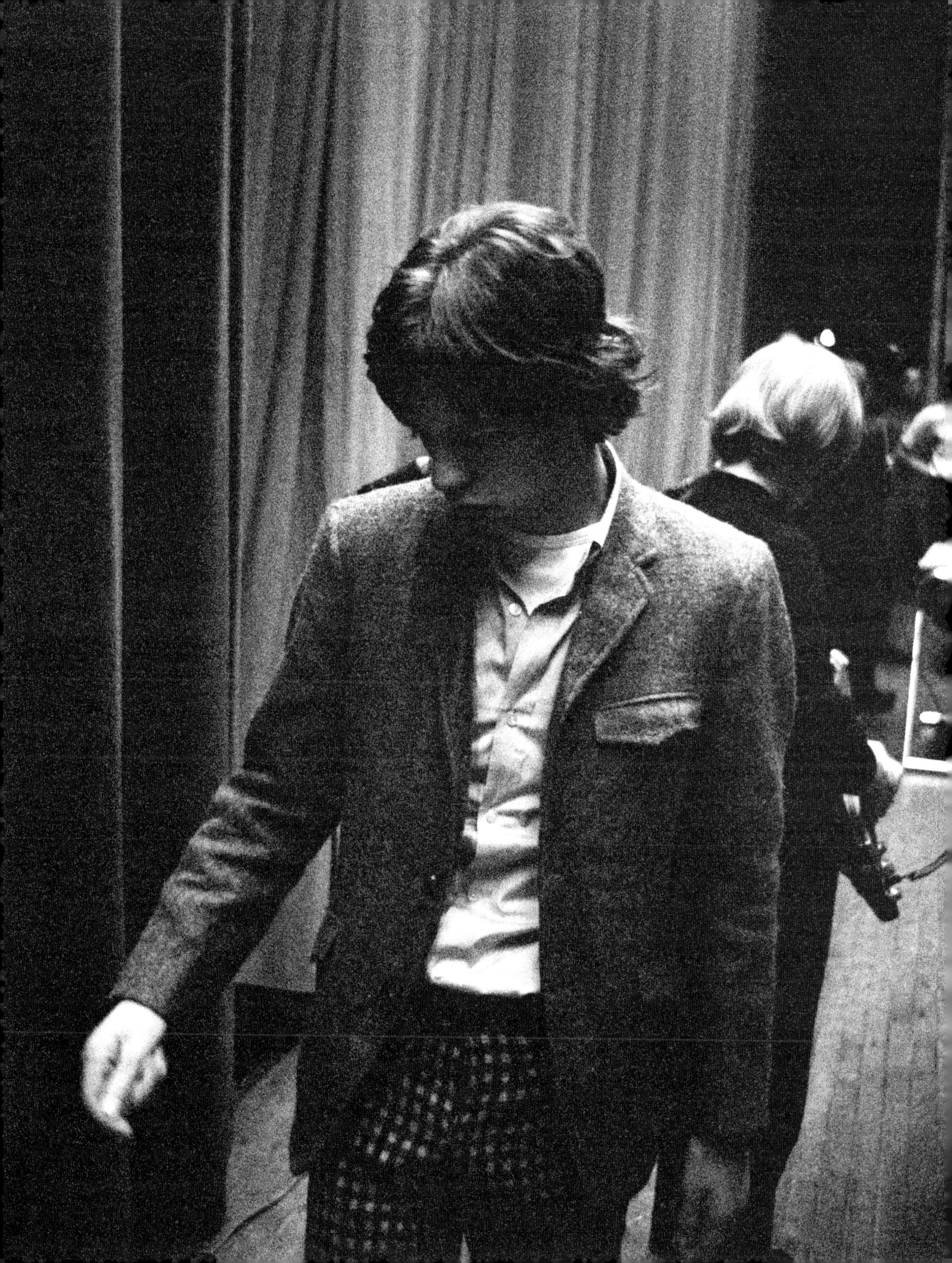

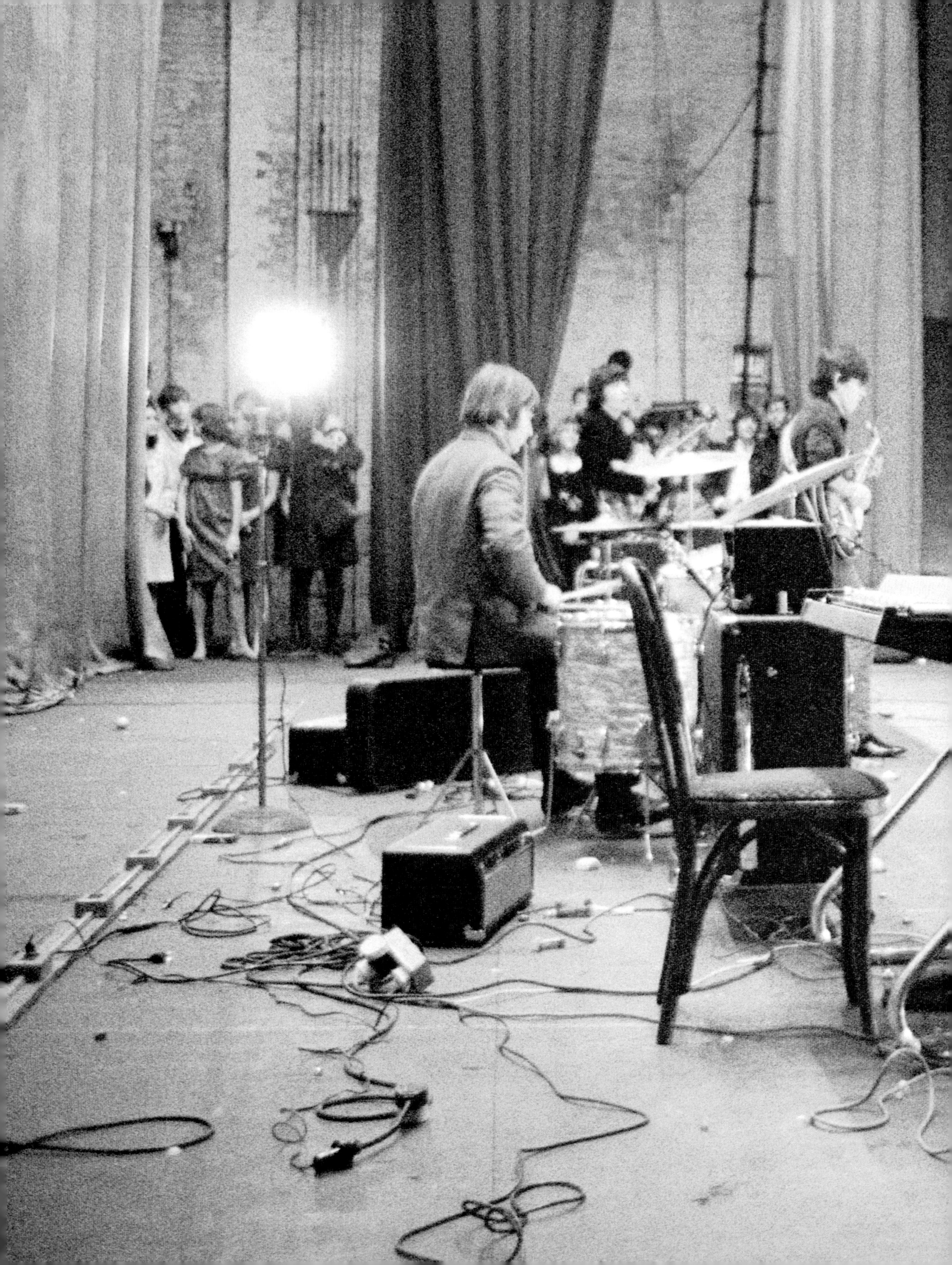

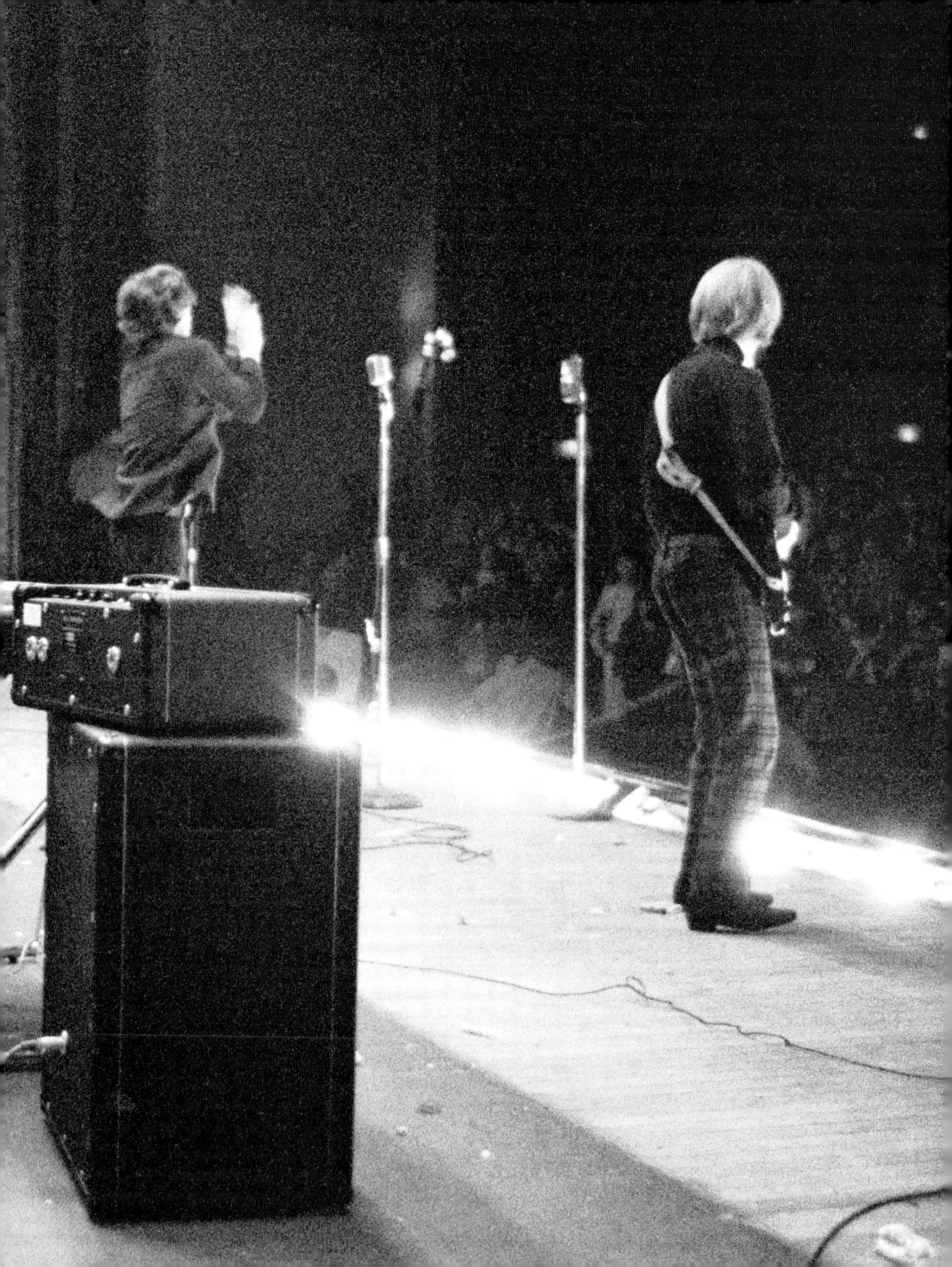

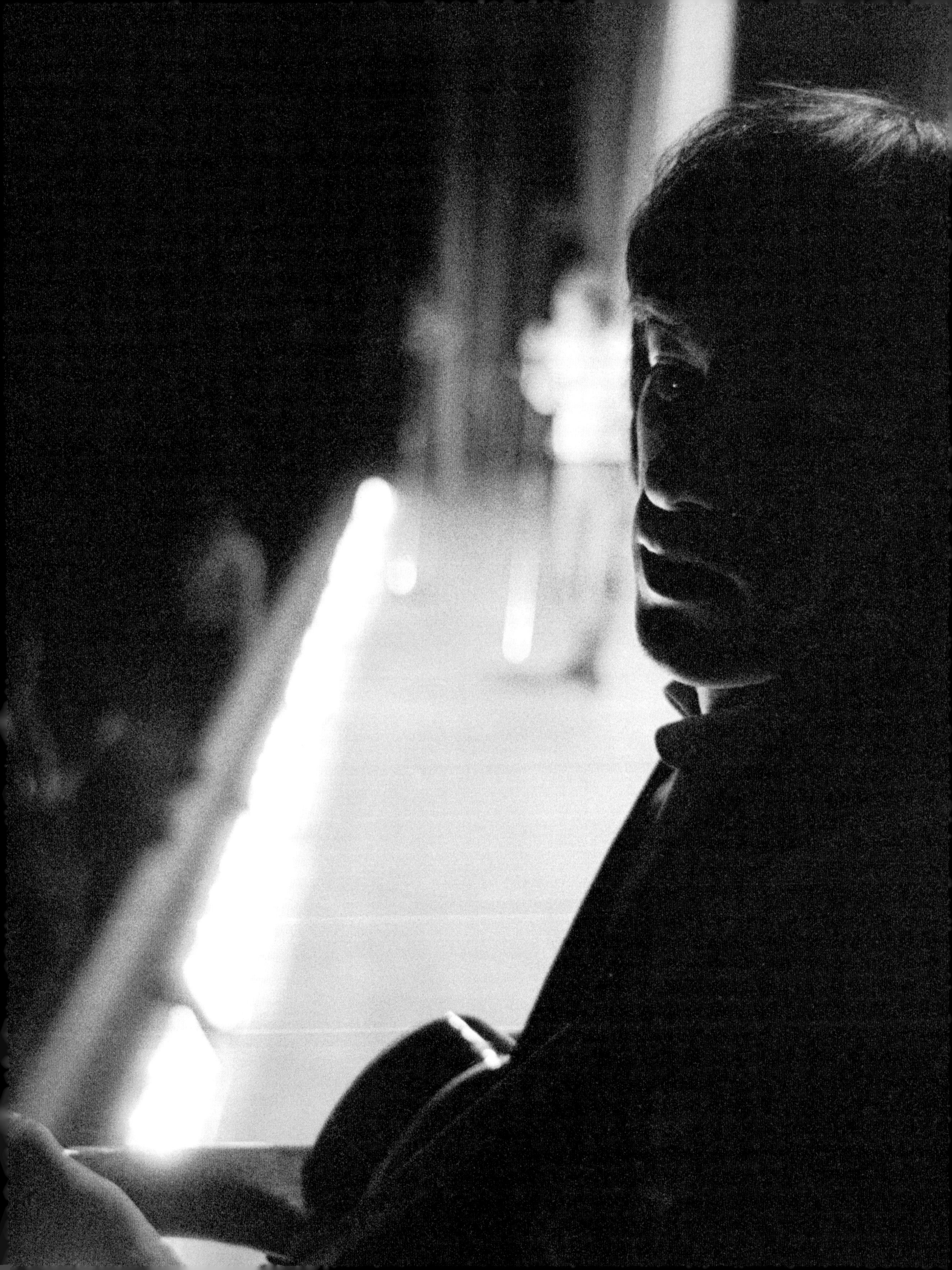

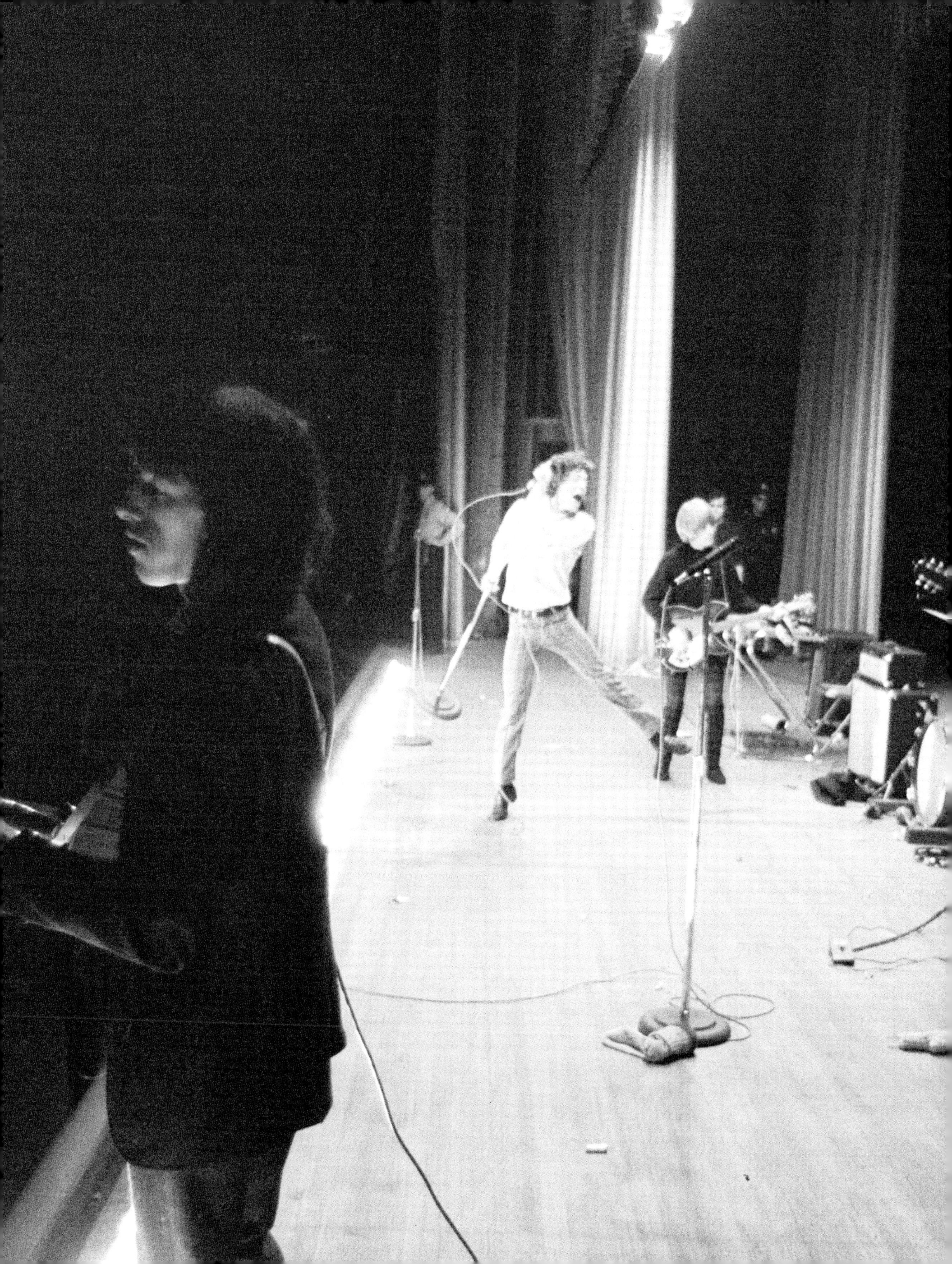

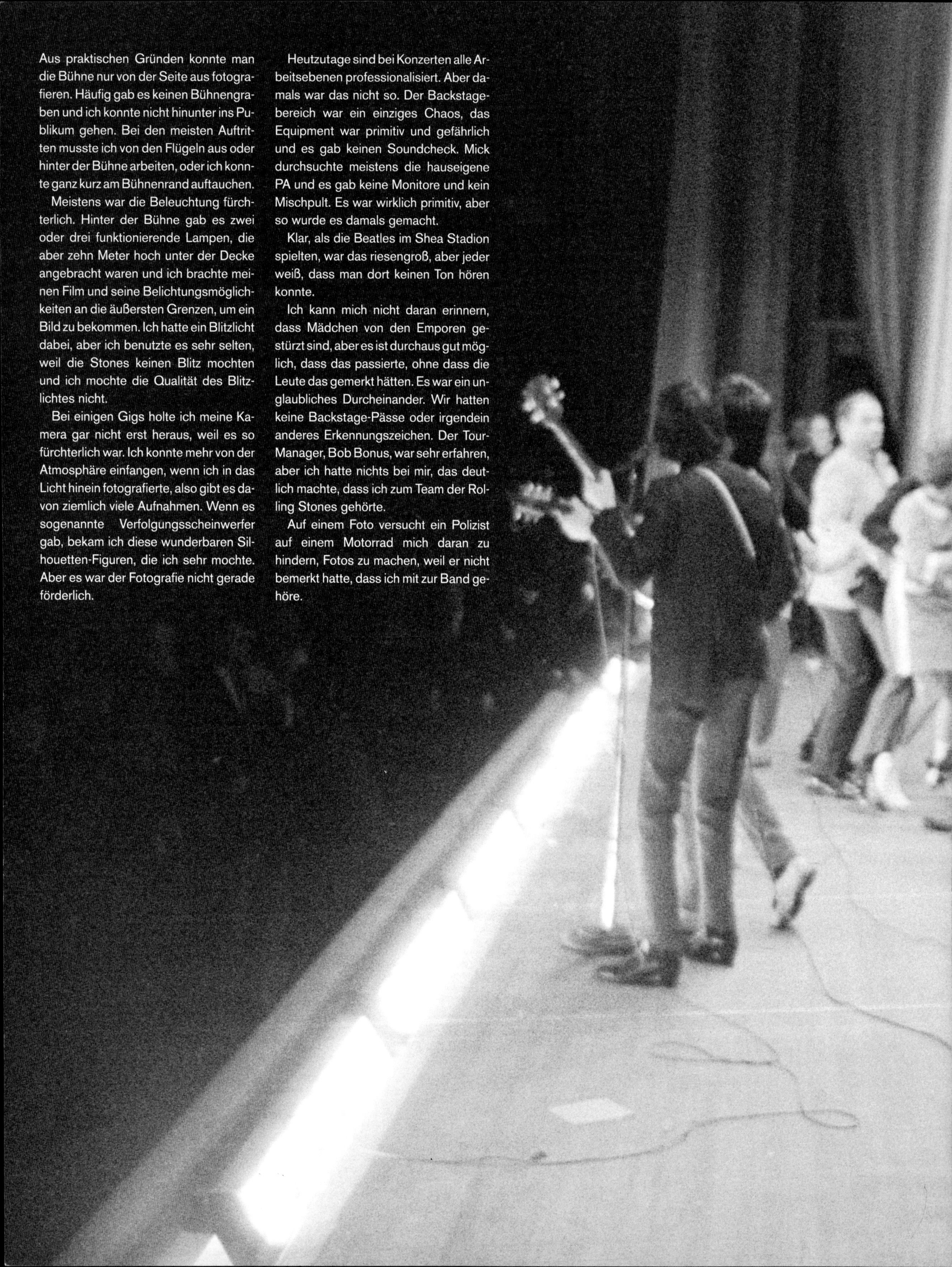

Aus praktischen Gründen konnte man die Bühne nur von der Seite aus fotografieren. Häufig gab es keinen Bühnengraben und ich konnte nicht hinunter ins Publikum gehen. Bei den meisten Auftritten musste ich von den Flügeln aus oder hinter der Bühne arbeiten, oder ich konnte ganz kurz am Bühnenrand auftauchen.

Meistens war die Beleuchtung fürchterlich. Hinter der Bühne gab es zwei oder drei funktionierende Lampen, die aber zehn Meter hoch unter der Decke angebracht waren und ich brachte meinen Film und seine Belichtungsmöglichkeiten an die äußersten Grenzen, um ein Bild zu bekommen. Ich hatte ein Blitzlicht dabei, aber ich benutzte es sehr selten, weil die Stones keinen Blitz mochten und ich mochte die Qualität des Blitzlichtes nicht.

Bei einigen Gigs holte ich meine Kamera gar nicht erst heraus, weil es so fürchterlich war. Ich konnte mehr von der Atmosphäre einfangen, wenn ich in das Licht hinein fotografierte, also gibt es davon ziemlich viele Aufnahmen. Wenn es sogenannte Verfolgungsscheinwerfer gab, bekam ich diese wunderbaren Silhouetten-Figuren, die ich sehr mochte. Aber es war der Fotografie nicht gerade förderlich.

Heutzutage sind bei Konzerten alle Arbeitsebenen professionalisiert. Aber damals war das nicht so. Der Backstagebereich war ein einziges Chaos, das Equipment war primitiv und gefährlich und es gab keinen Soundcheck. Mick durchsuchte meistens die hauseigene PA und es gab keine Monitore und kein Mischpult. Es war wirklich primitiv, aber so wurde es damals gemacht.

Klar, als die Beatles im Shea Stadion spielten, war das riesengroß, aber jeder weiß, dass man dort keinen Ton hören konnte.

Ich kann mich nicht daran erinnern, dass Mädchen von den Emporen gestürzt sind, aber es ist durchaus gut möglich, dass das passierte, ohne dass die Leute das gemerkt hätten. Es war ein unglaubliches Durcheinander. Wir hatten keine Backstage-Pässe oder irgendein anderes Erkennungszeichen. Der Tour-Manager, Bob Bonus, war sehr erfahren, aber ich hatte nichts bei mir, das deutlich machte, dass ich zum Team der Rolling Stones gehörte.

Auf einem Foto versucht ein Polizist auf einem Motorrad mich daran zu hindern, Fotos zu machen, weil er nicht bemerkt hatte, dass ich mit zur Band gehöre.

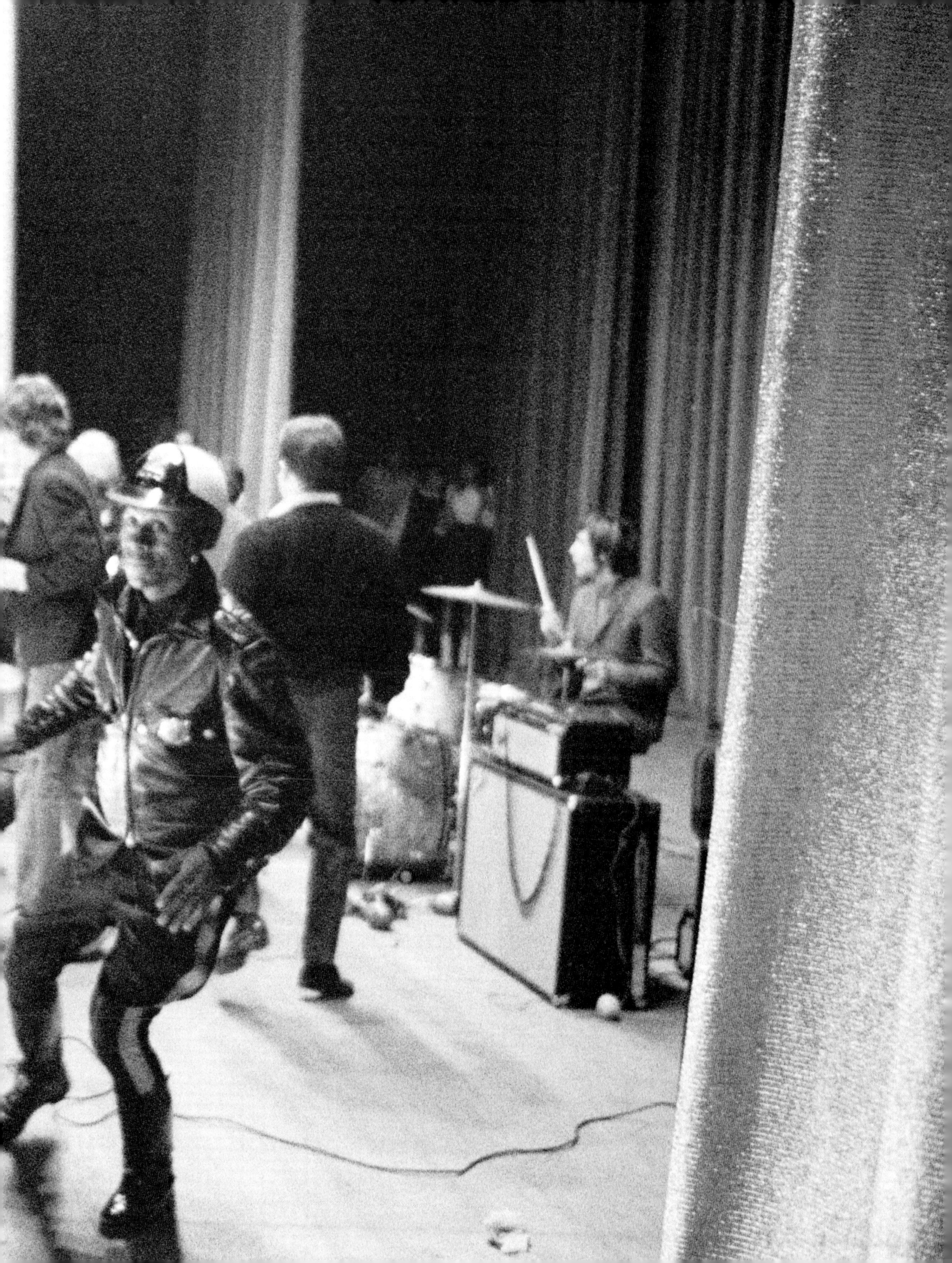

Die Polizei war sehr aufgebracht, weil das Publikum nicht sitzen blieb. Klar, Mick hatte es wirklich raus, die Leute zum Tanzen zu bringen. Darin war er brillant. Er brachte sie zur Raserei, aber die Polizei schrie: »Nein! Nein! Hinsetzen!« und Mick natürlich: »Steht auf!« Manchmal wurde die Show unterbrochen und die Vorhänge wurden heruntergelassen. Es gab einige Leute im Publikum, die wirklich Angst hatten. Es war nicht einfach, nur die ältere Generation, die einfach, weil sie die ältere Generation war, dem Ganzen einen Dämpfer verpassen wollte. Ich denke, die Leute hatten wirklich Angst, als sie diese Hysterie sahen, als sie sahen, wie diese Kids einfach ausflippten.

Es gab Leute, die die Bühne stürmten. Die Fans rannten einfach los und wurden dann wieder heruntergeworfen. Die Sicherheitsstandards waren wirklich niedrig und die Leute wussten nicht, was sie tun sollten. Also brachen die Kids durch die Barriere, rannten auf die Bühne, begrapschten Mick und wurden dann wieder heruntergeworfen.

Oder sie wurden hinter die Bühne in einen Raum gezogen, wo sie ohnmächtig wurden oder hyperventilierten. Viele von ihnen standen auf Brian – Brian und Mick. Brian war total beliebt und hatte irgendwie ein sehr klar definiertes Image mit seiner außergewöhnlichen Frisur, seinen Polo Hemden, den karierten Rupert-Bear-Hosen und den weißen Leinenschuhen. Er sah so anders aus als alle anderen. Und mit seinen blonden Haaren wirkte er irgendwie unschuldig. Bei den Shows gab es im Publikum Schilder mit der Aufschrift »Süßer kleiner unschuldiger Brian«, aber er war alles andere als süß und unschuldig.

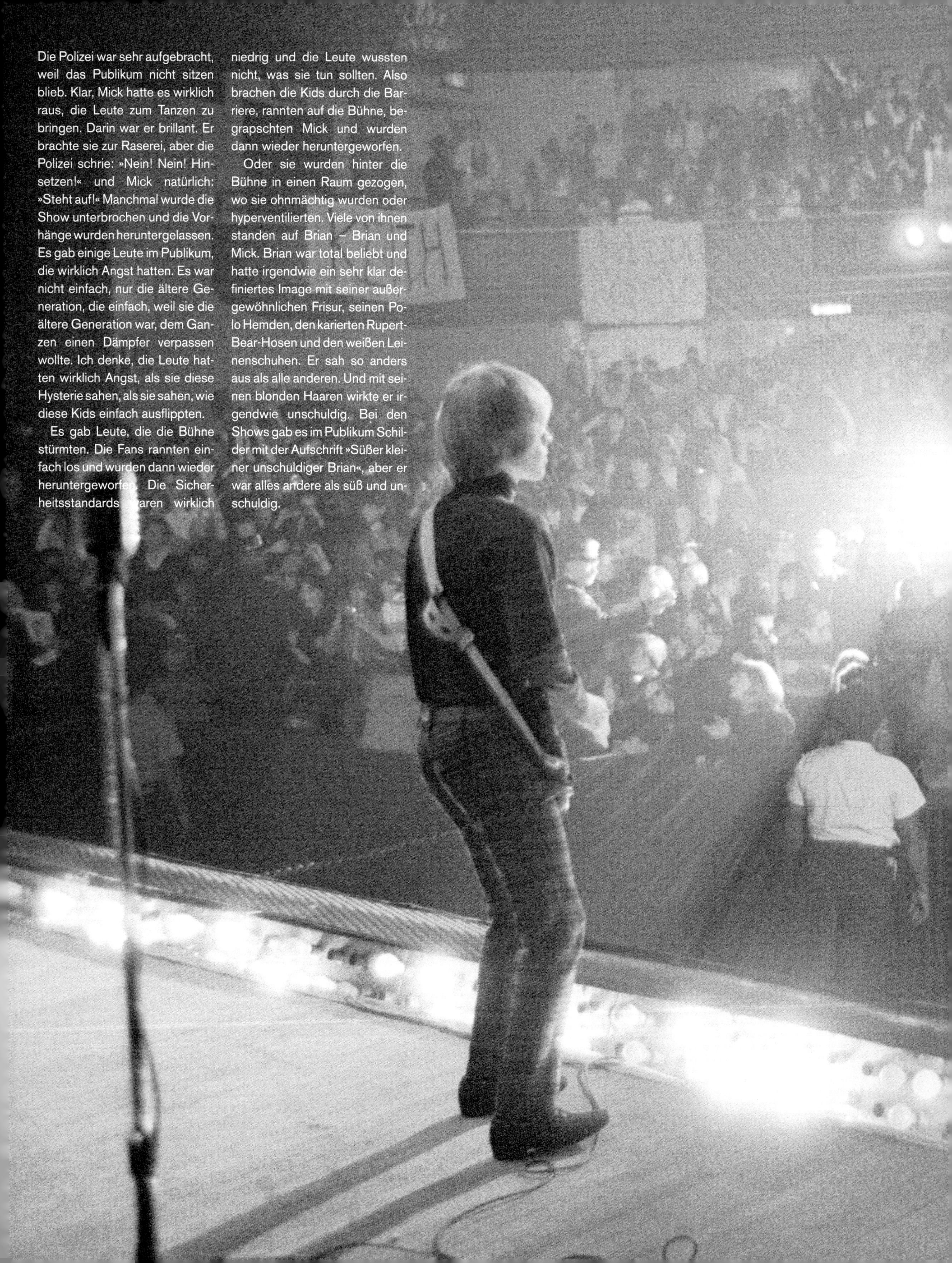

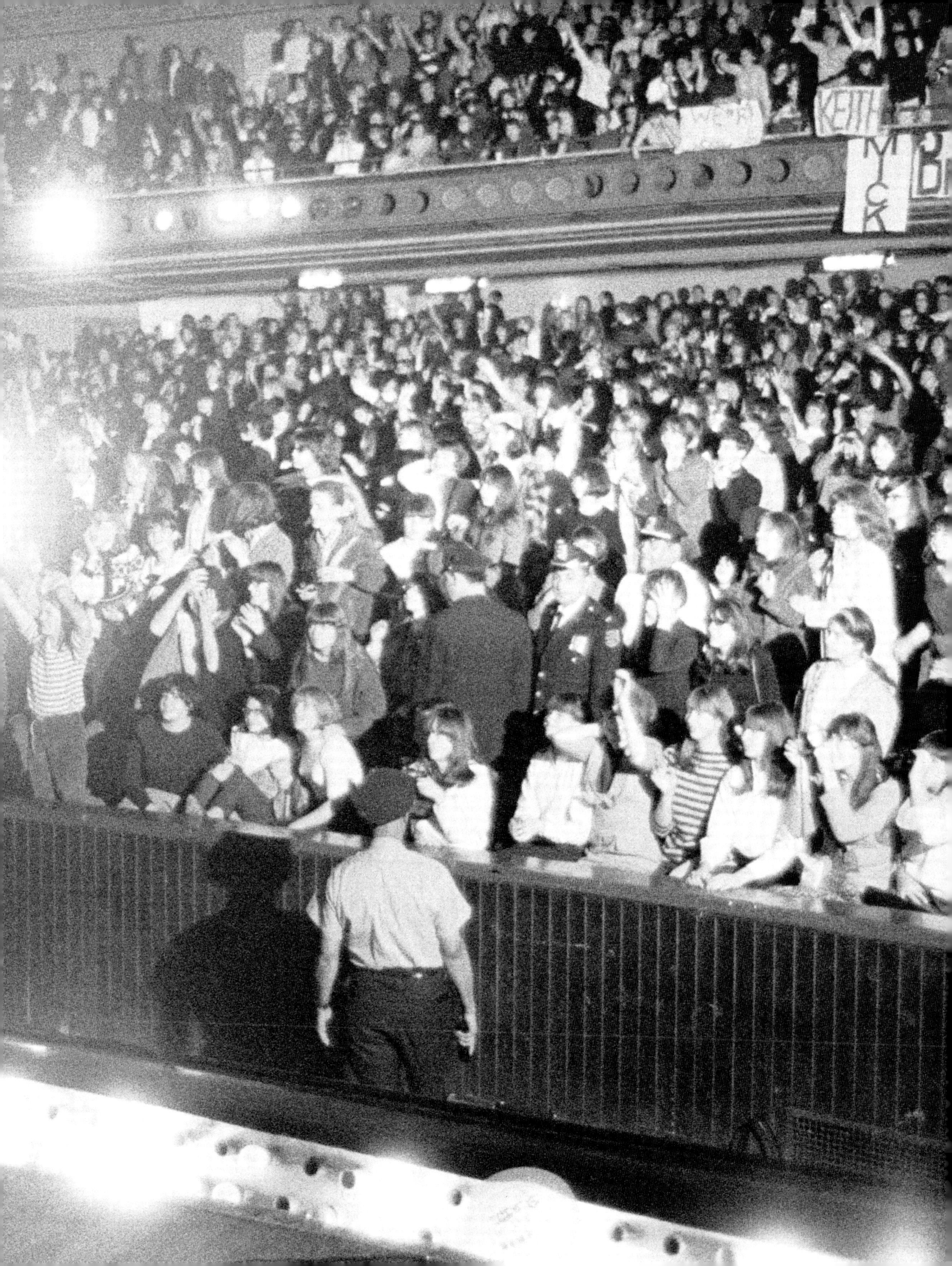
KEITH
MICK

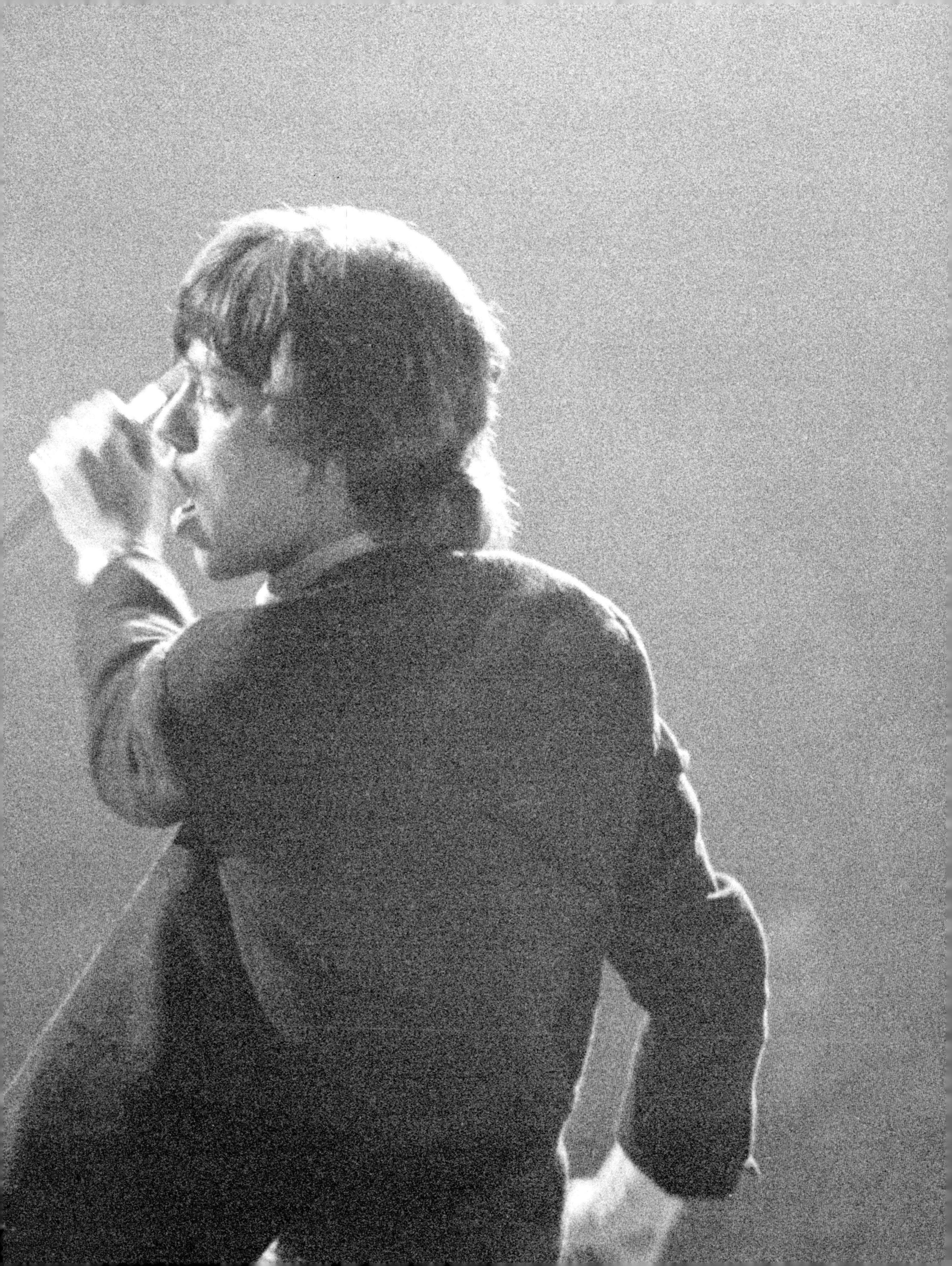

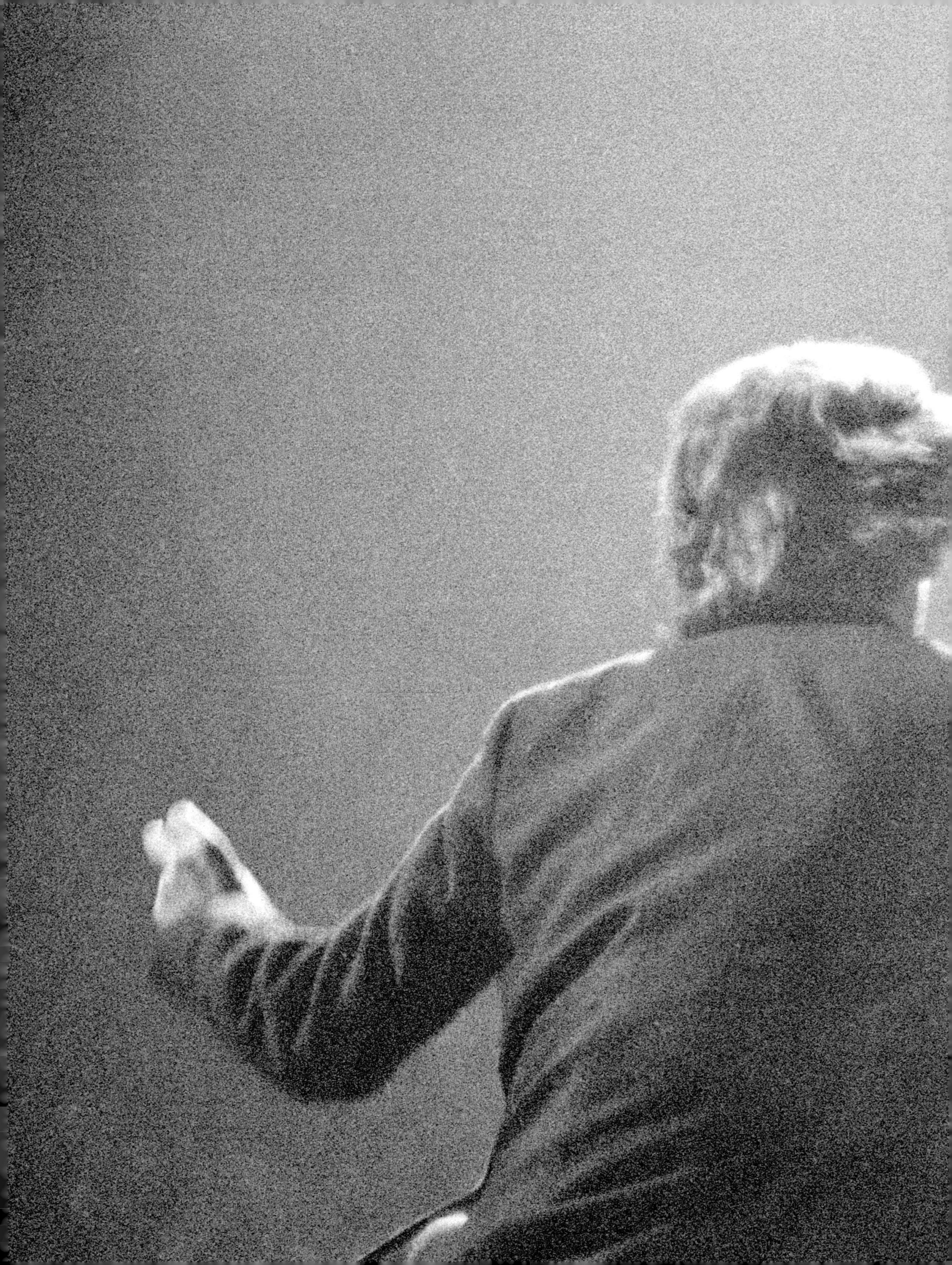

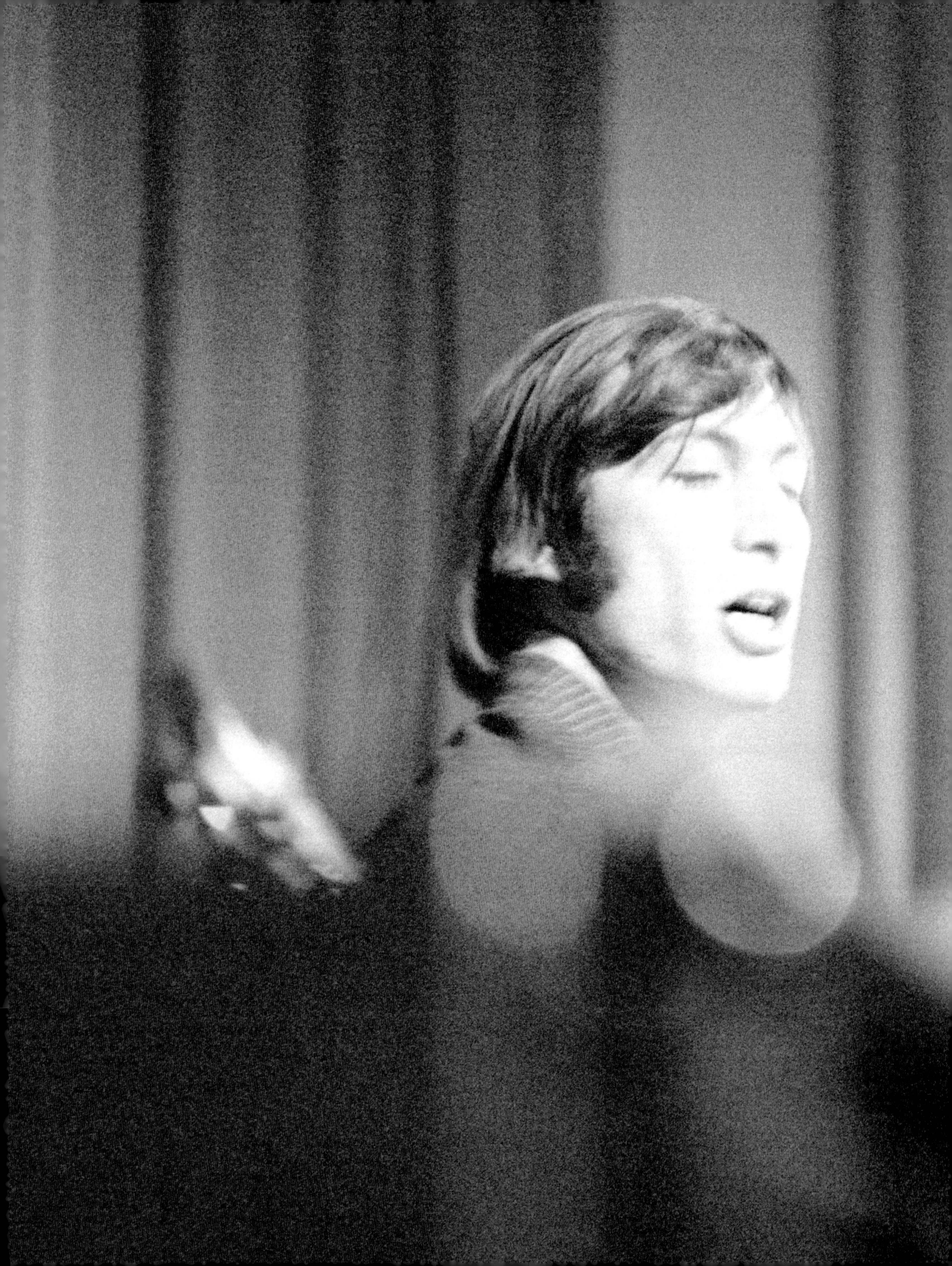

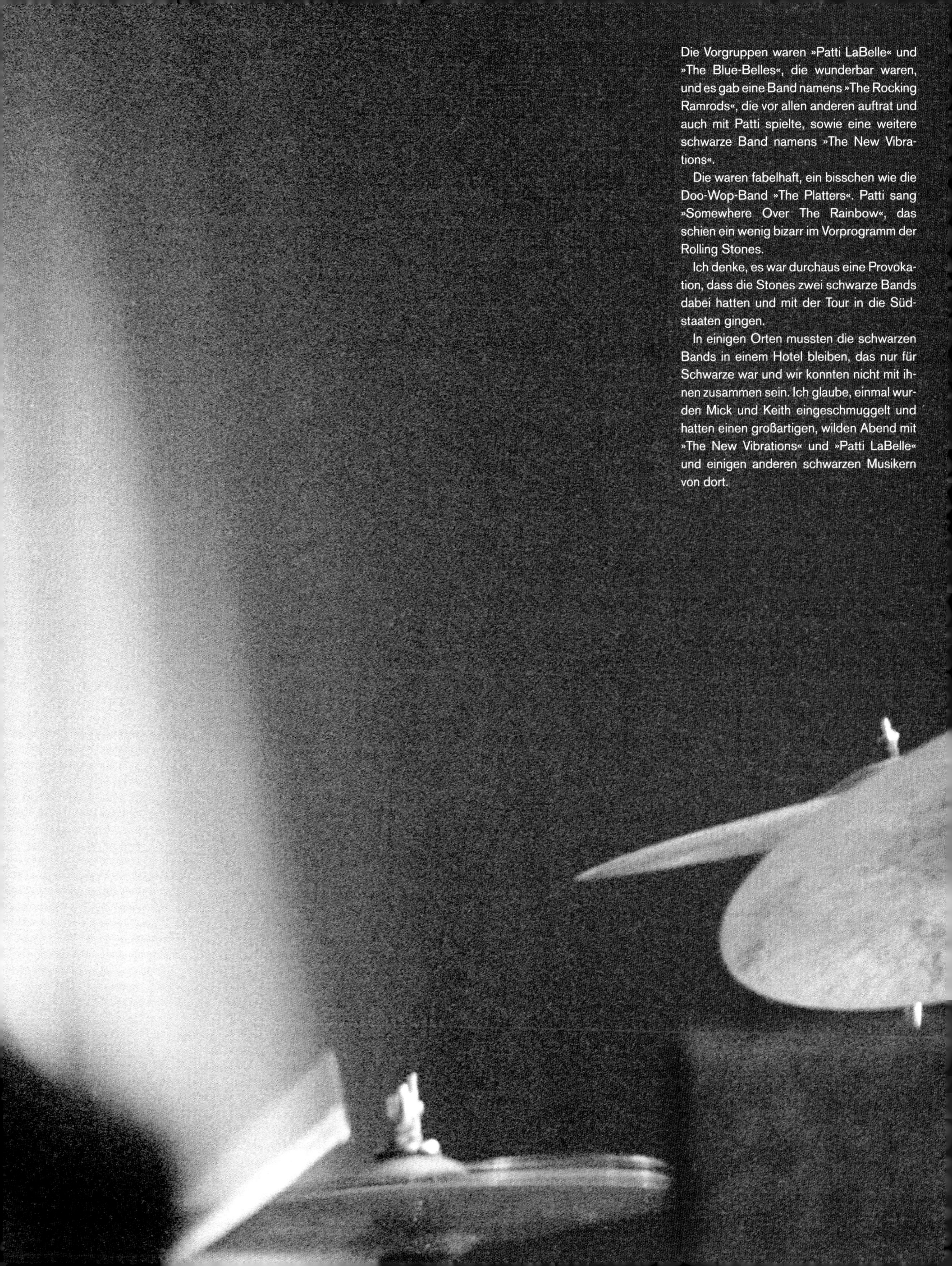

Die Vorgruppen waren »Patti LaBelle« und »The Blue-Belles«, die wunderbar waren, und es gab eine Band namens »The Rocking Ramrods«, die vor allen anderen auftrat und auch mit Patti spielte, sowie eine weitere schwarze Band namens »The New Vibrations«.

Die waren fabelhaft, ein bisschen wie die Doo-Wop-Band »The Platters«. Patti sang »Somewhere Over The Rainbow«, das schien ein wenig bizarr im Vorprogramm der Rolling Stones.

Ich denke, es war durchaus eine Provokation, dass die Stones zwei schwarze Bands dabei hatten und mit der Tour in die Südstaaten gingen.

In einigen Orten mussten die schwarzen Bands in einem Hotel bleiben, das nur für Schwarze war und wir konnten nicht mit ihnen zusammen sein. Ich glaube, einmal wurden Mick und Keith eingeschmuggelt und hatten einen großartigen, wilden Abend mit »The New Vibrations« und »Patti LaBelle« und einigen anderen schwarzen Musikern von dort.

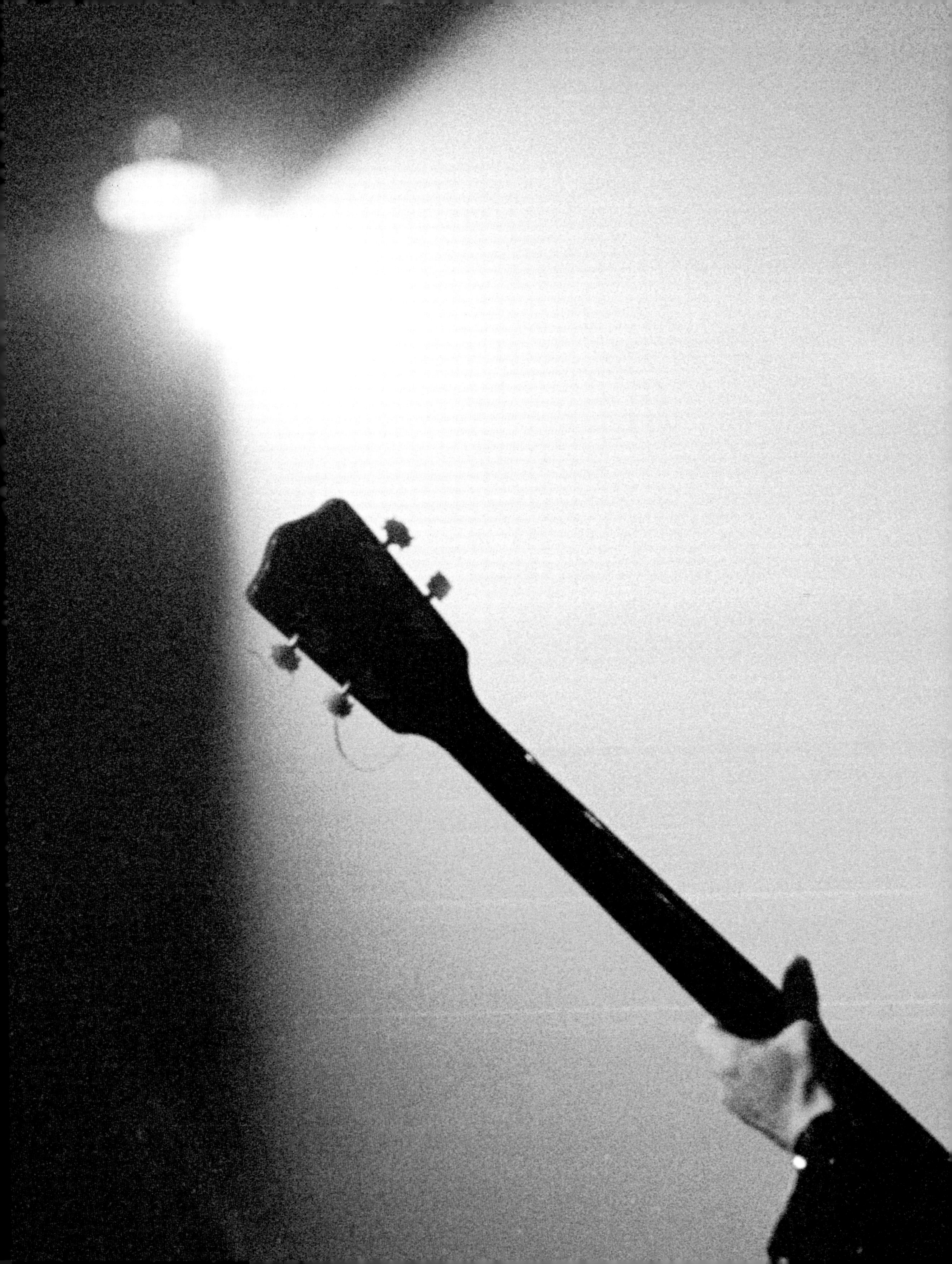

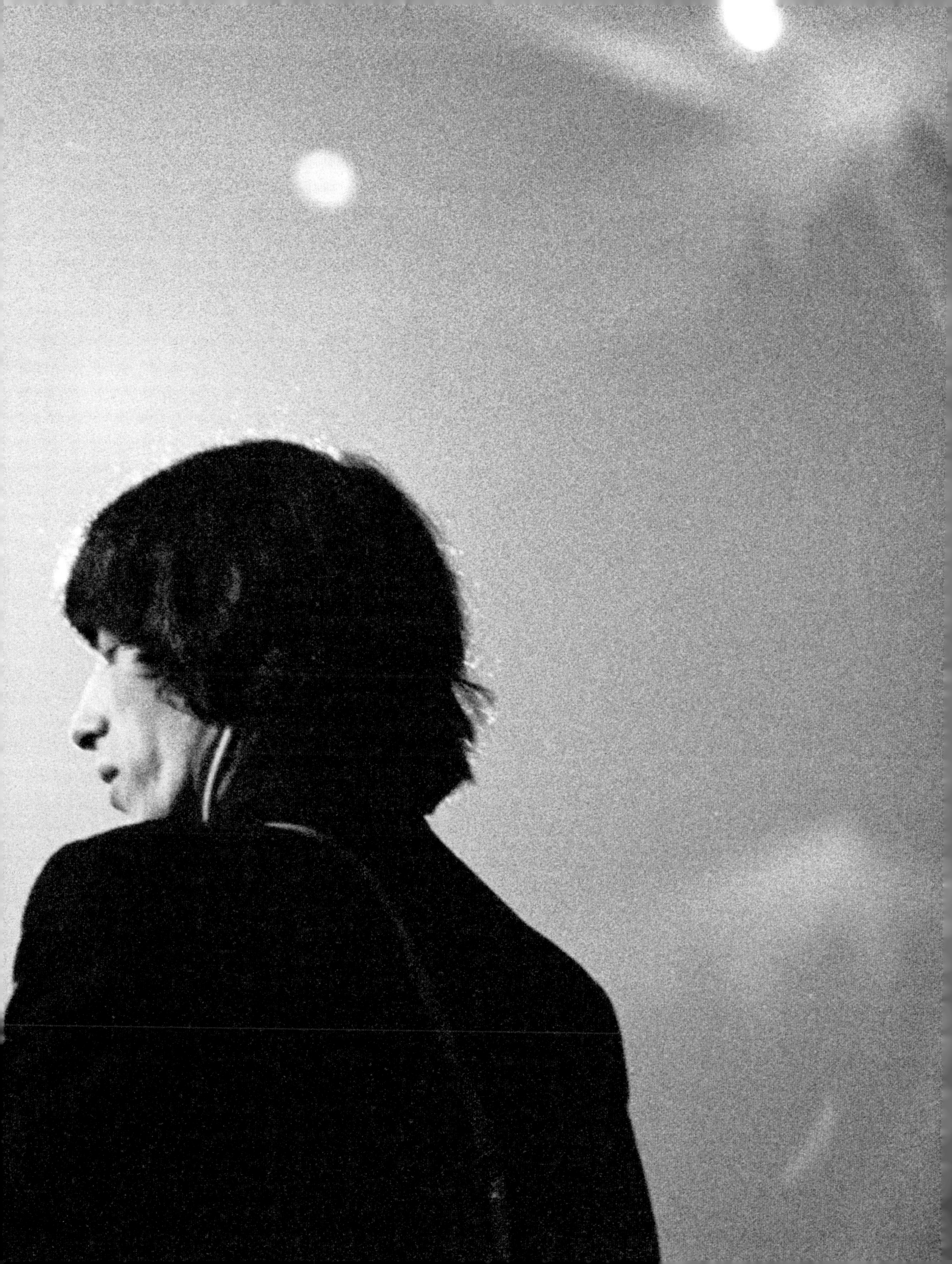

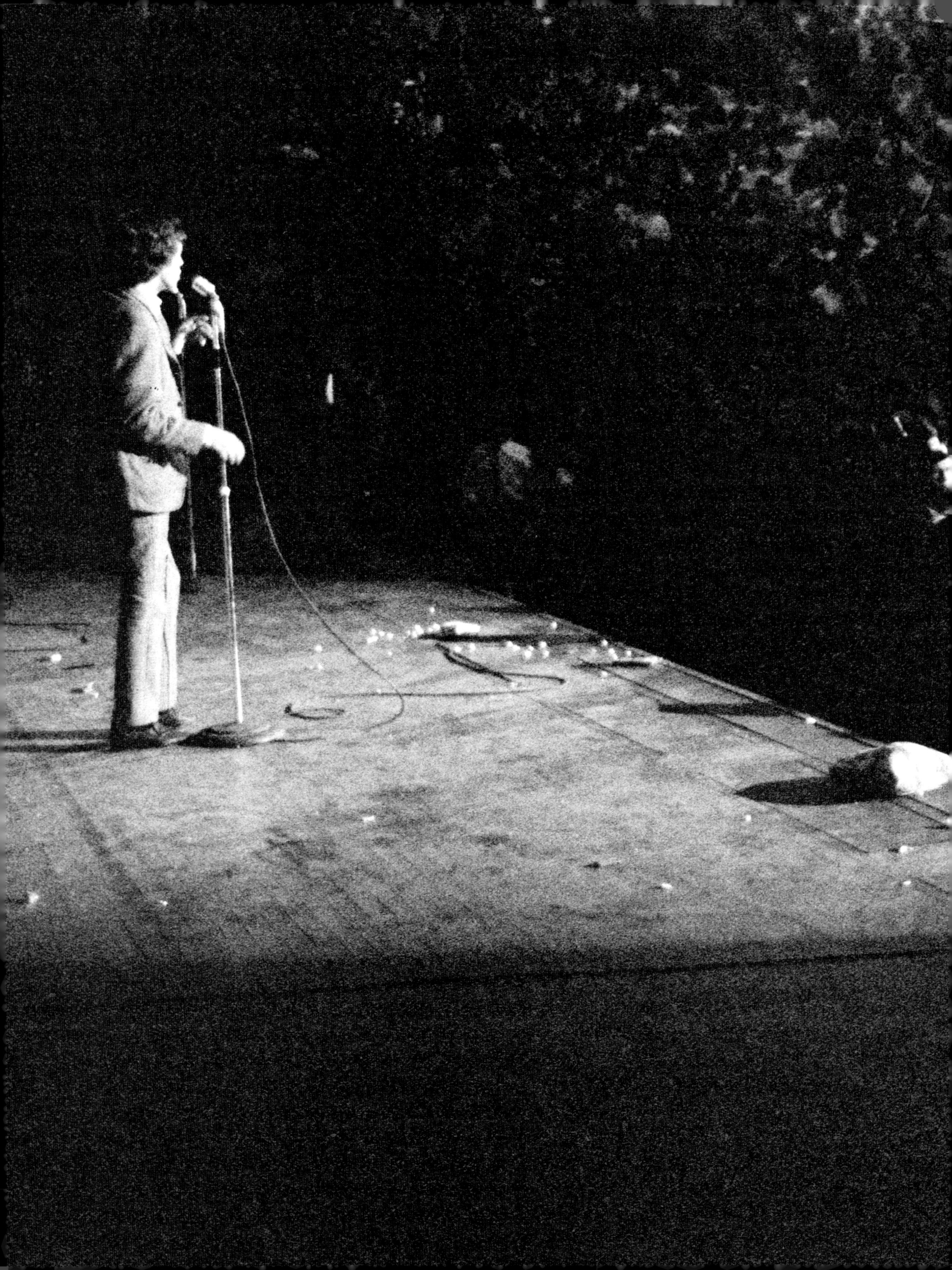

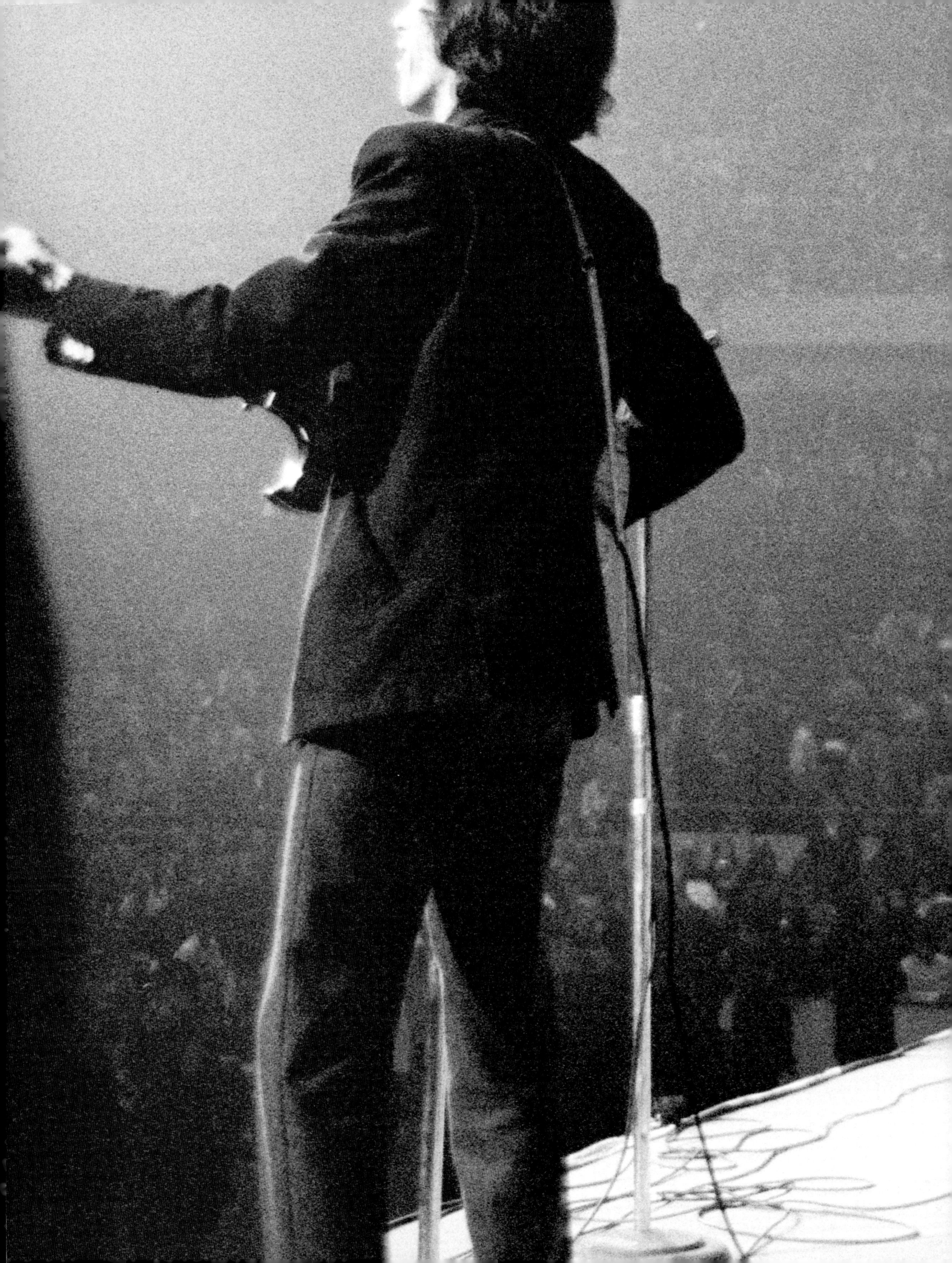

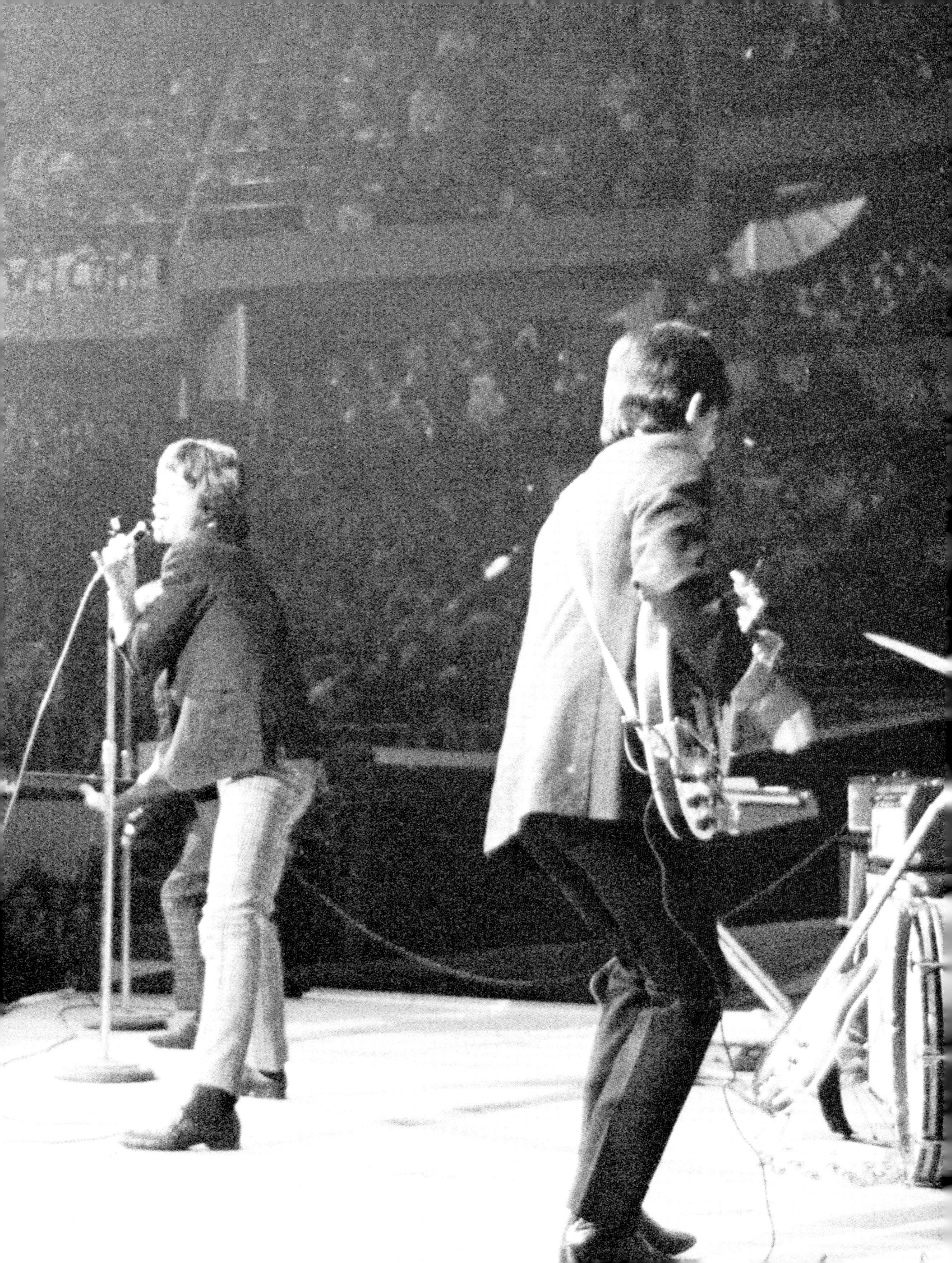

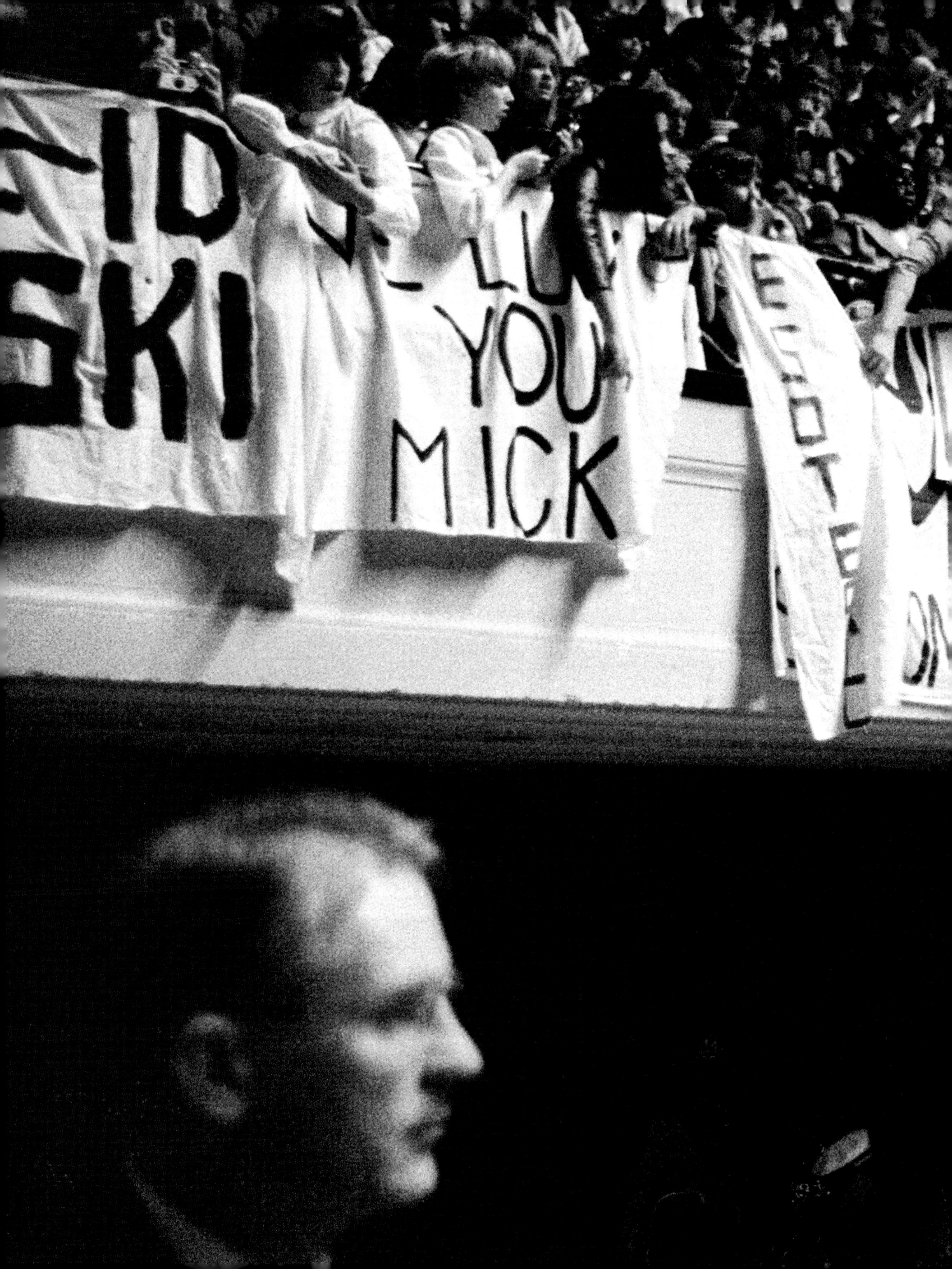

YOU
MICK

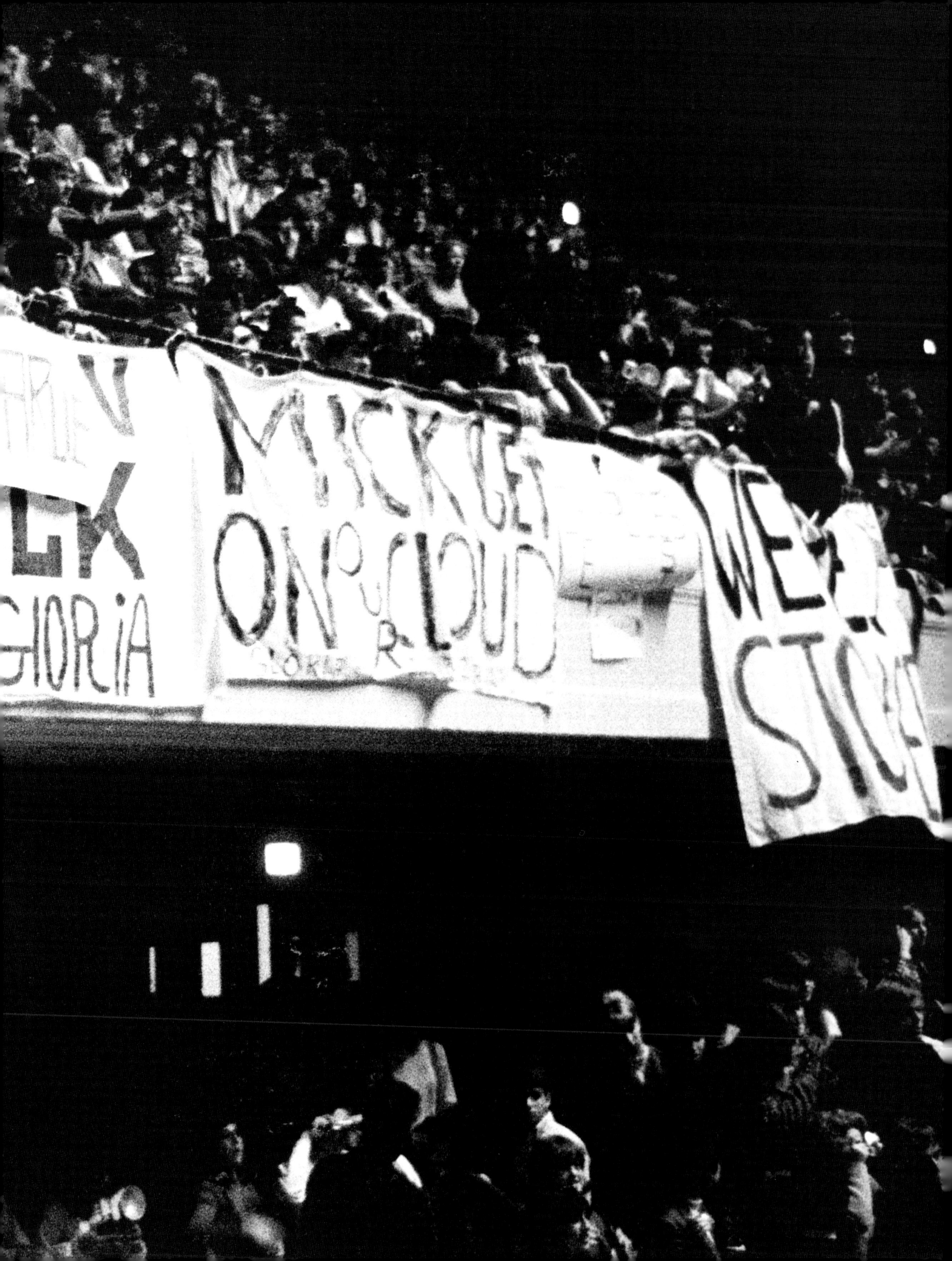
MICK GET
GIORIA

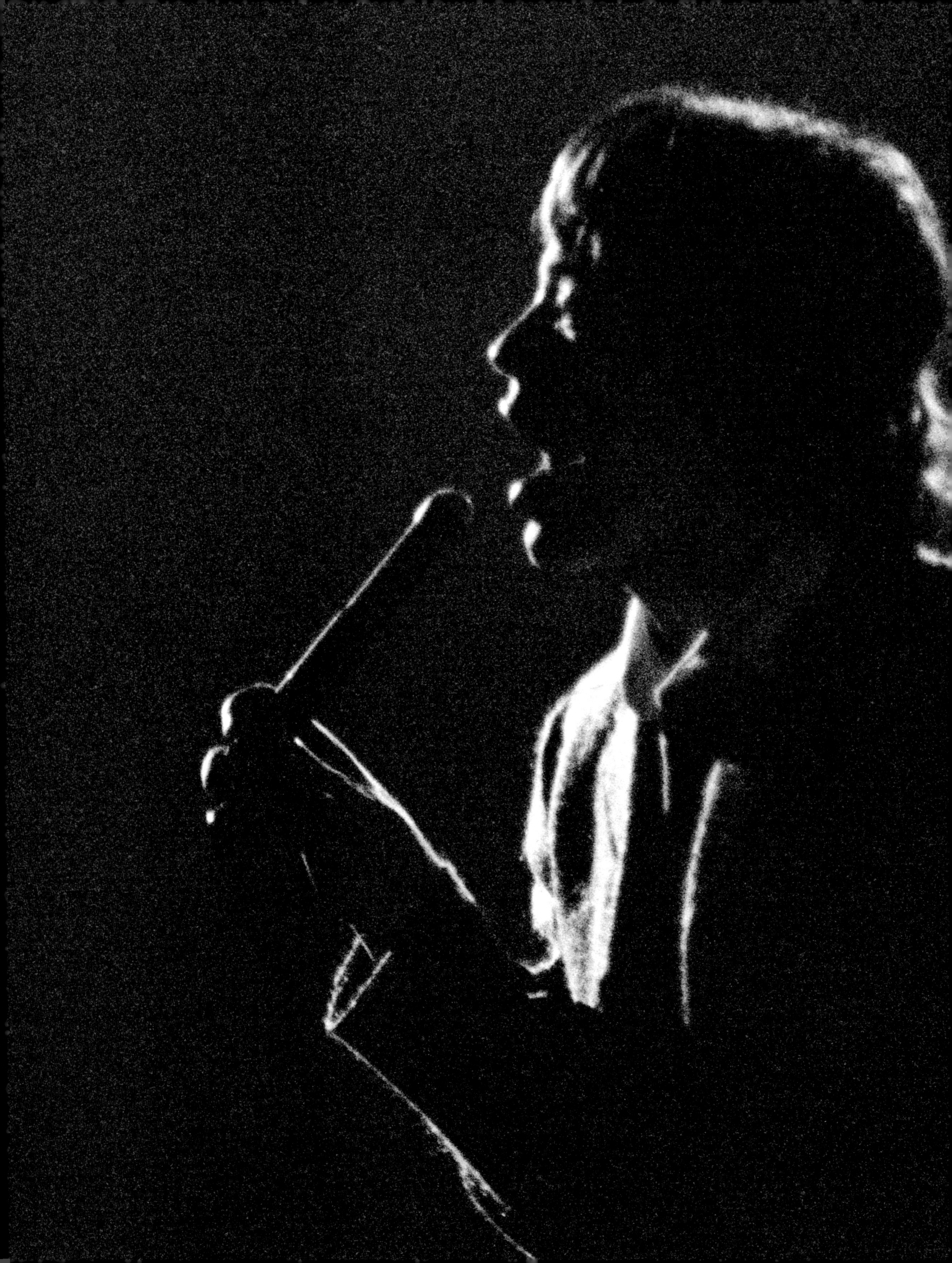

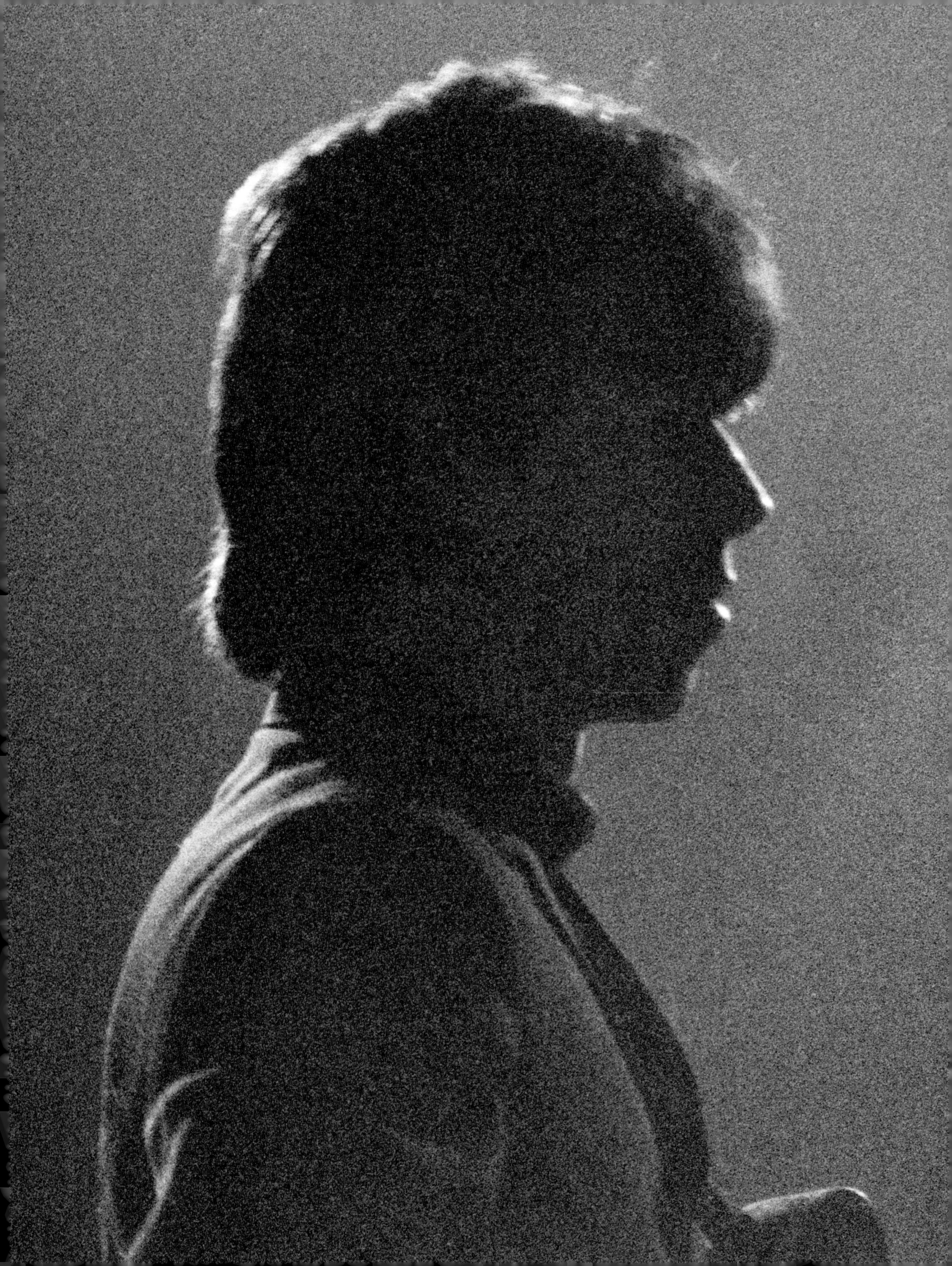

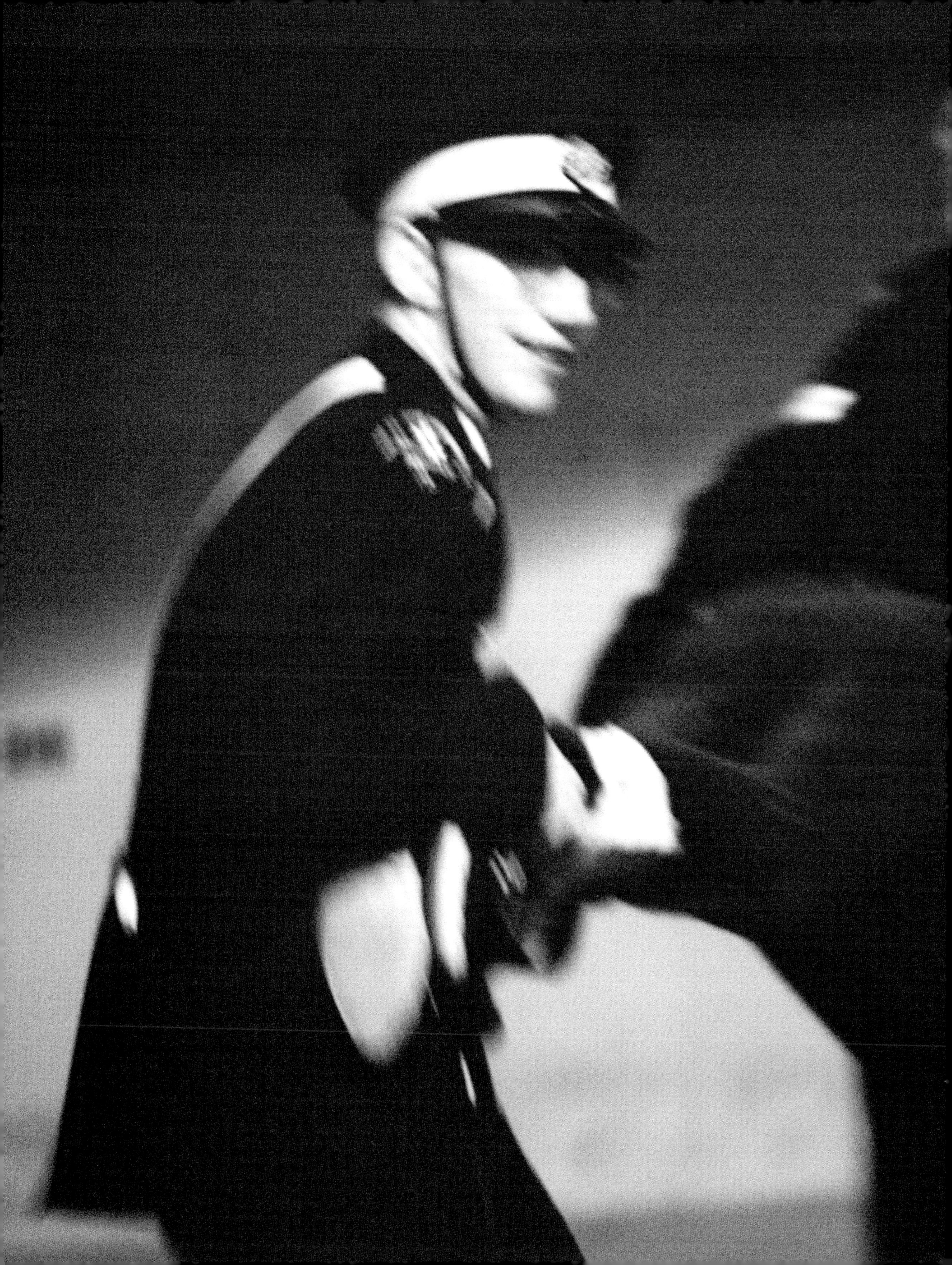

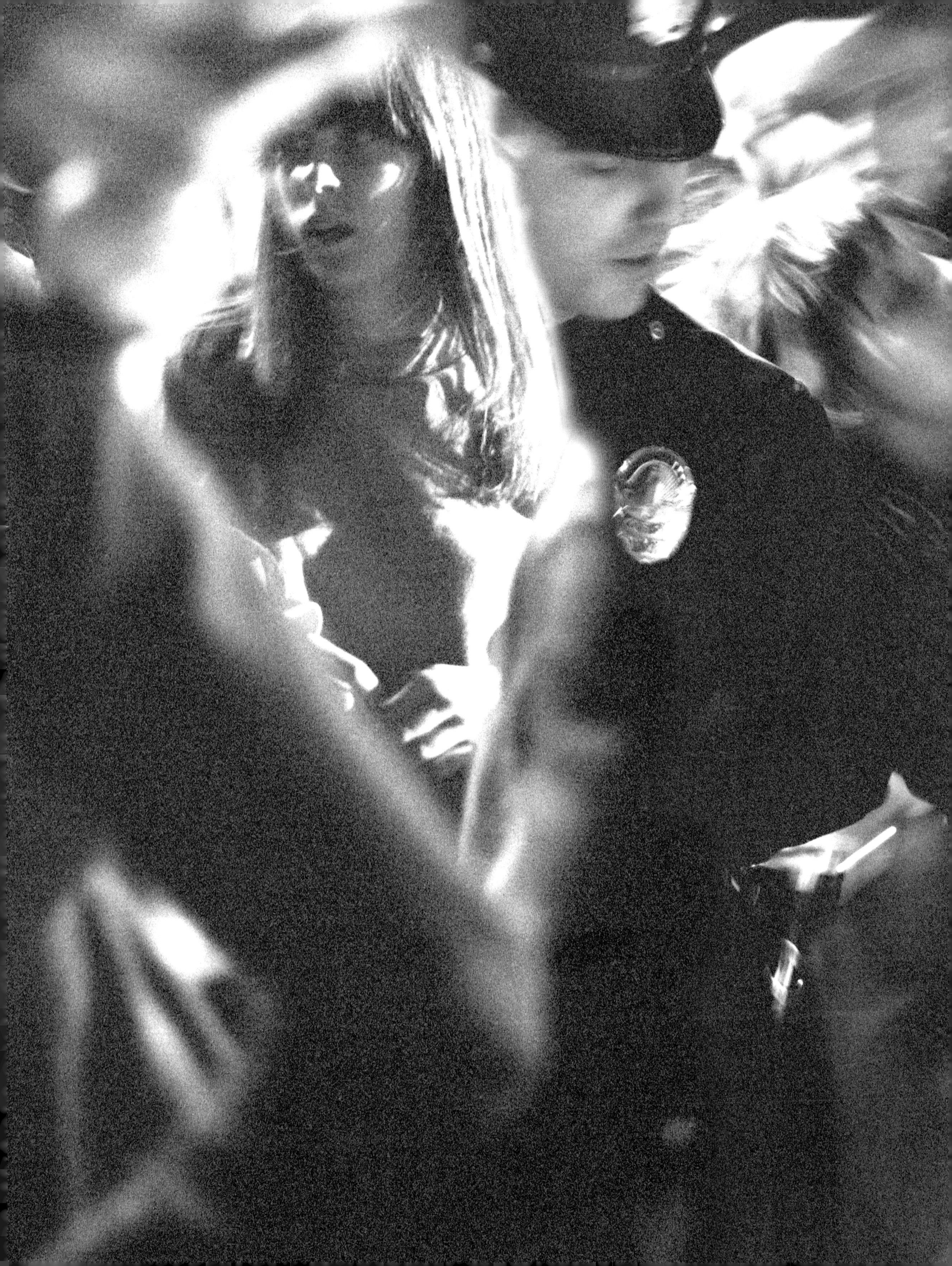

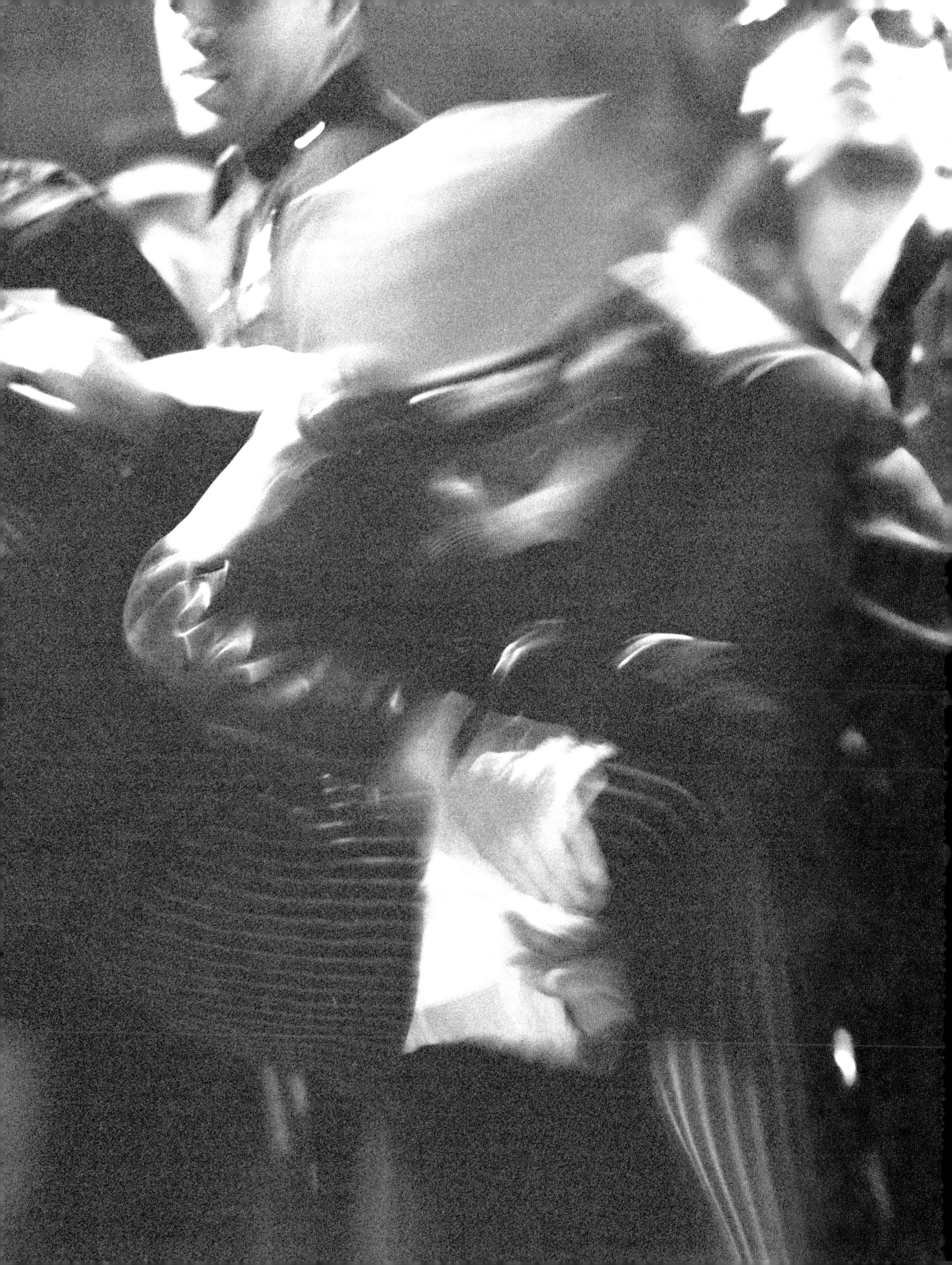

Brian konnte manchmal manipulierend sein und das konnte ziemlich unangenehm werden. Aber die andere Seite war, dass er sehr charmant und witzig sein konnte und ein unglaublich wichtiger Teil der Band war. Aber dieses Auf und Ab war schon ziemlich offensichtlich und wenn man einige Tage mit ihm auf Tour war, wurde klar, dass er manchmal einfach verrückt war.

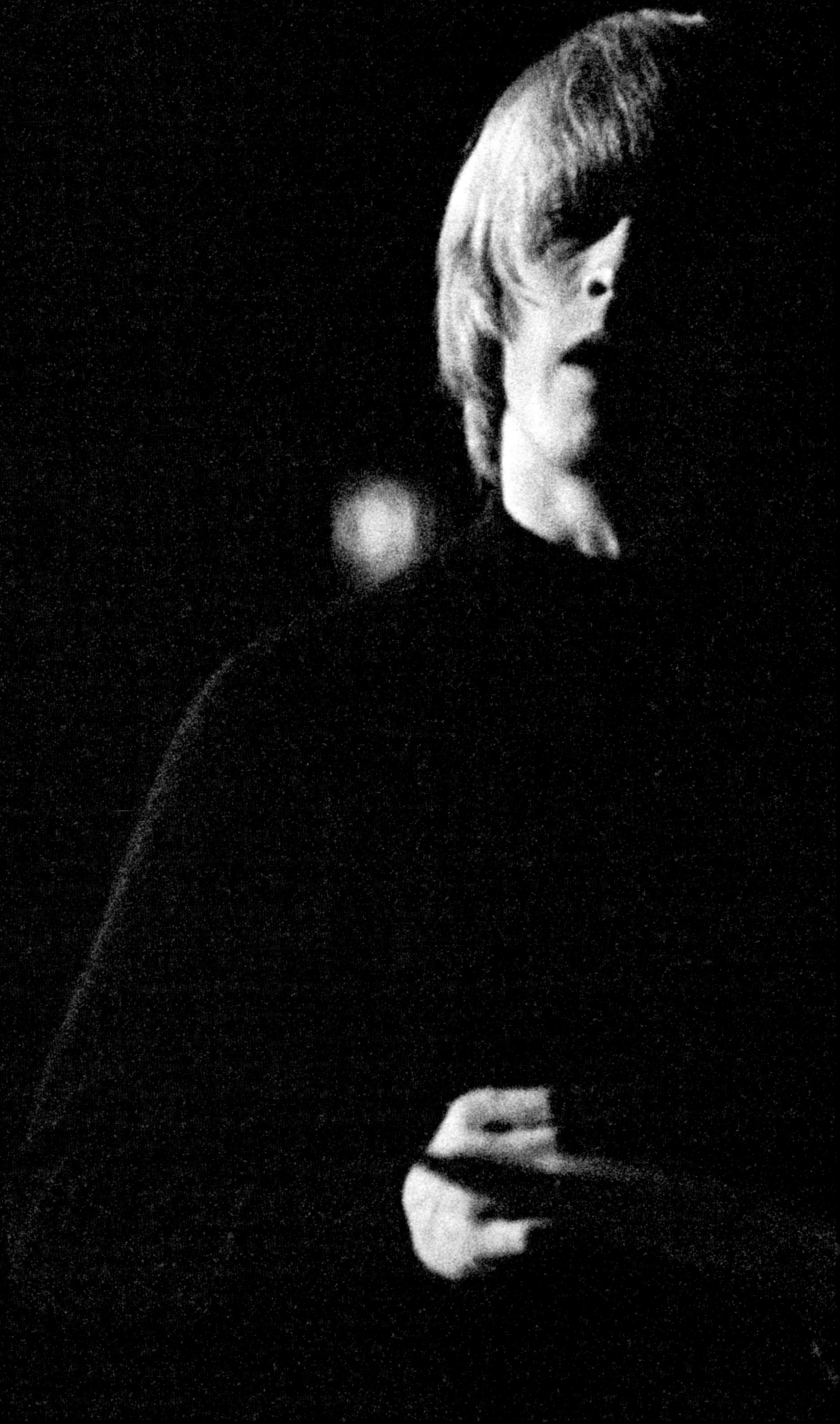

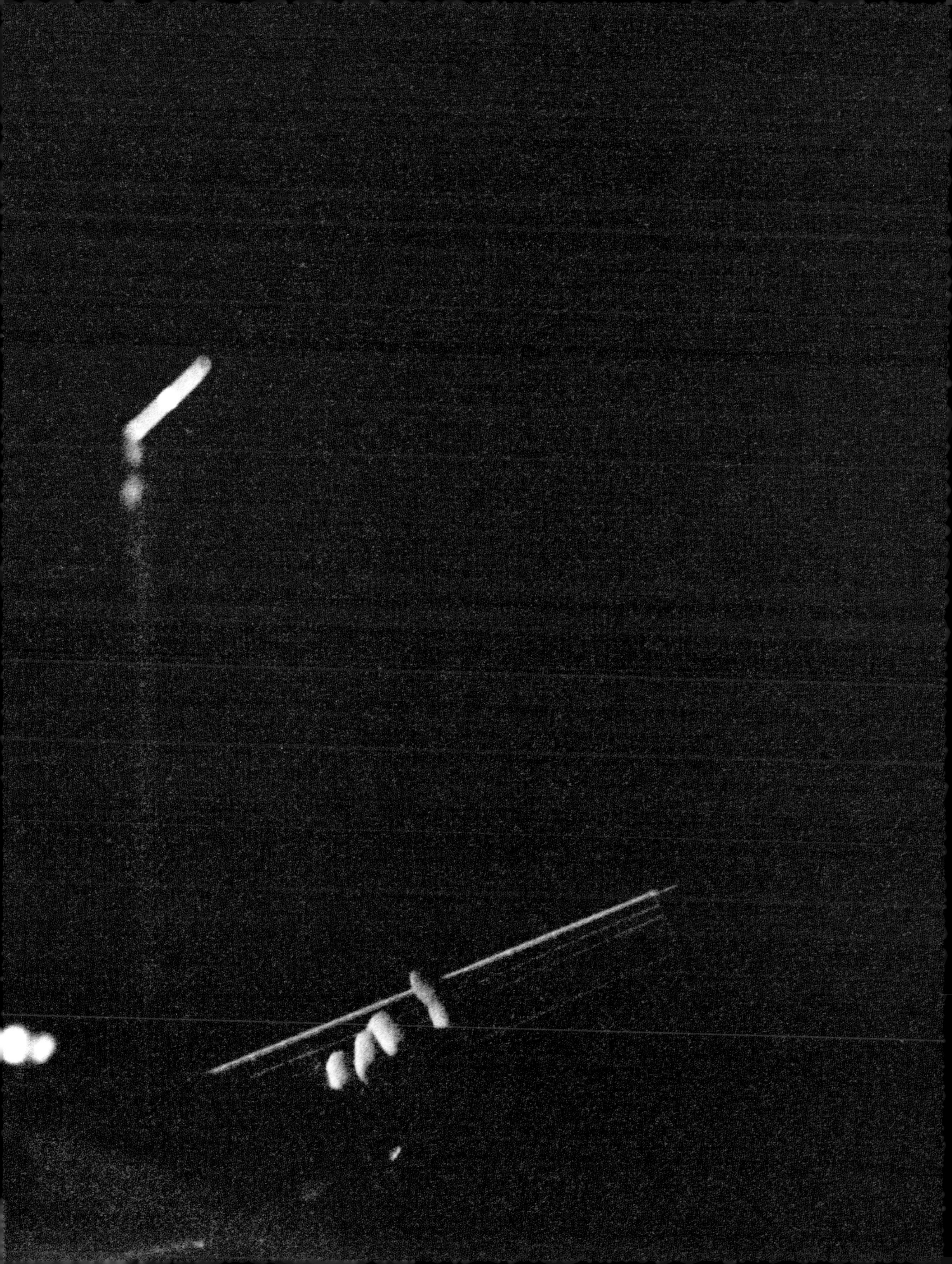

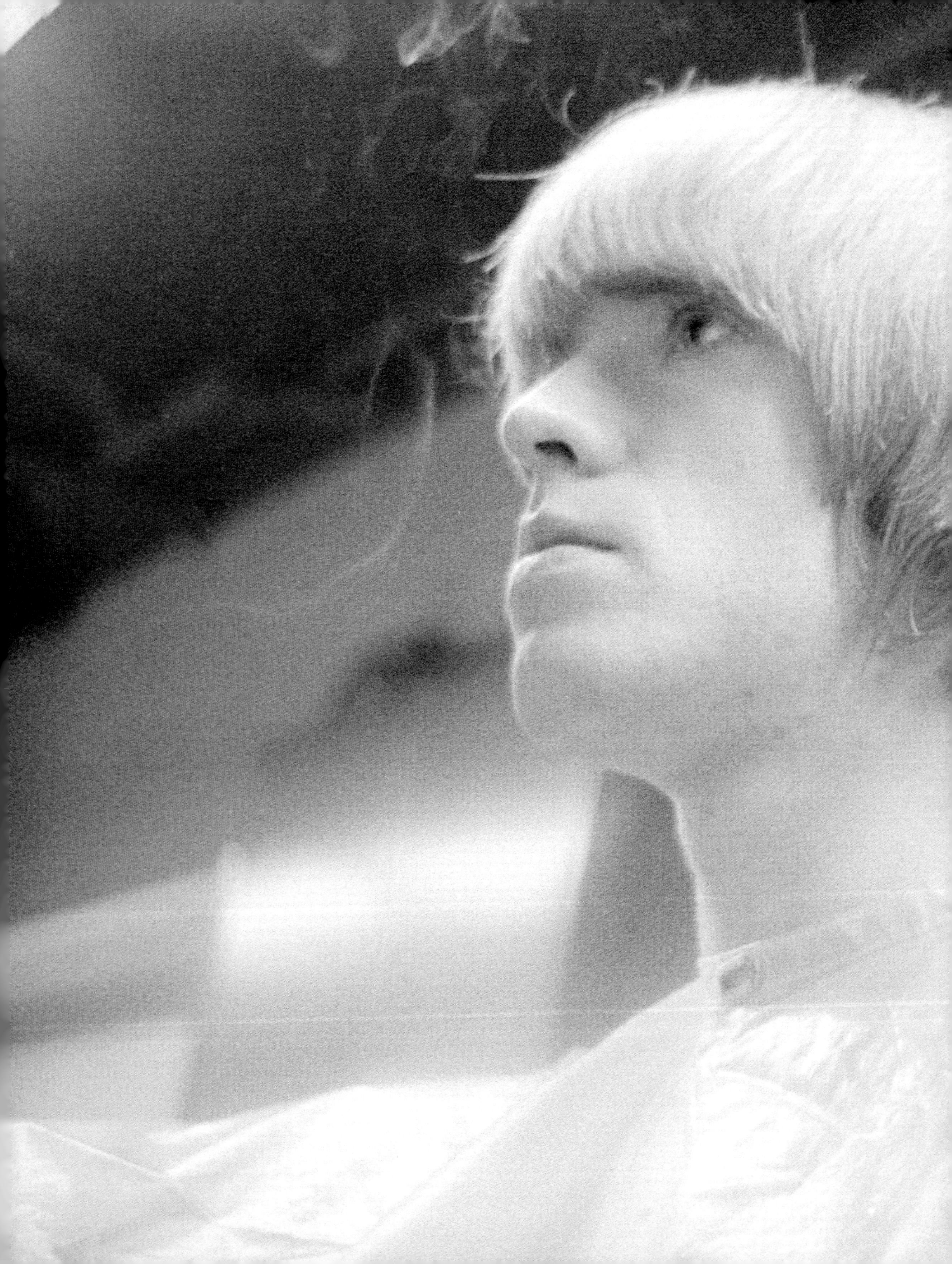

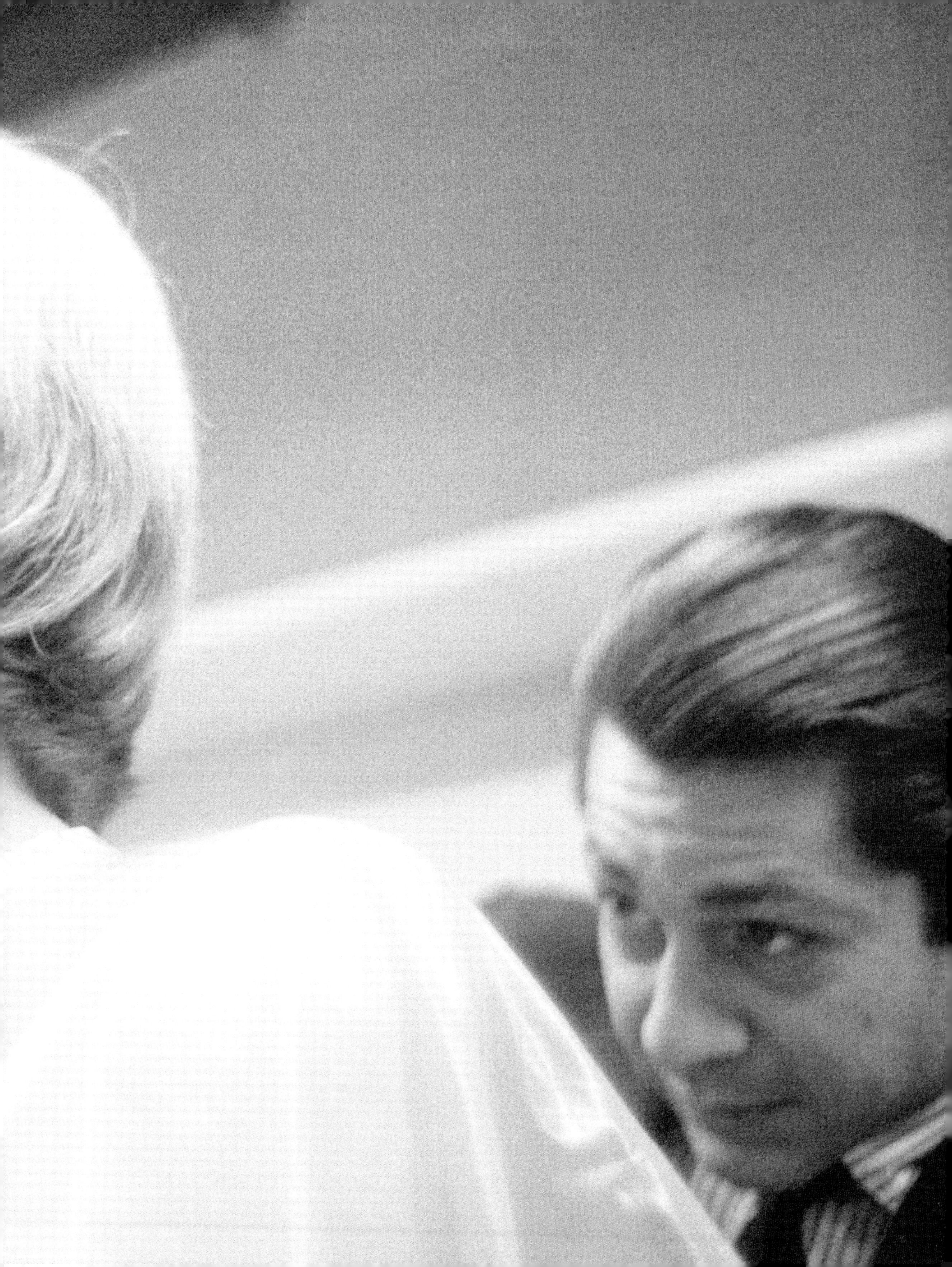

Zu Beginn der Tour traten sie bei einer Show namens »Hullabaloo« auf, um »Get Off Of My Cloud« zu spielen. Der Stil jener Shows war unglaublich poppig und ich glaube, sie fanden es dort ein wenig steril, aber gleichzeitig waren sie echte Profis und machten einfach ihren Job. Aber bei der Show gab es diese Go-Go-Girls. Die Stones fanden diese Tänzerinnen zum Lachen und nicht gerade passend für ihre Musik. Auf einem Foto kann man sehen, wie Brian sie auslacht, das fasst das Ganze ziemlich gut zusammen. Er fand sie einfach hysterisch.

Die Fotos, auf denen Brian sein Haar geschnitten bekommt, sind von derselben Fernsehshow. Die Aufnahmen sind in der Maske entstanden und der Kontrast zwischen Brian und dem Friseur war enorm. Er hatte diesen sehr gepflegten, kurzen Haarschnitt, der an Paul Anka erinnerte und ziemlich weit verbreitet war.

Ich kann mich nicht daran erinnern, dass er sich je um seine Frisur geschert hätte, aber es muss ihn doch beschäftigt haben. Von den ersten drei Bandmitgliedern hatte er jedenfalls den klar definiertesten Stil. In dieser Phase sah er außergewöhnlich aus. Das verlieh ihm etwas Unschuldiges, was völlig unangemessen war.

Während der Tour war er ein paar Mal plötzlich verschwunden. Ich erinnere mich ziemlich verschwommen daran, wie Brian aus einer Limousine ausstieg, durch einen Verkehrsstau spazierte und dann für zwei oder drei Konzerte verschwunden war. Ich glaube, man erklärte, Brian habe eine Grippe. Schon damals hatte Brian etwas Unberechenbares an sich.

1965 –
Das verlieh ihm etwas Unschuldiges, was völlig unangemessen war.

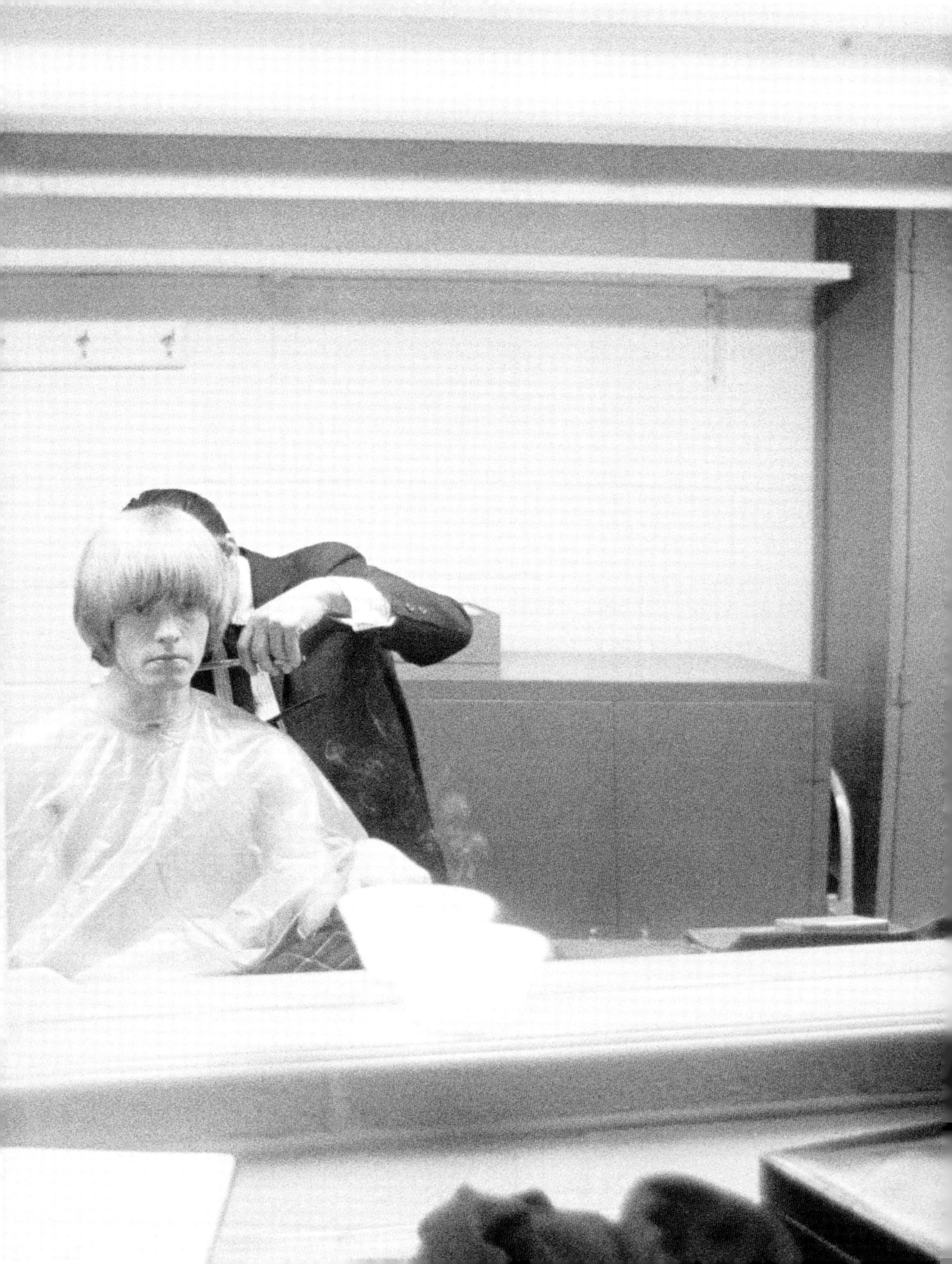

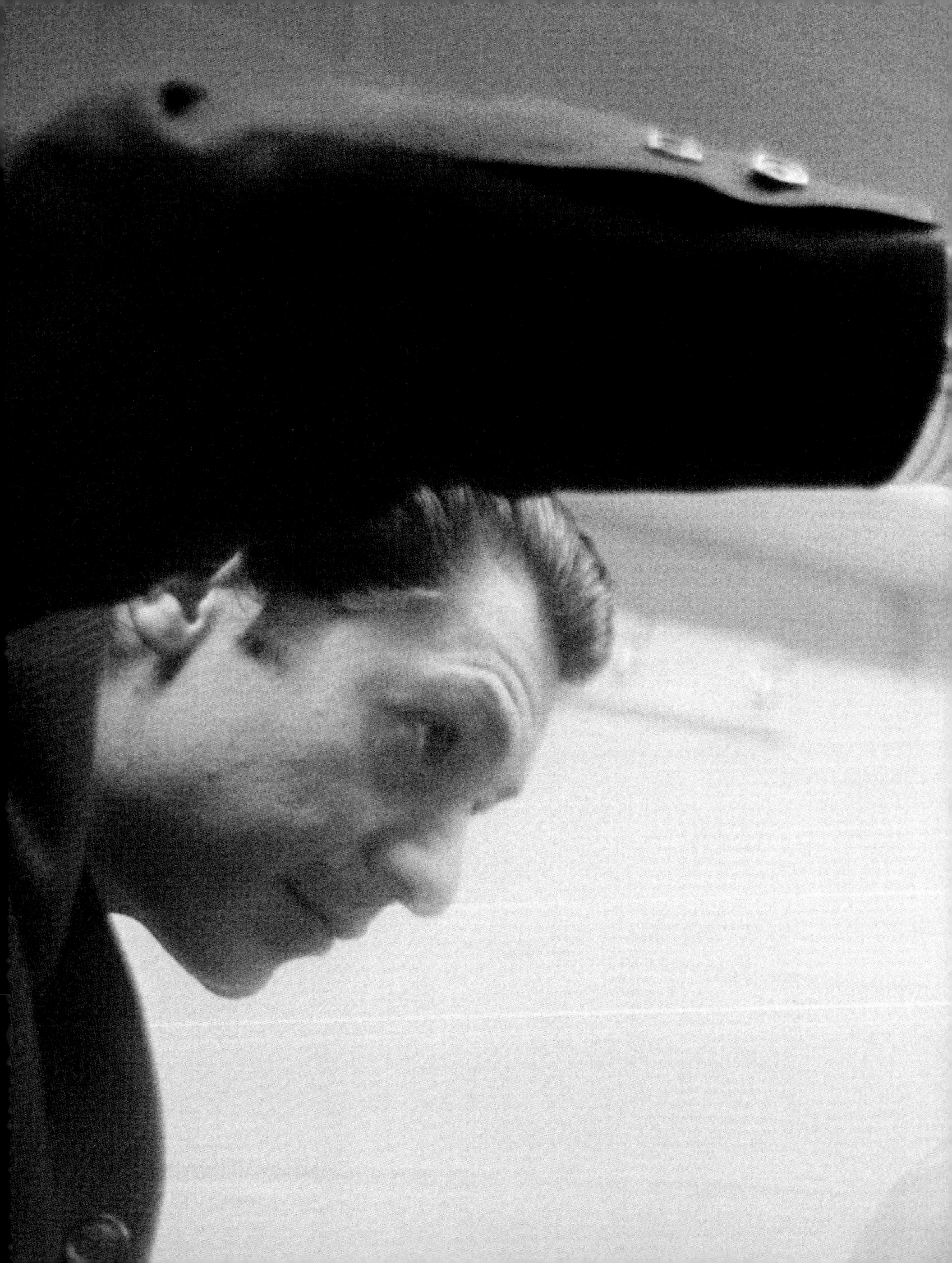

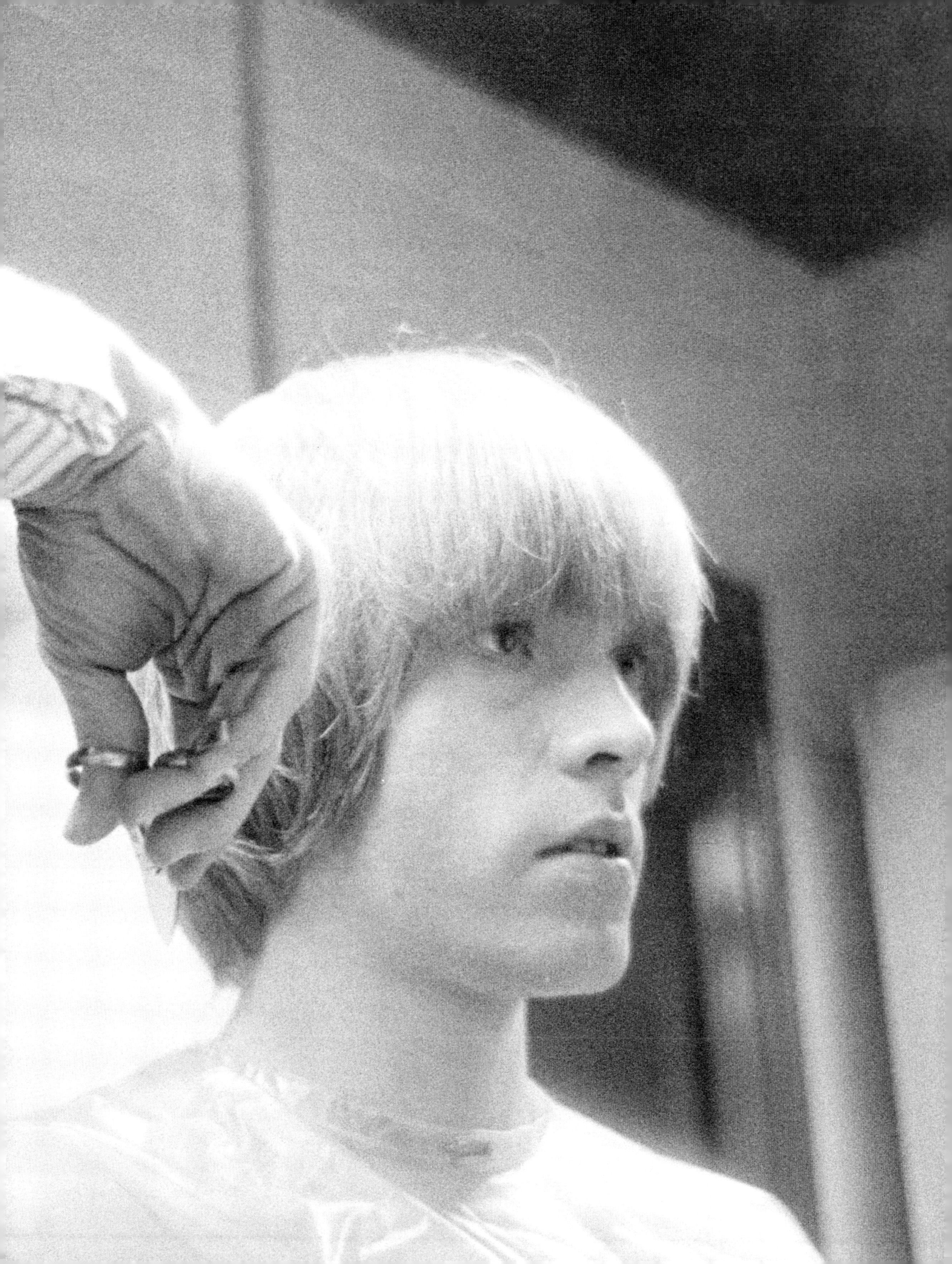

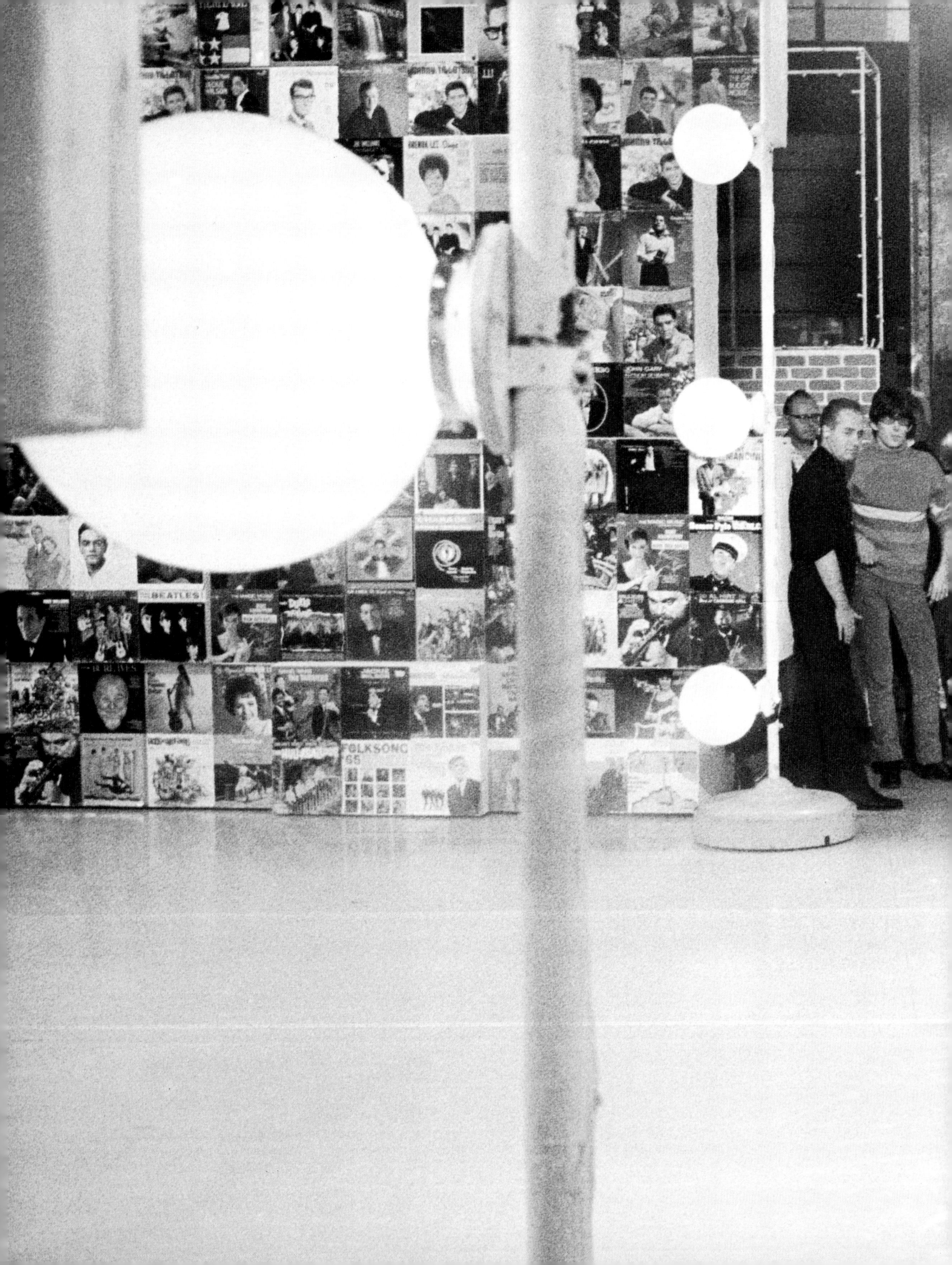
BEATLES
FOLKSONG
65

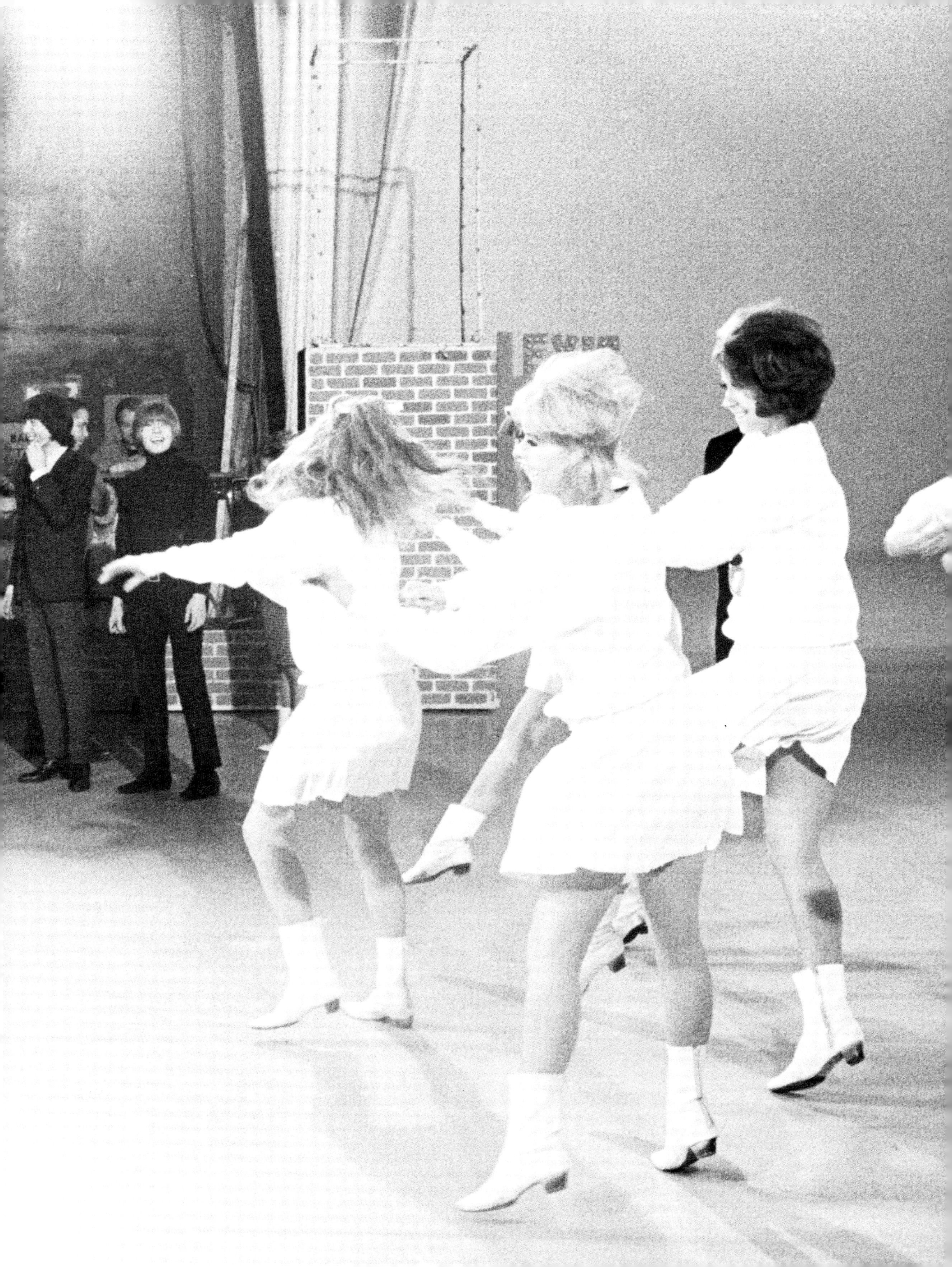

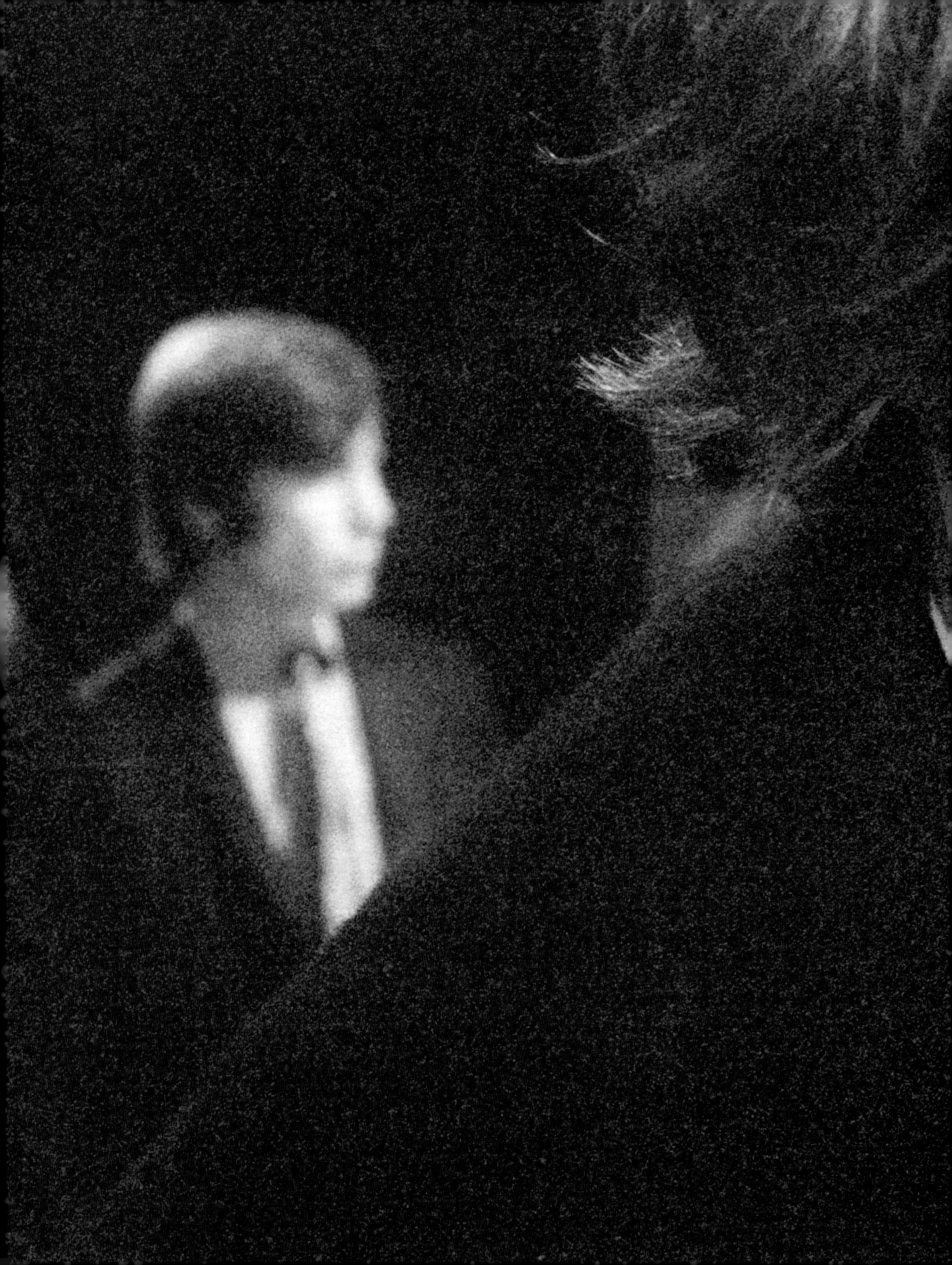

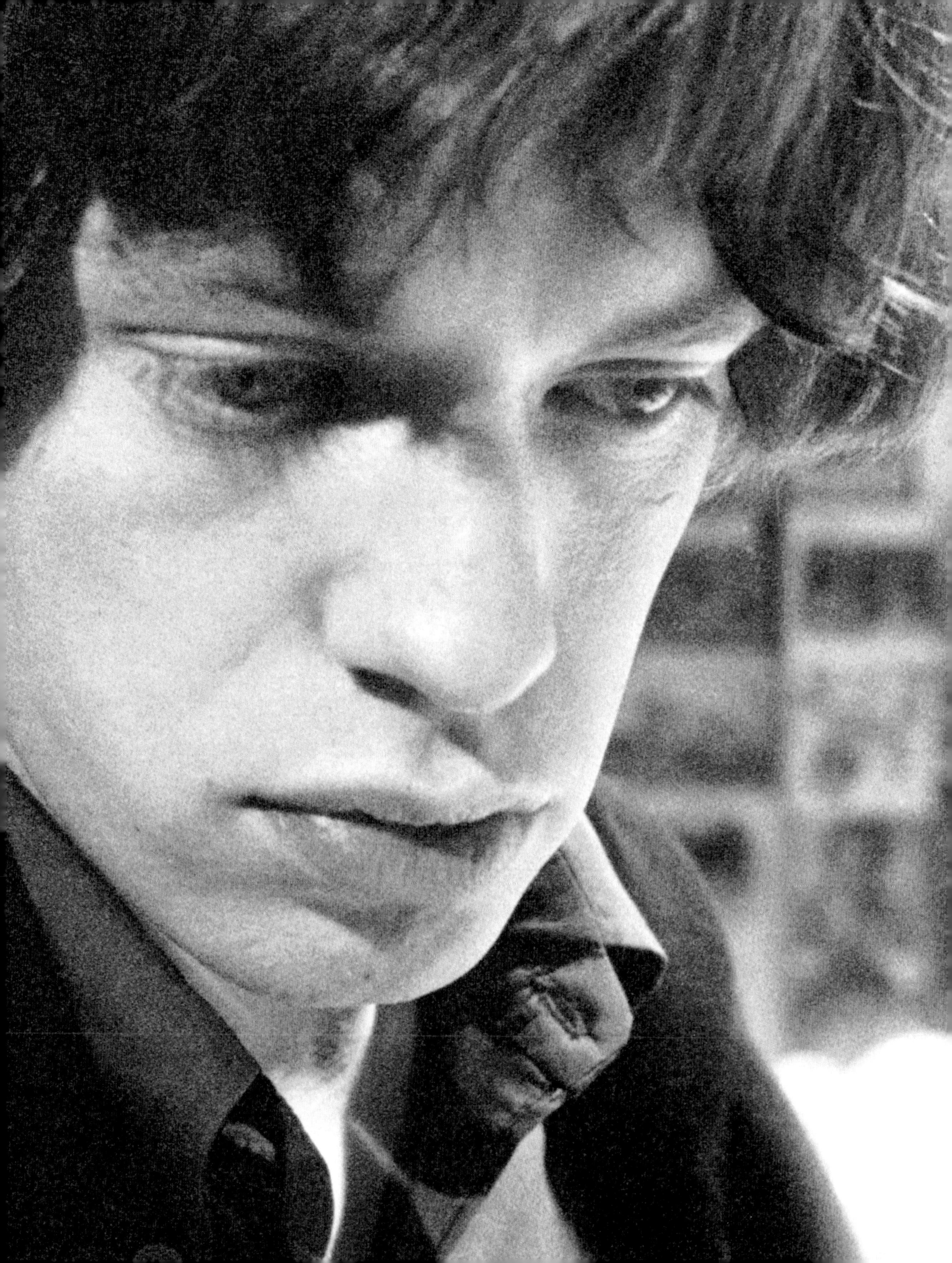

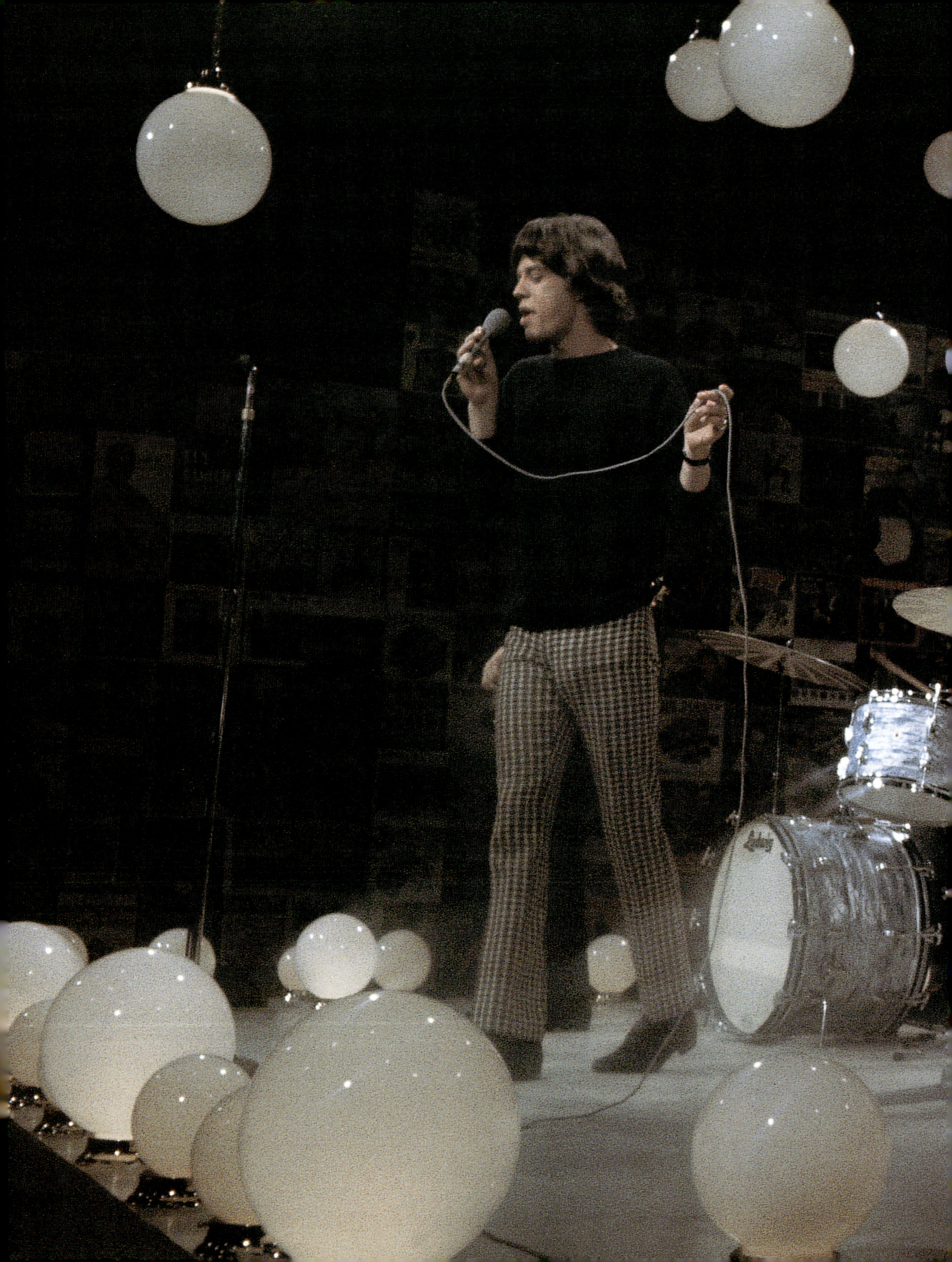

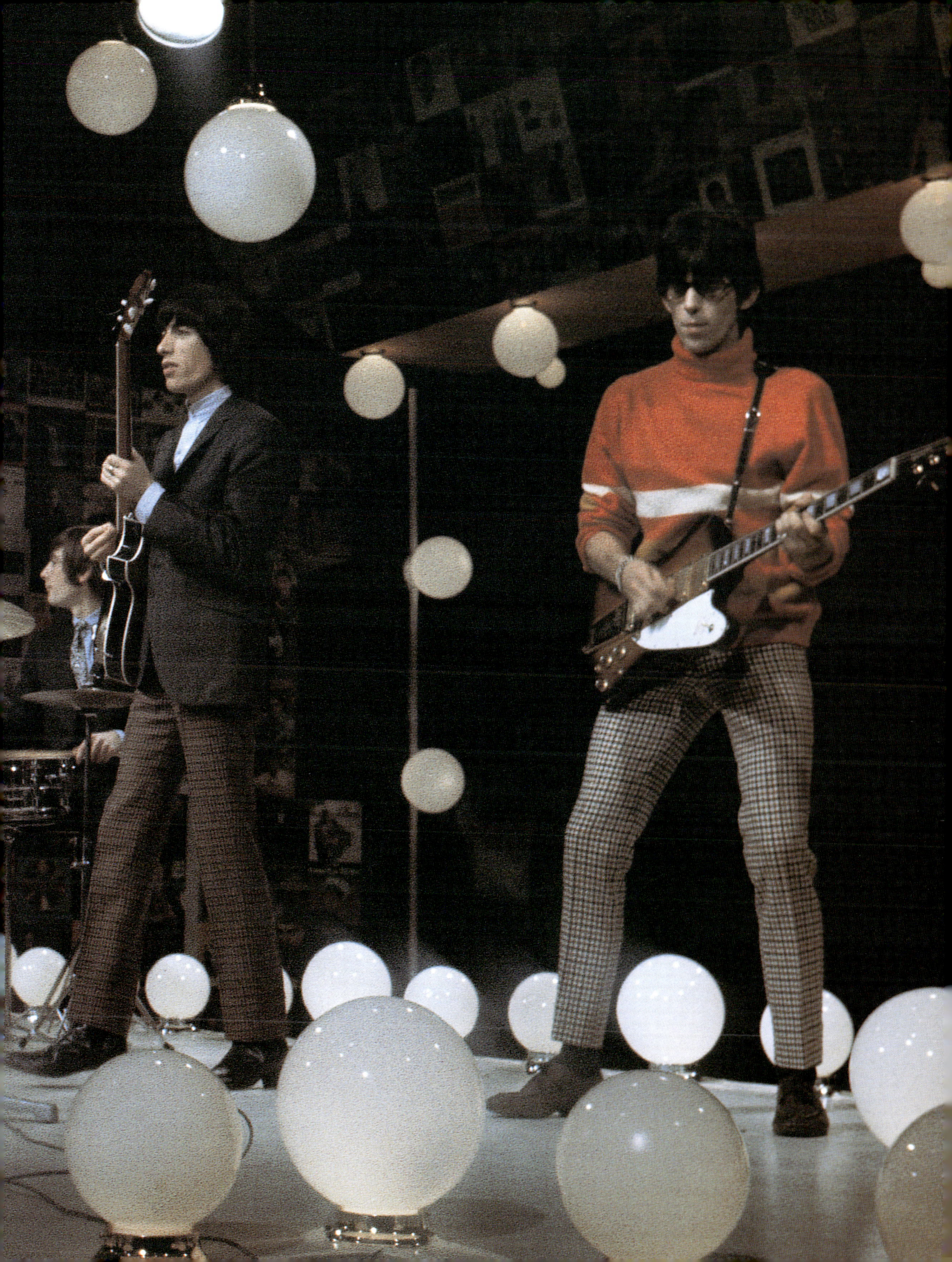

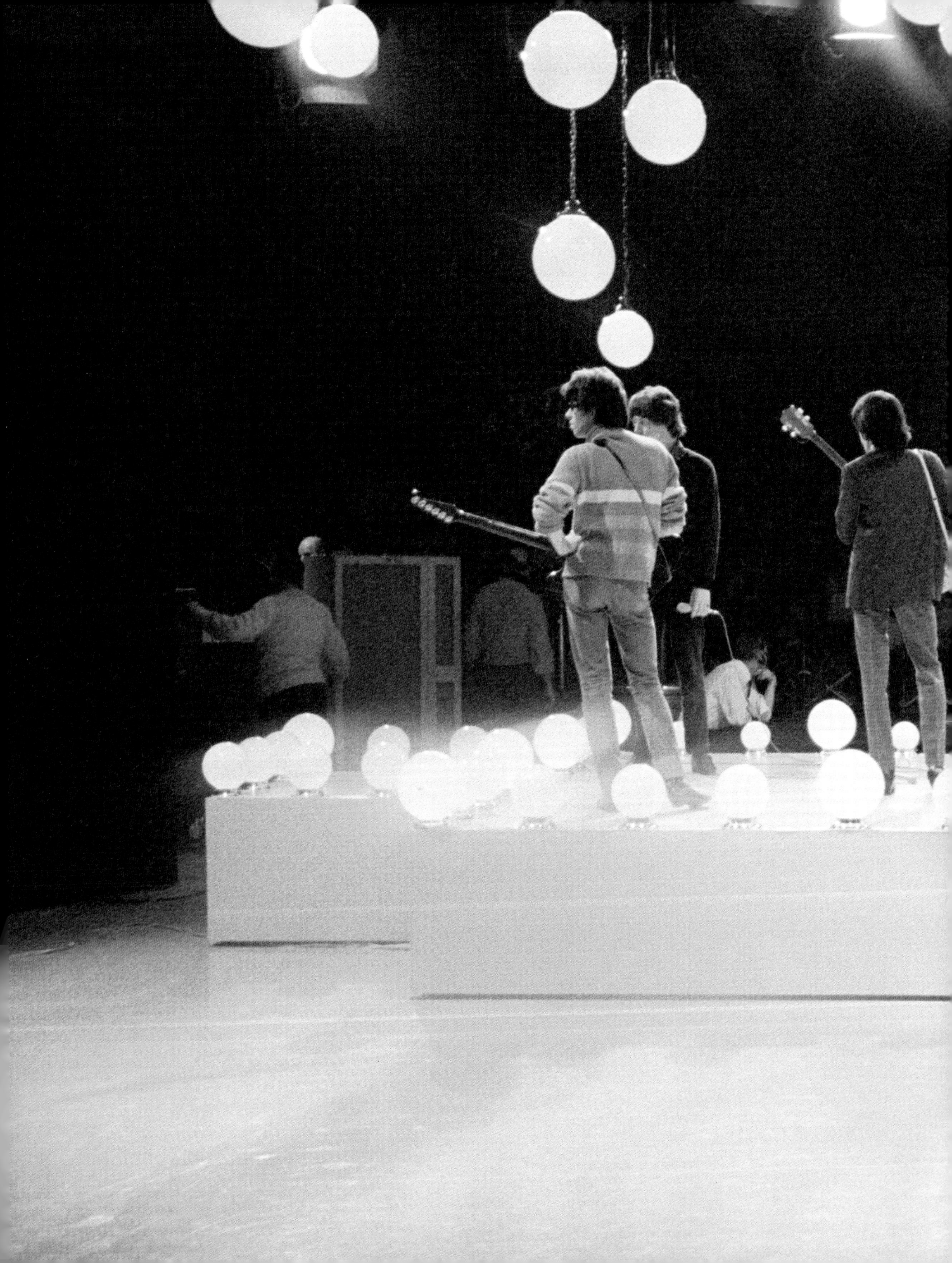

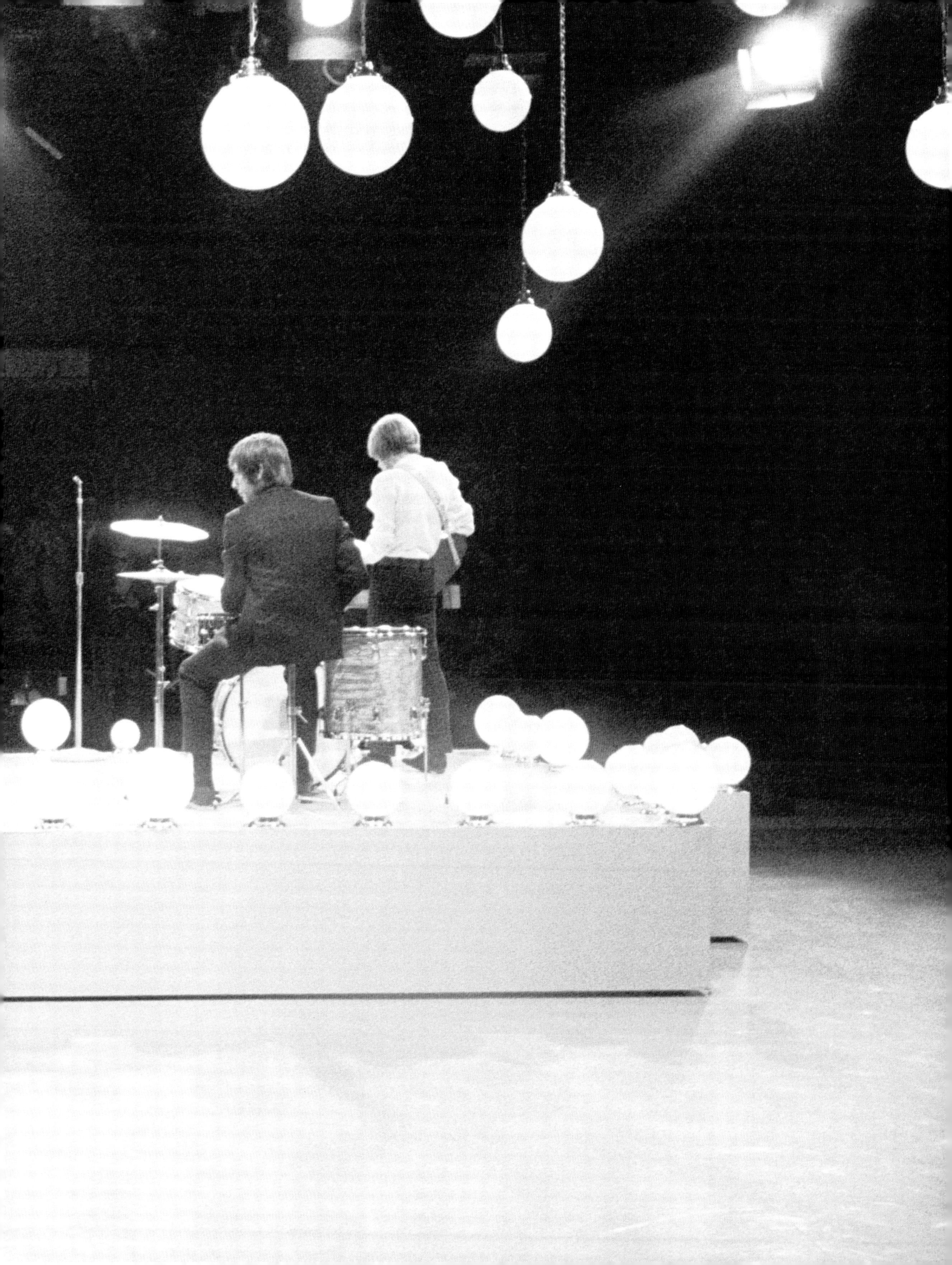

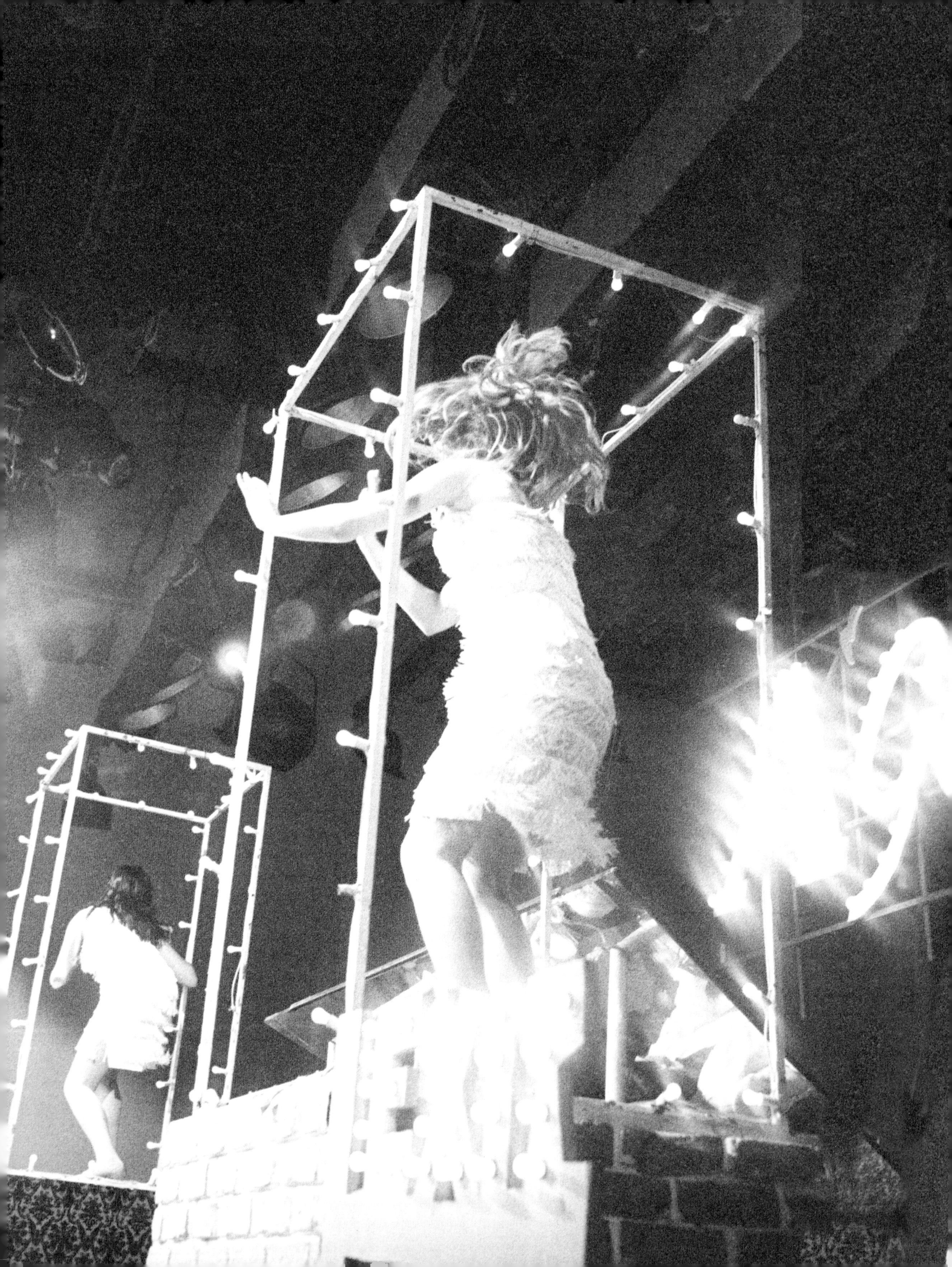

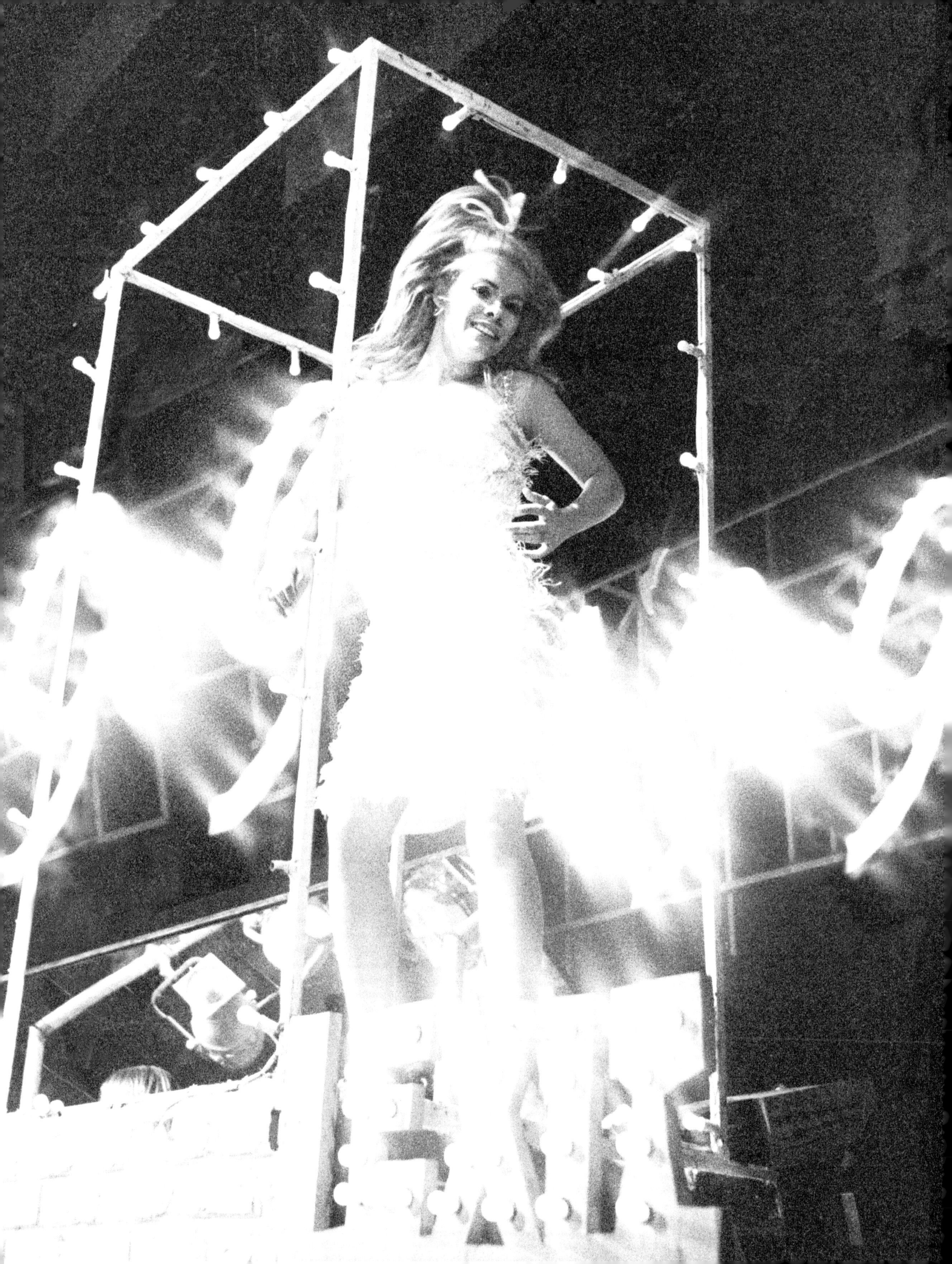

Ich mischte mich unter das Publikum, wenn immer ich konnte, weil ich sehr interessiert an der Menge war. Ich wollte das Phänomen festhalten, weil es außergewöhnlich war. Wir hatten alle von der Beatlemania gehört, aber nur wenige von uns hatten das wirklich erlebt. Und ich fand das einfach faszinierend. Wenn es gelegentlich einen Zugang gab, ging ich ins Publikum und fotografierte die Fans.

Damals gab es eine seltsame Mode. Eine Menge Kids kamen mit ihren Freunden und sie waren entweder identisch oder sehr ähnlich gekleidet. Damals wäre es 14-Jährigen nicht erlaubt worden, alleine in ein Konzert zu gehen, also mussten ihre Mütter und Väter mitkommen. Und so gab es innerhalb des Publikums von einer ziemlich großen Prozentzahl Konzertbesucher auch eine missbilligende Stimmung. Ich glaube, für die Security und die ältere Generation war es entsetzlich, die ungehemmte Energie, den Enthusiasmus und die Begeisterung ihrer Kinder zu sehen. Daraus ergab sich eine interessante Mischung von Stimmungen. Aber im allgemeinen war das Verhalten der Fans spektakulär. Die Leute warfen alles Mögliche auf die Bühne: große Puppen, Süßigkeiten, Slips, an die mit Sicherheitsnadeln Botschaften geheftet waren, und andere Geschenke. Ich versuchte, die chaotische Mischung aus Publikumsmenge, Polizisten und Sanitätern auf den Fotos einzufangen.

Ich hatte immer das Gefühl, dass viele der Polizisten opportunistisch waren, hatten sie doch hier die Gelegenheit, junge Mädchen zu betatschen. So etwas kam jedenfalls auch vor.

1965 –
Es gab eine missbilligende Stimmung innerhalb des Publikums.

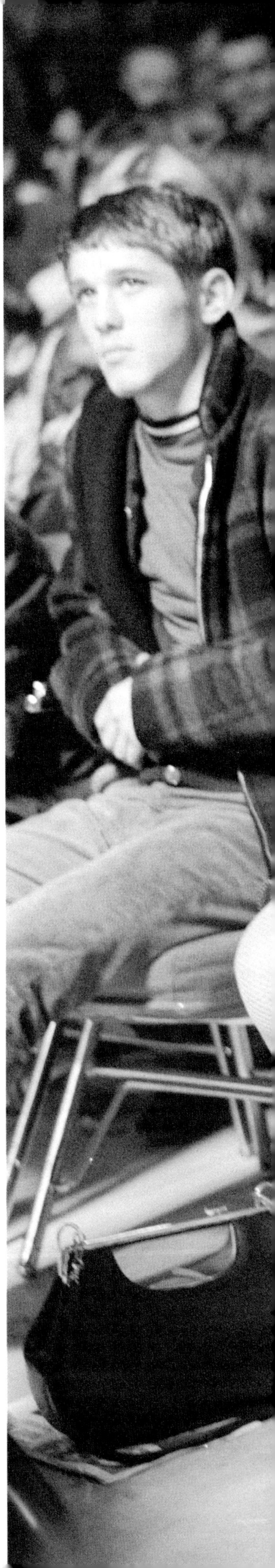

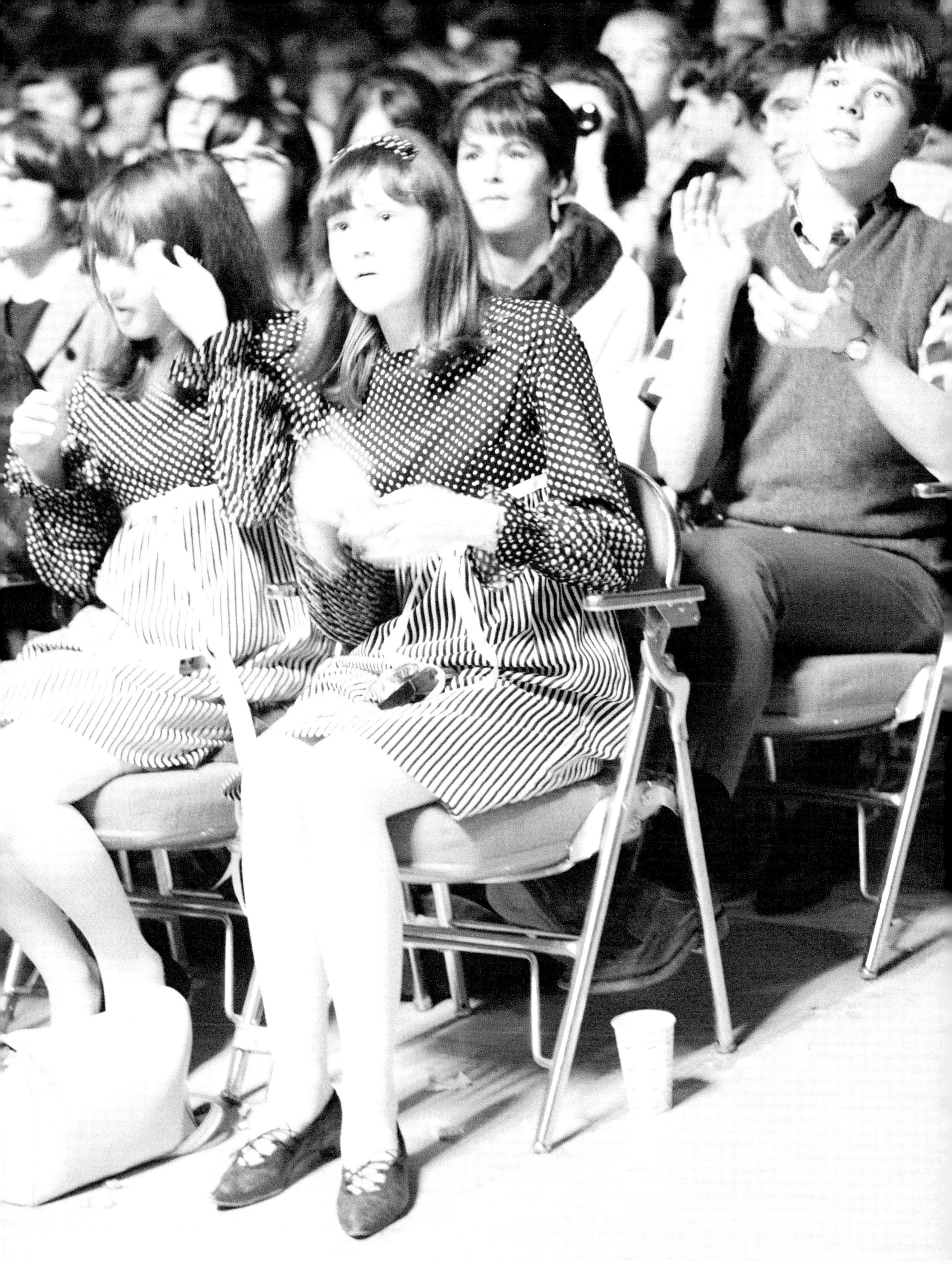

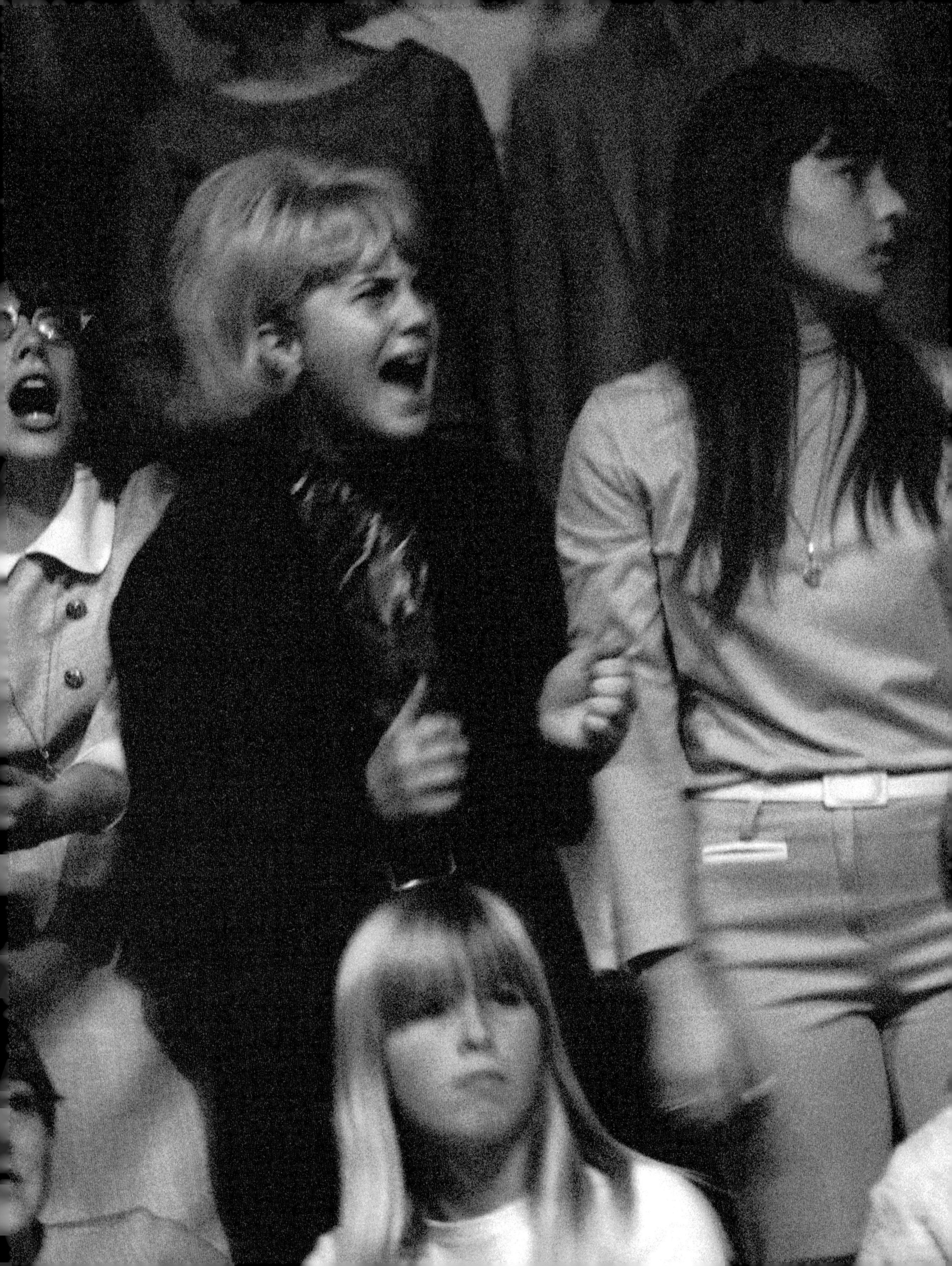

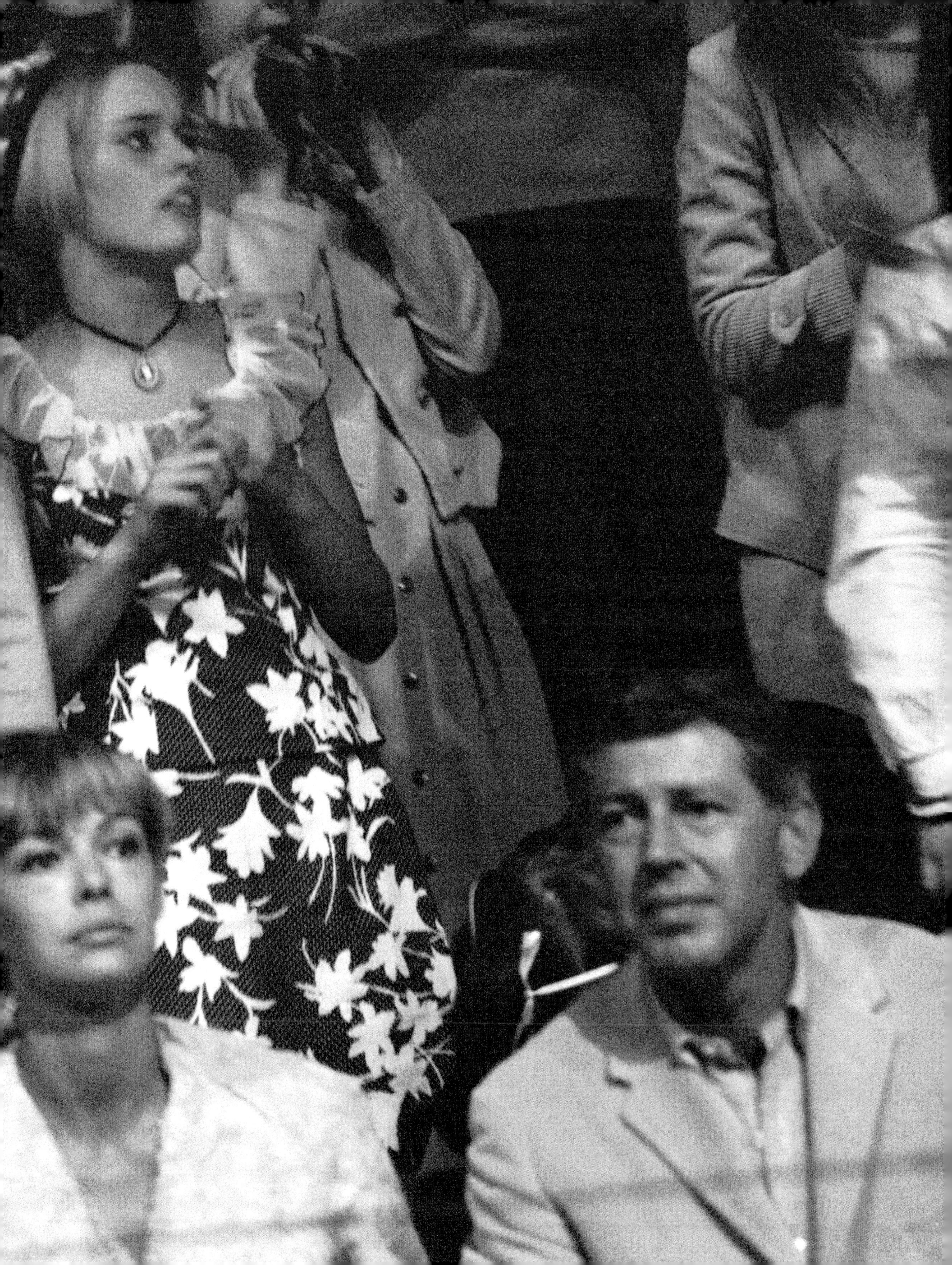

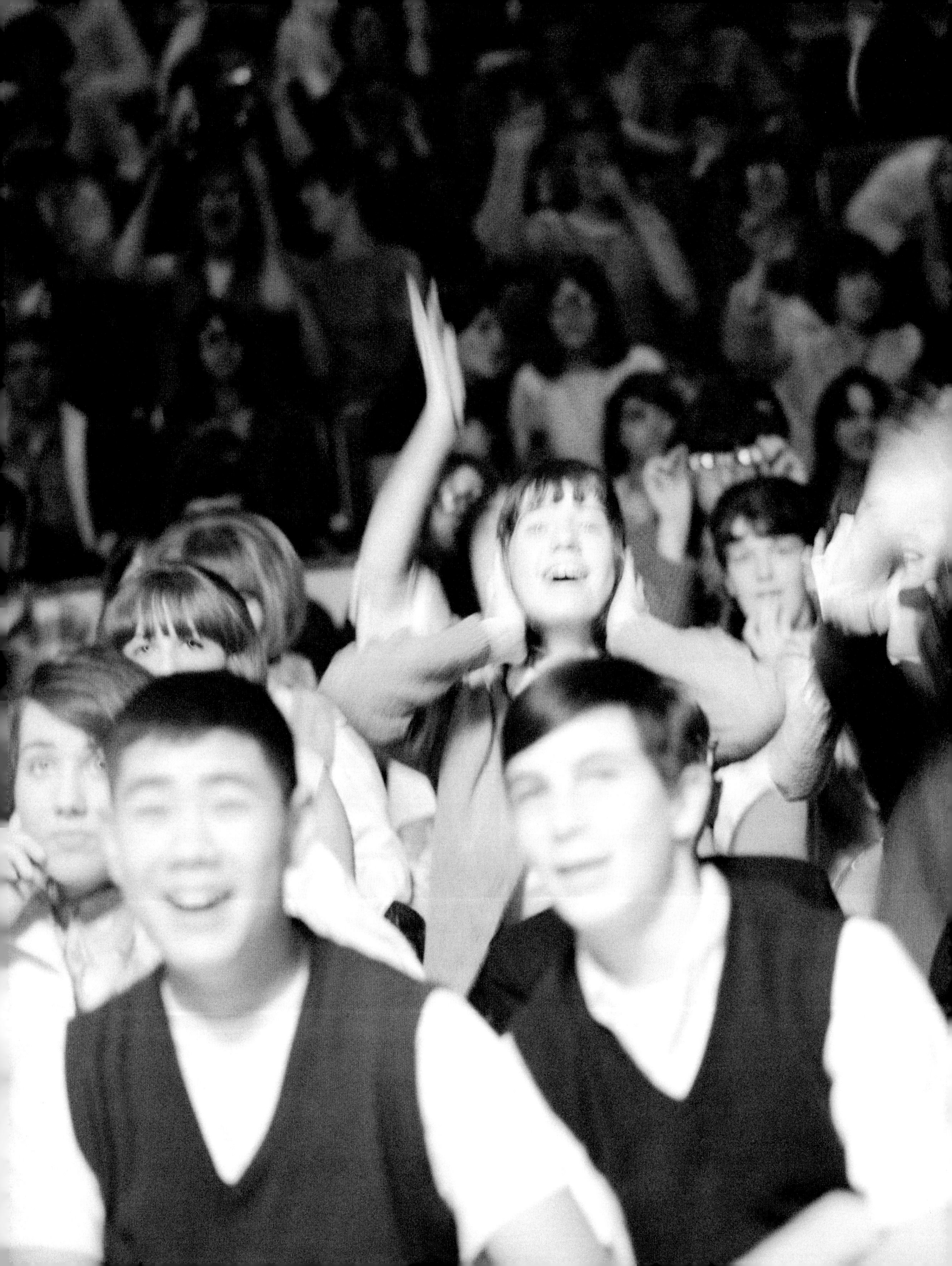

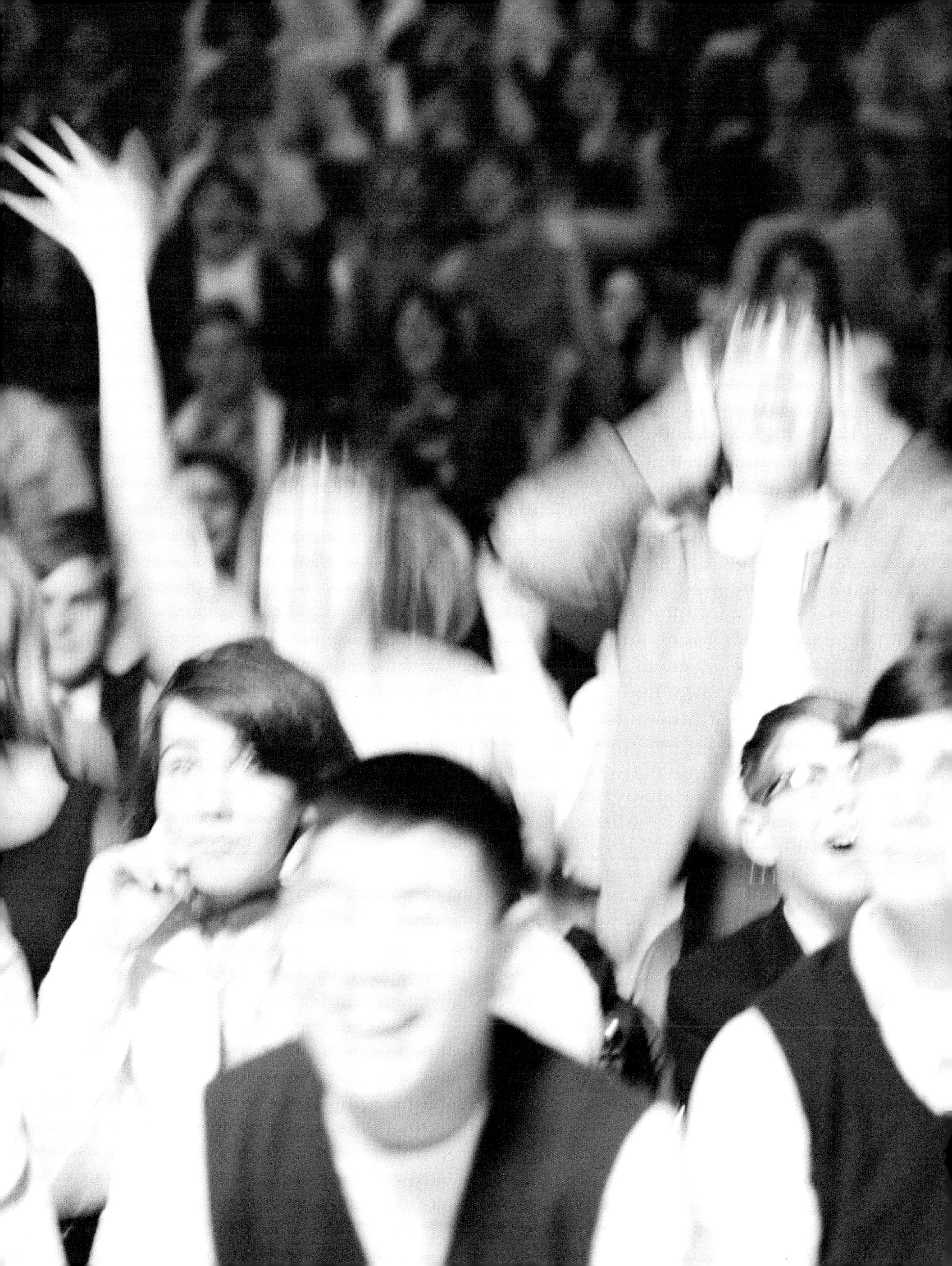

Die Stones lehnten es ab, einen fremden Fotografen zu sich nach Hause kommen zu lassen. Sie wollten auch nicht auf den allgemein üblichen Stil privater, häuslicher Fotografie eingehen. Sie wollten ein wenig exzentrischer sein. Es war ihnen klar, dass sie eine Art Verpflichtung gegenüber den Magazinen hatten, die private Fotos von ihnen haben wollten.

Also baten sie mich, diese Fotos zu machen und ich gab sie den Magazinen, aber das waren blöde, alberne Sachen. Sie verbrachten nie viel Zeit zu Hause, weil sie sehr viel auf Tour waren, Platten aufnahmen und ununterbrochen arbeiteten. Charlie hatte eine Vorliebe für Antiquitäten und einen exzellenten Geschmack. Ich denke, sie hatten alle einen ziemlich guten Geschmack. Brian hatte ein Faible für düstere, gothische Kunst. Bills Stil war der eines vorstädtischen Familienvaters. Keith und Mick waren beide gerade dabei, diese unglaublich schönen Häuser zu kaufen.

Micks Apartment im Harley House in der Marylebone Road war fantastisch und es war unglaublich stil- und geschmackvoll eingerichtet. Er fuhr damals einen Aston Martin. Und Keith hatte Redlands gekauft. Das war ein wunderschönes Fachwerkhaus in Sussex. Und er hatte einen sehr schönen Bentley.

Sie fanden allmählich Geschmack am Rock'n'Roll-Stil.

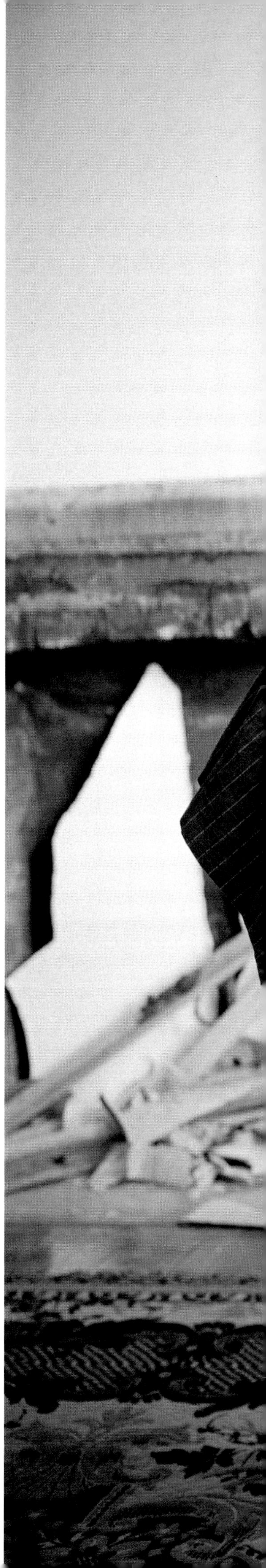

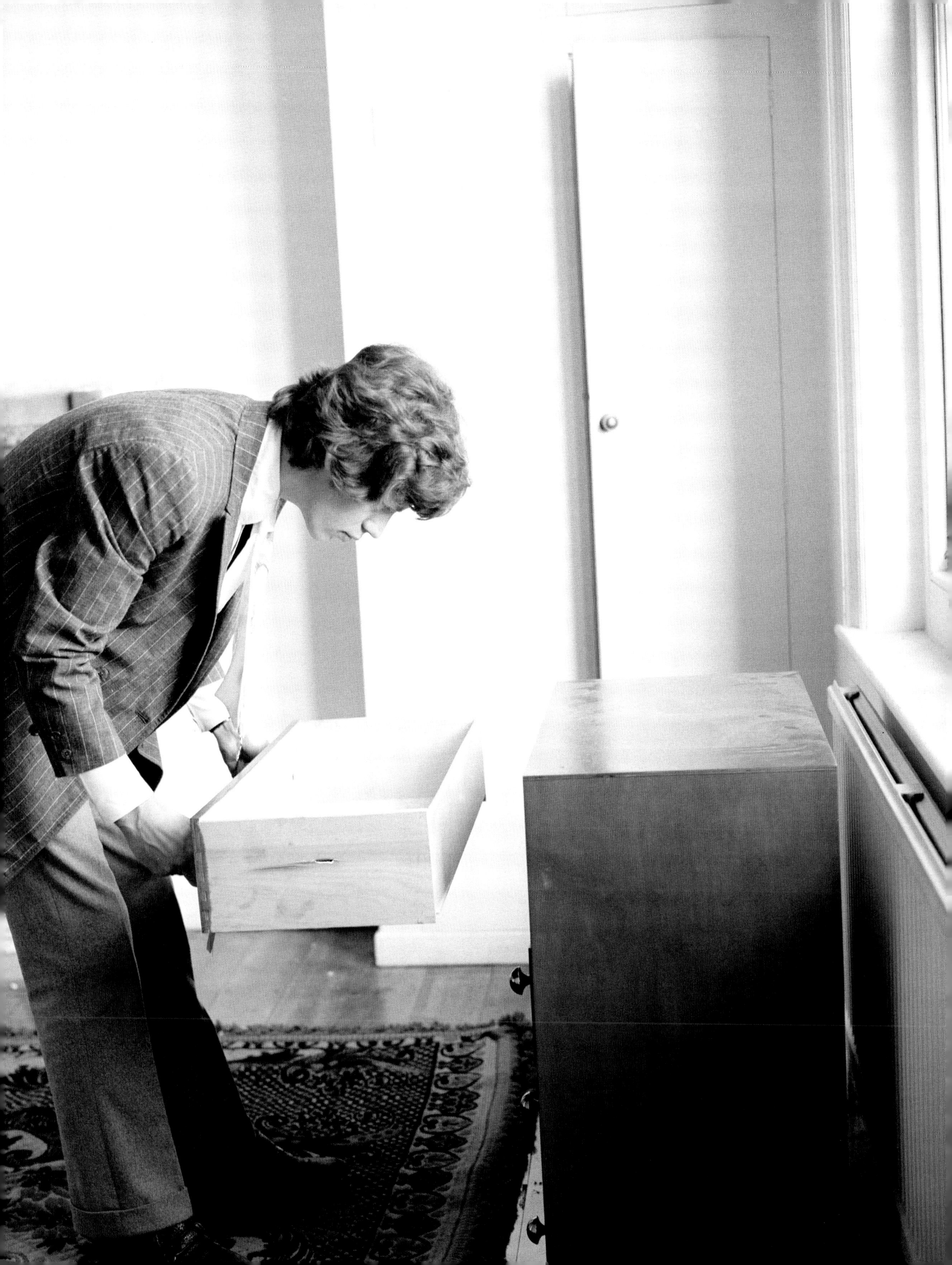

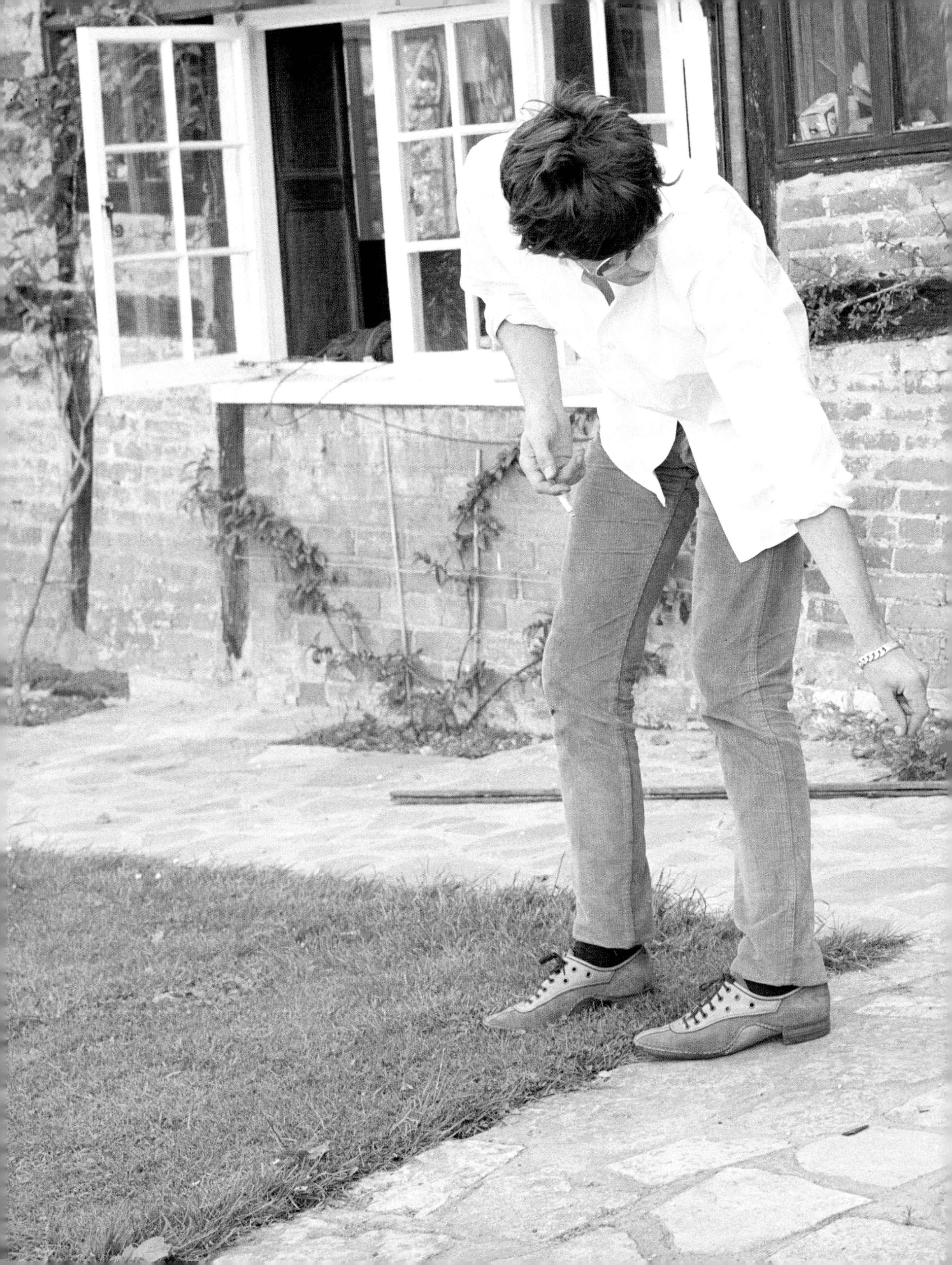

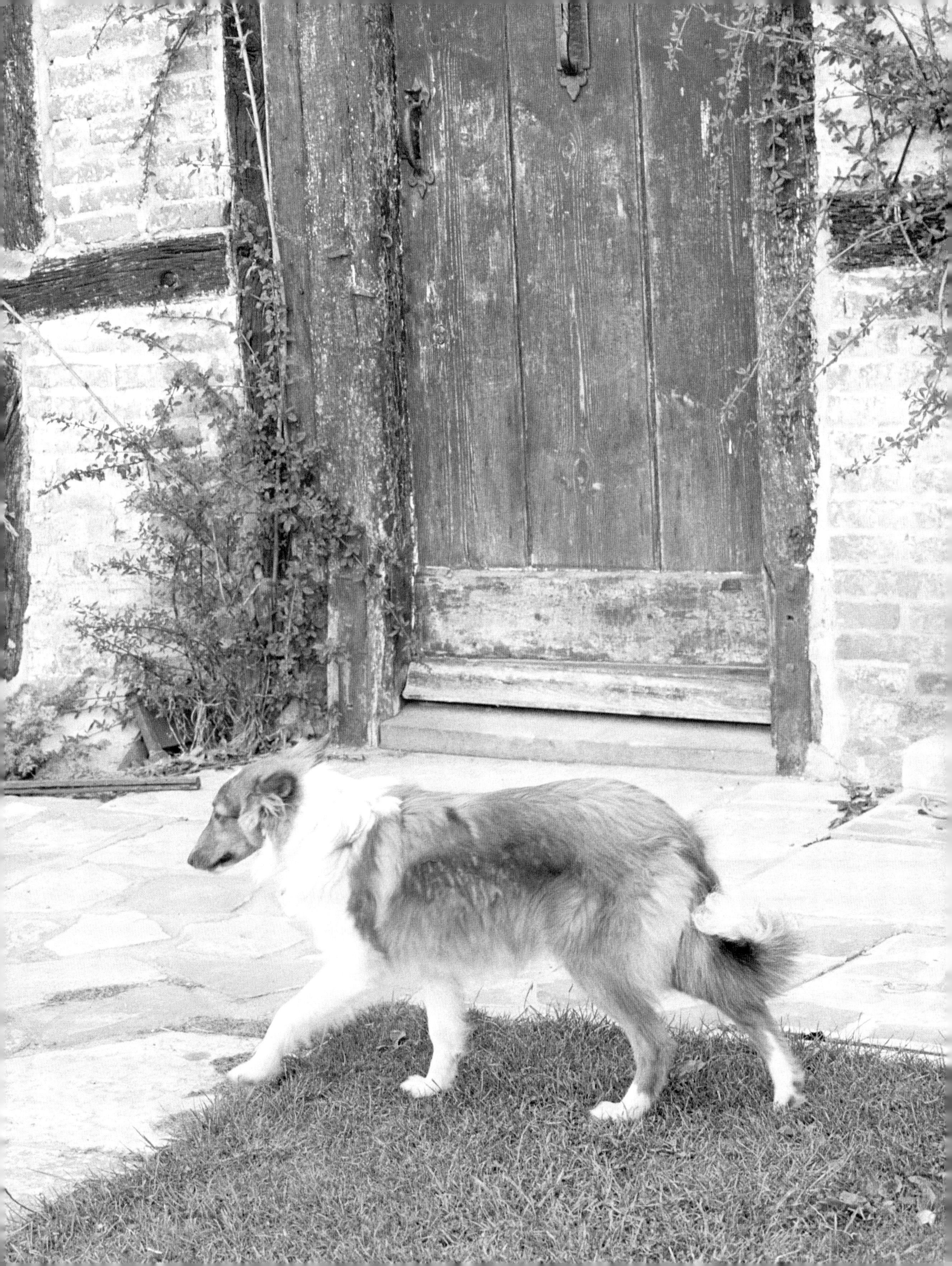

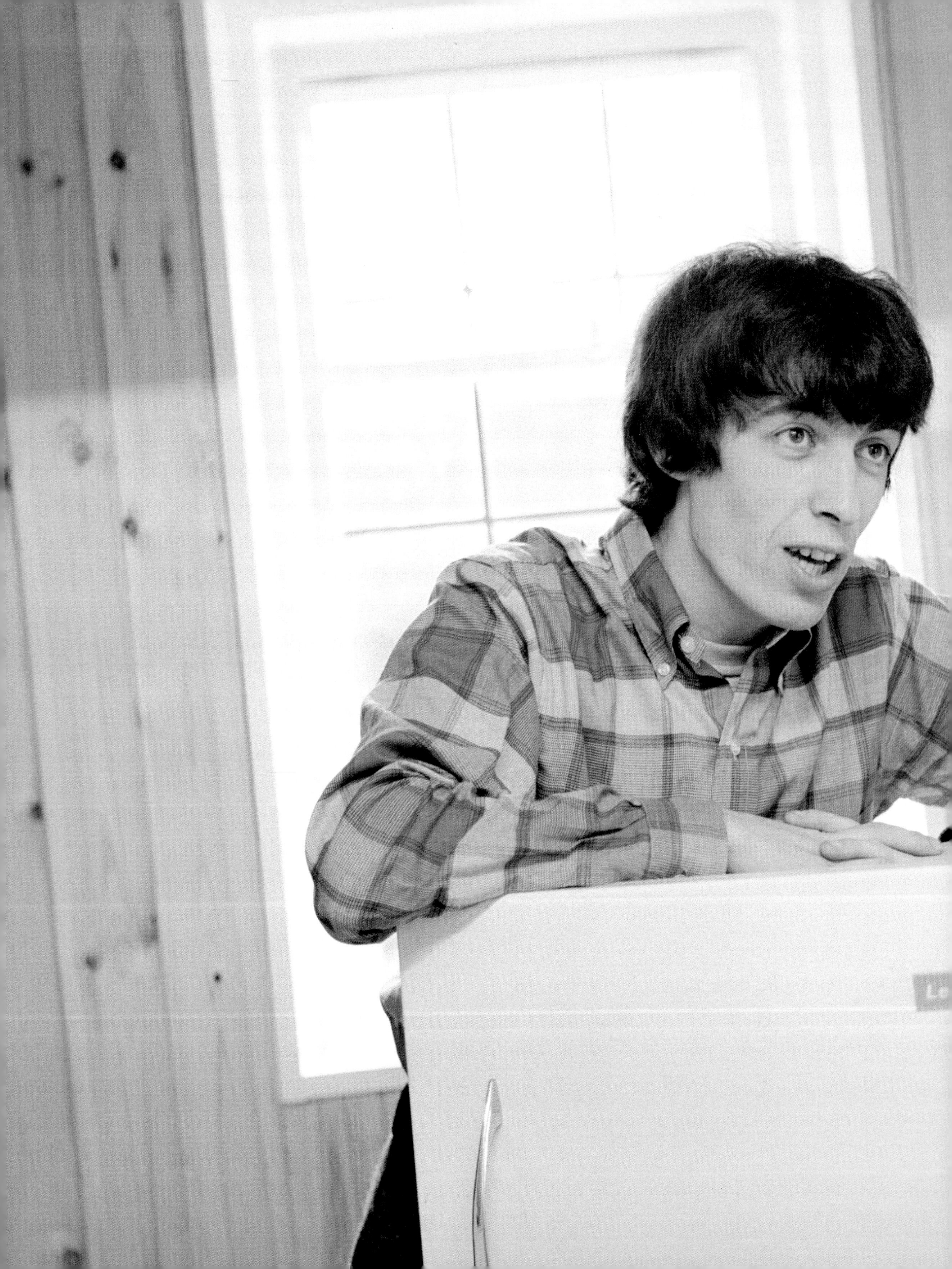

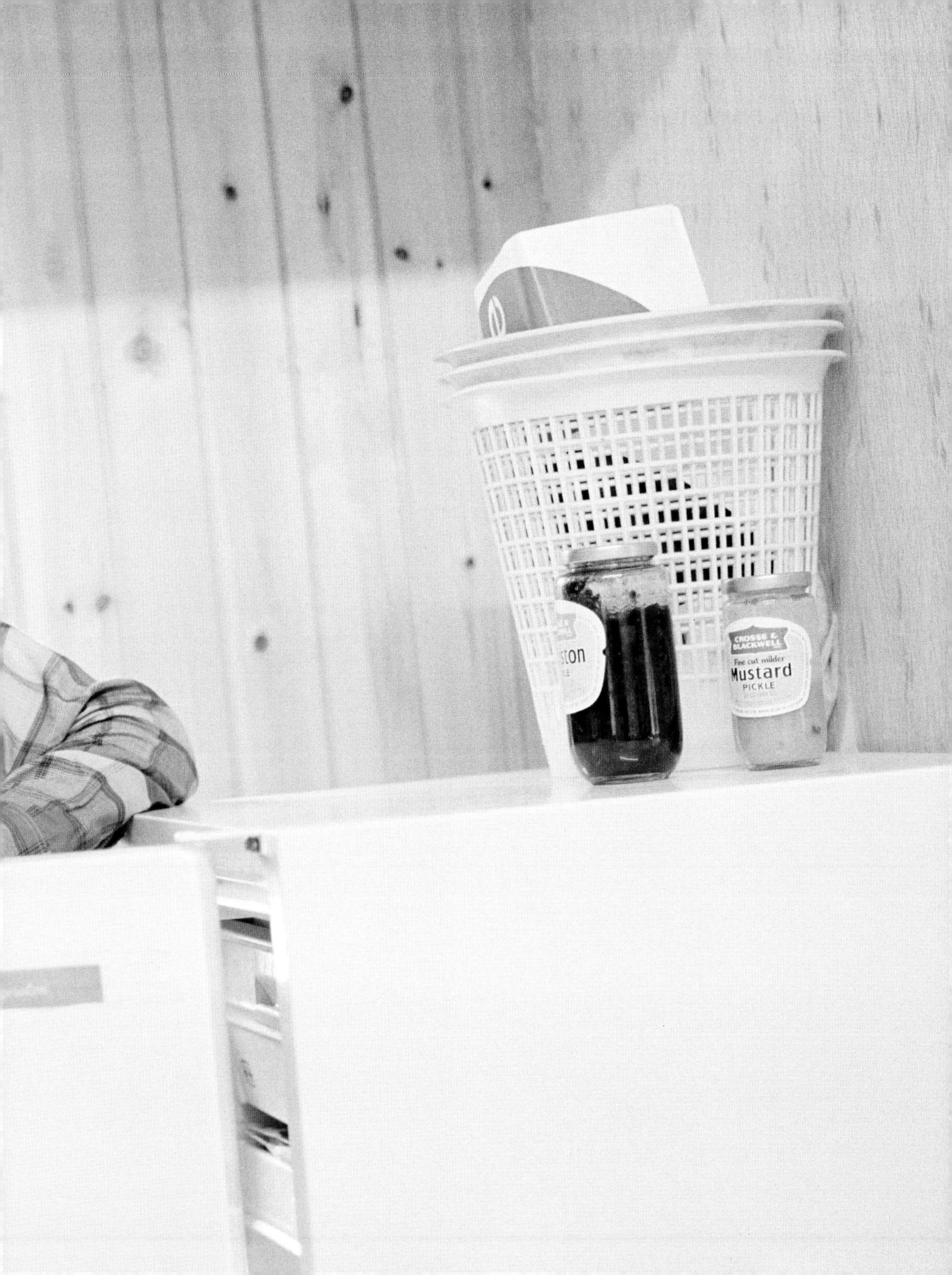
Fine cut milder
Mustard
PICKLE

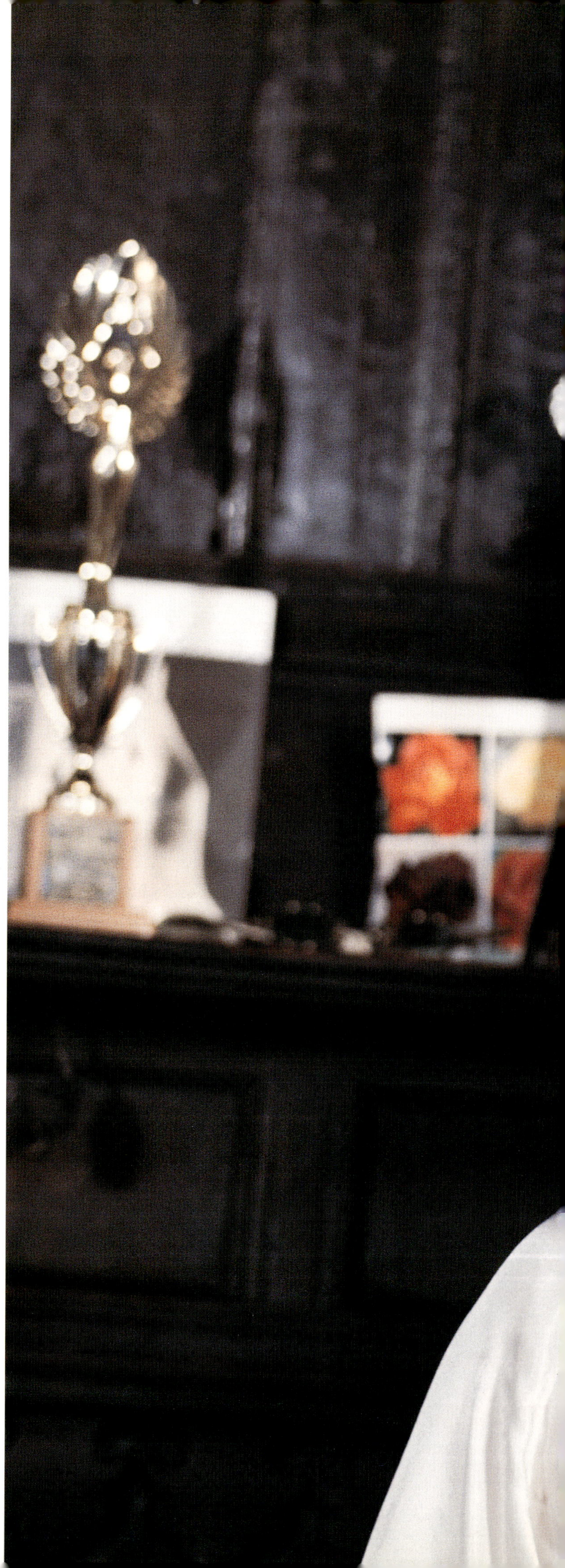

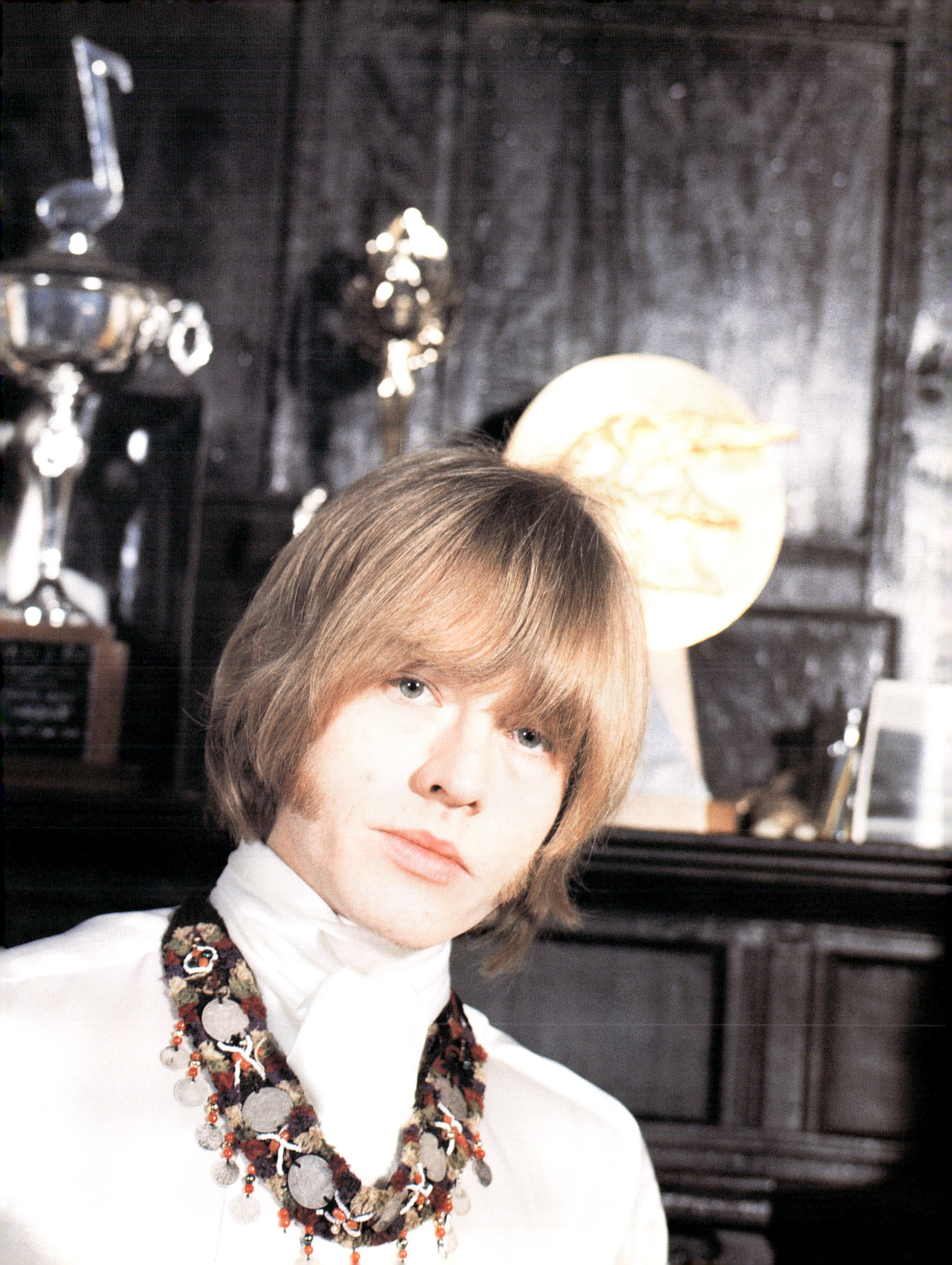

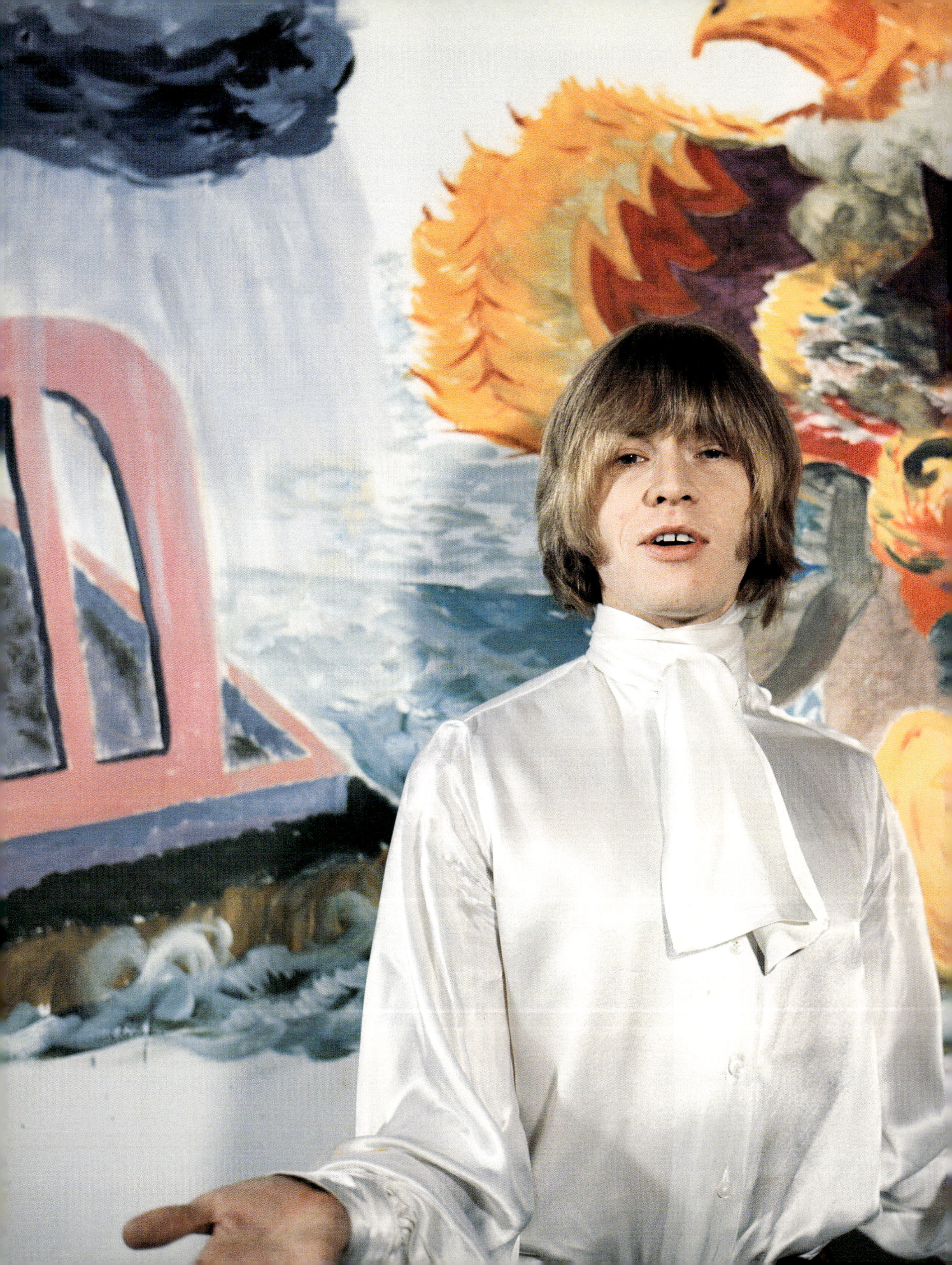

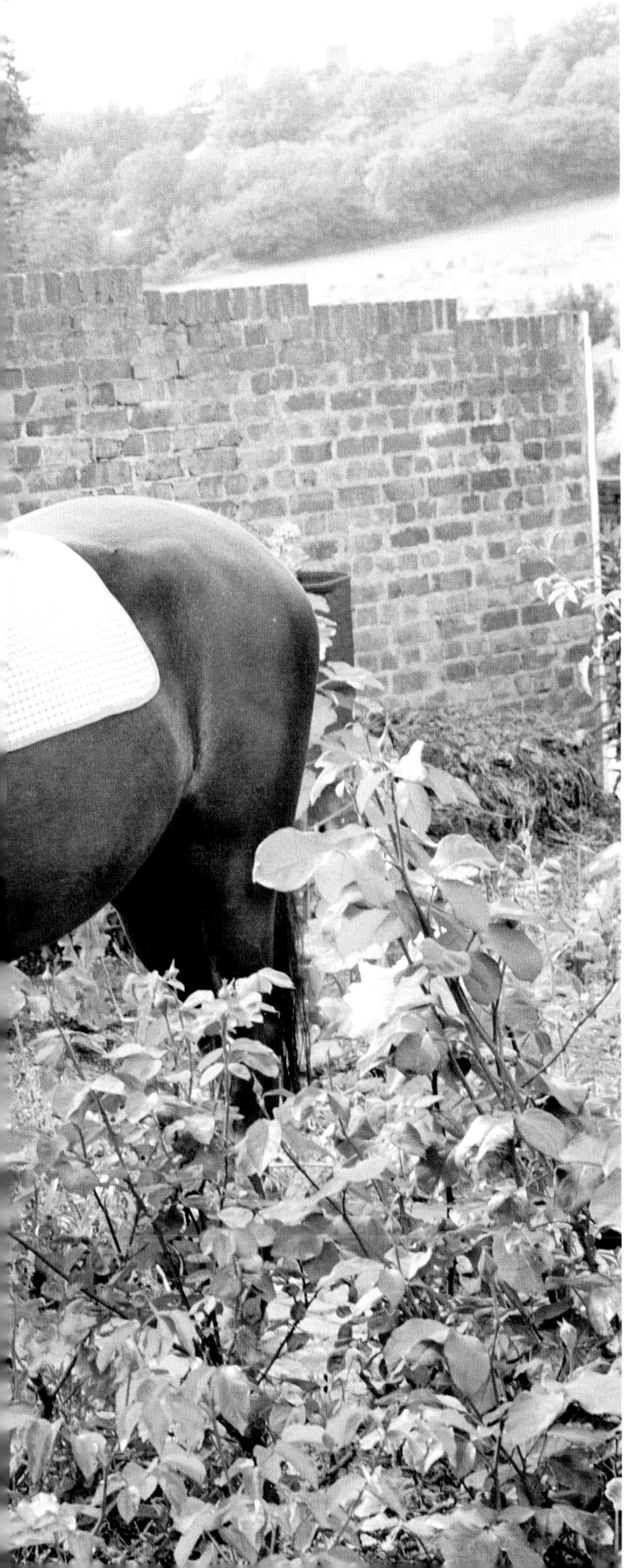

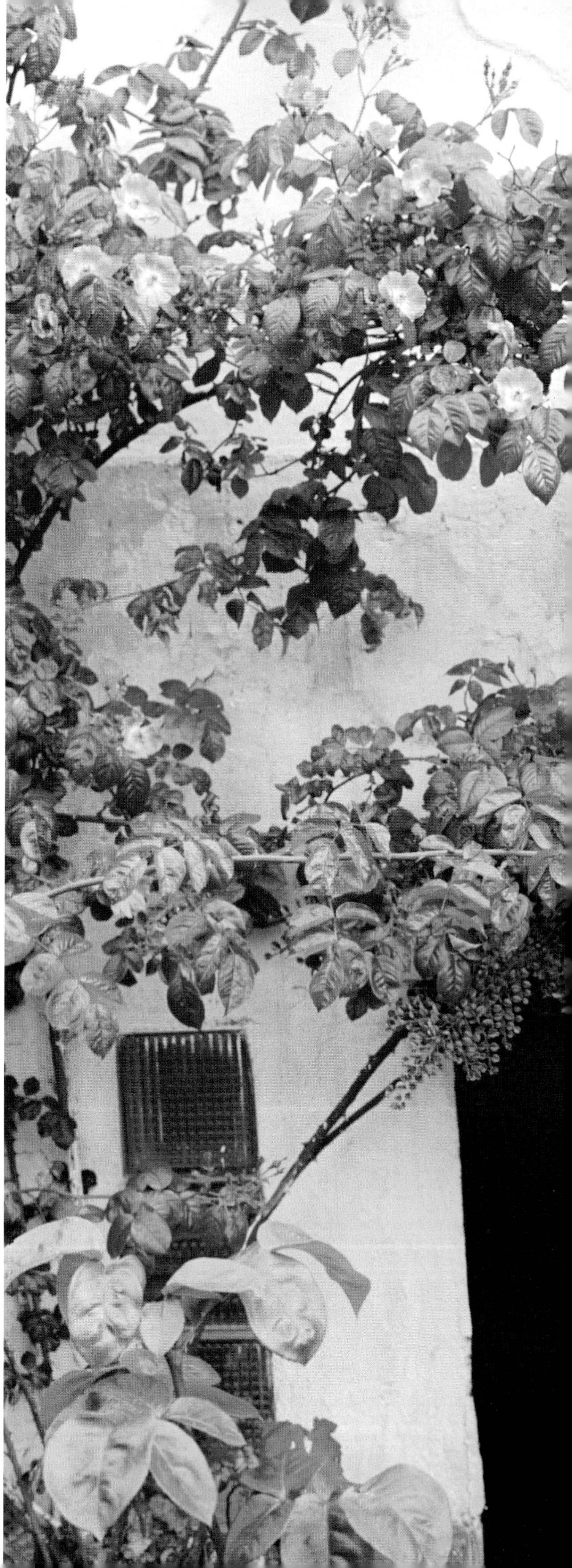

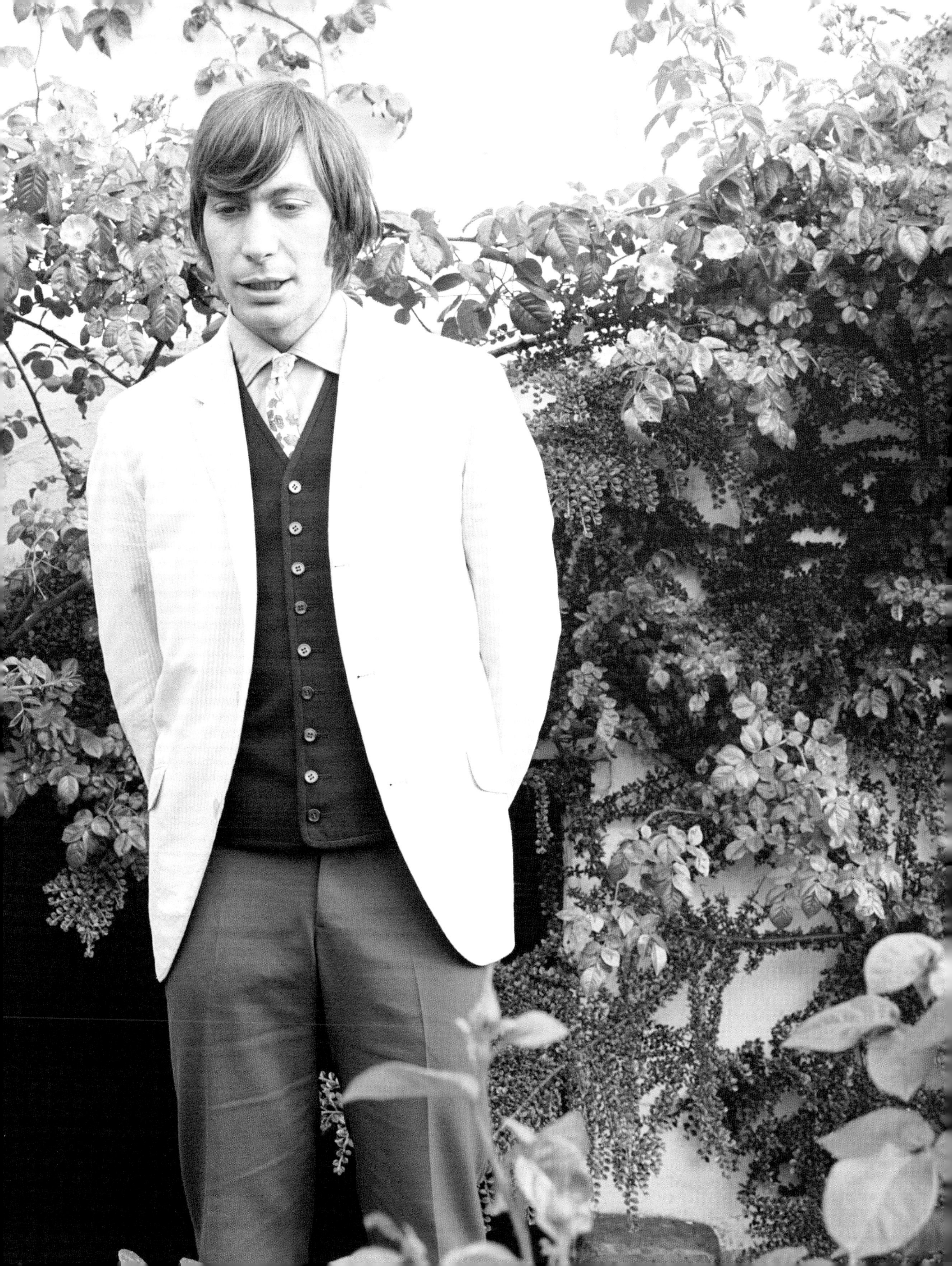

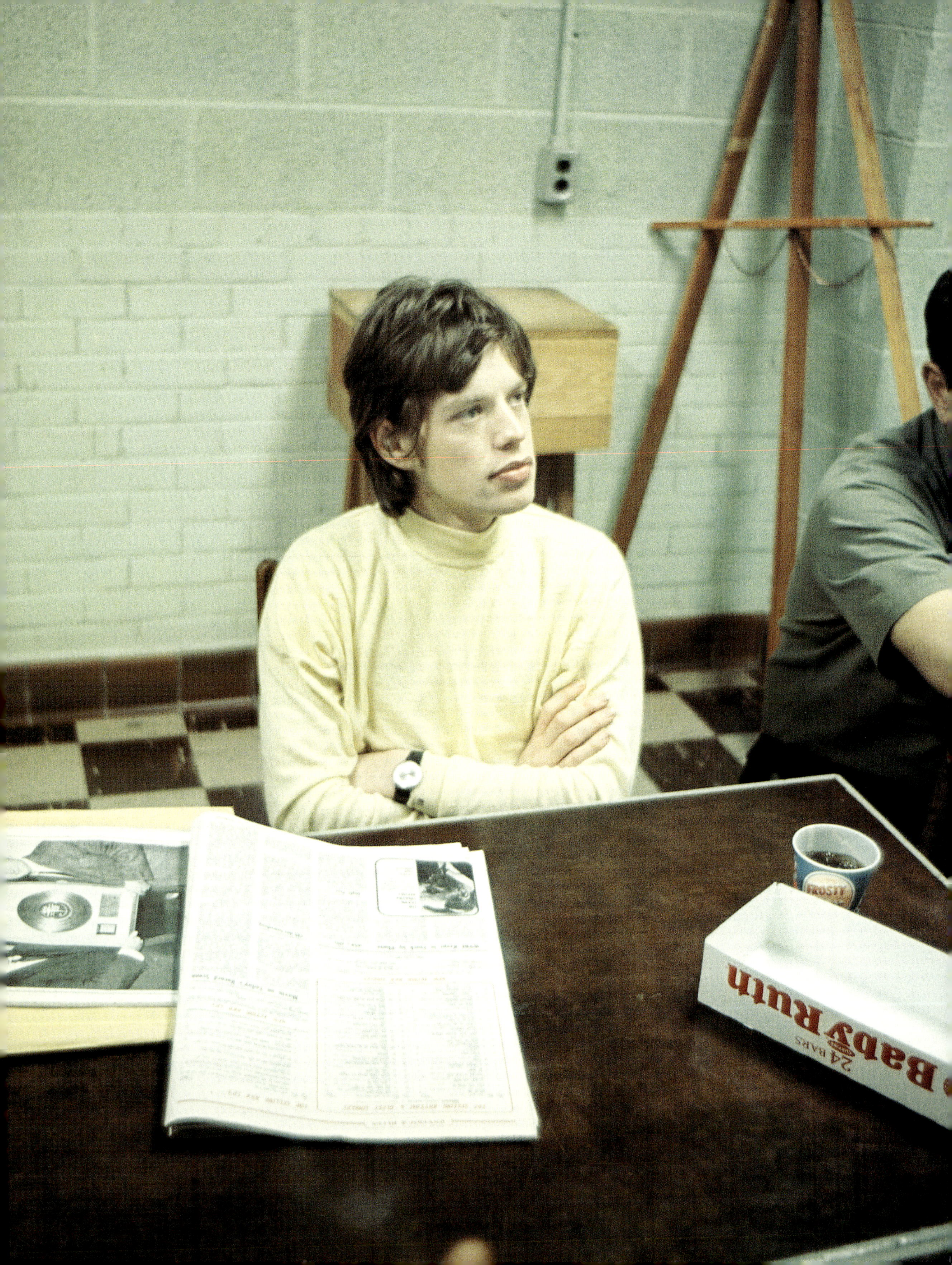
FROSTY
24 BARS
Baby Ruth

Mick liest im Backstage-Bereich »Billboard« und ich glaube, sie prüfen gerade den Erfolg von »Get Off Of My Cloud«. Der Song kletterte zu dieser Zeit in den Charts nach oben und war kurz davor, auf Platz eins zu landen. Da war er dann während der letzten Woche der Tour.

Mick beschäftigte sich am gewissenhaftesten mit den geschäftlichen Aspekten der Band.

Er schien einen besseren Überblick über das Ganze zu haben. Er war ganz klar der Sprecher der Stones und rückte zunehmend als Bandleader in den Vordergrund.

1965 –
Mick beschäftigte sich am gewissenhaftesten mit den geschäftlichen Aspekten der Band. Er schien einen besseren Überblick über das Ganze zu haben.

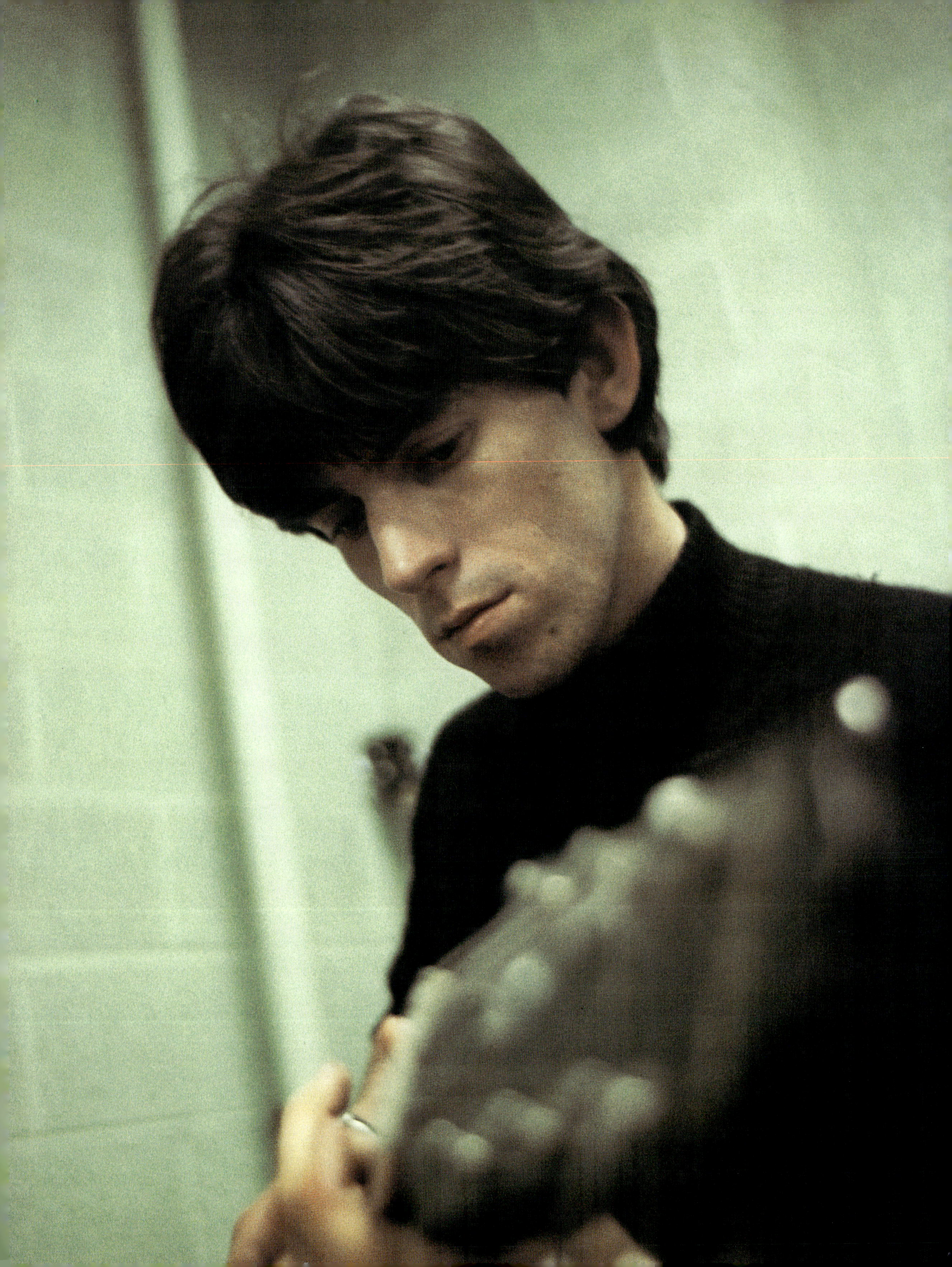

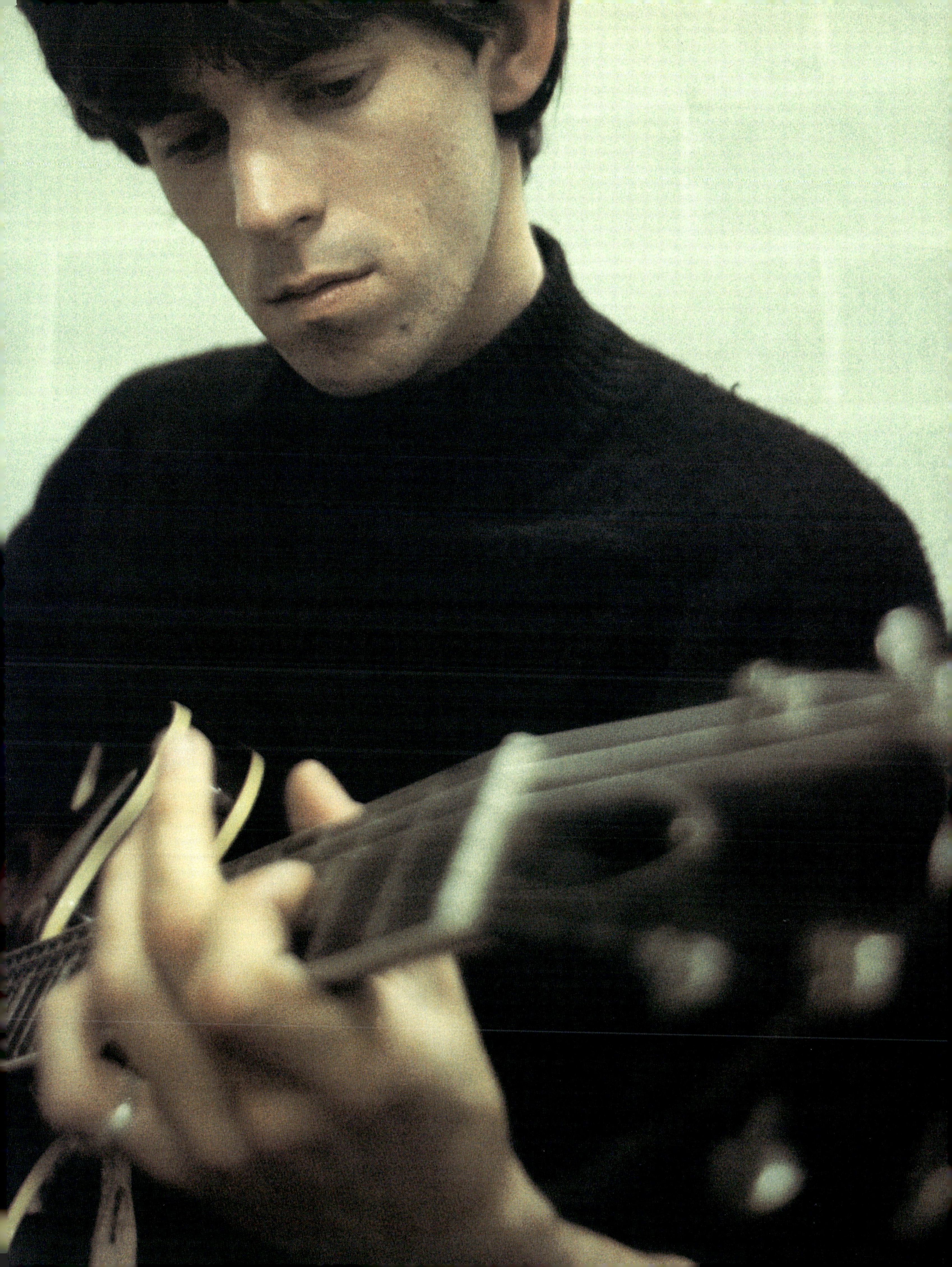

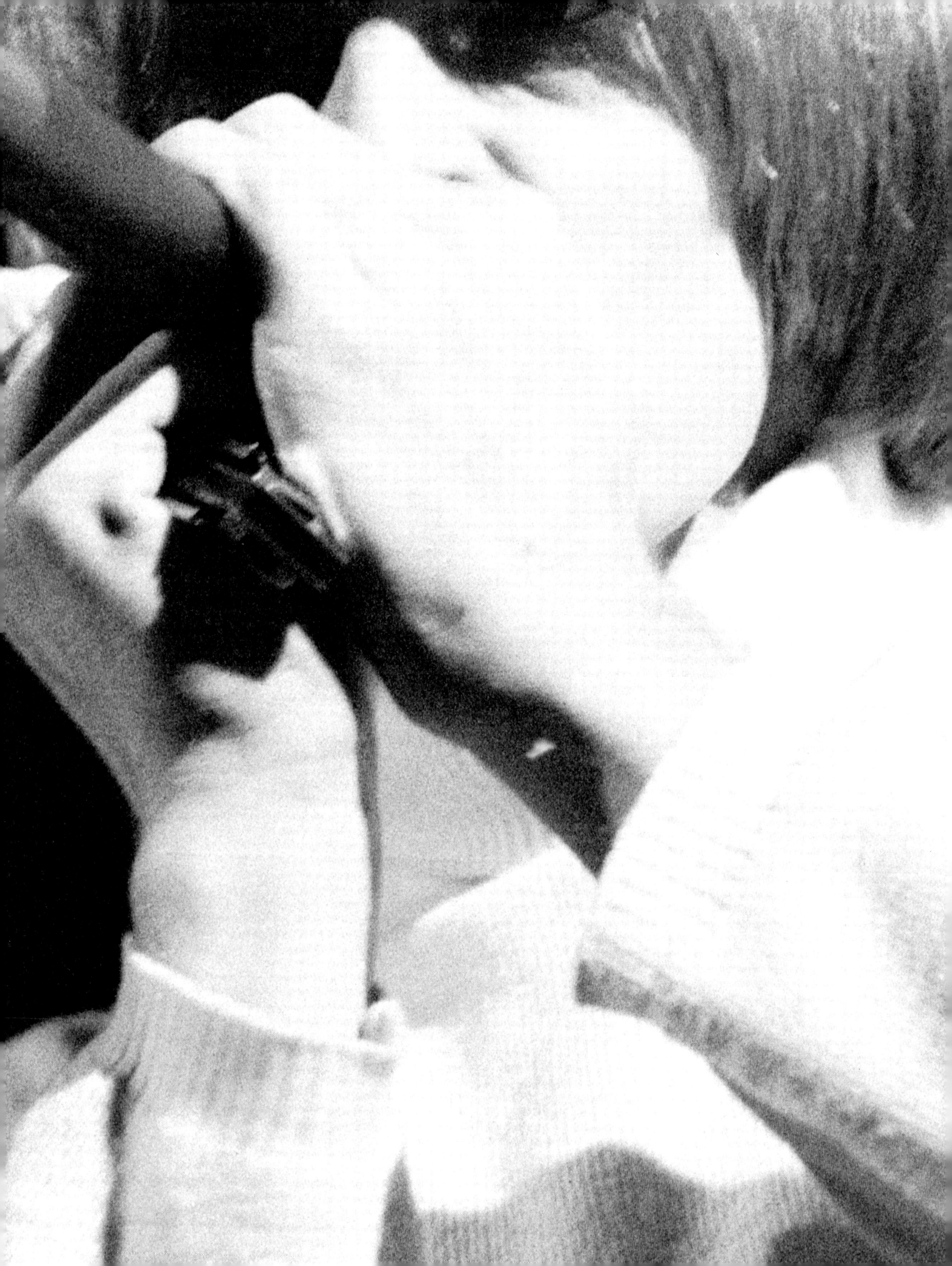

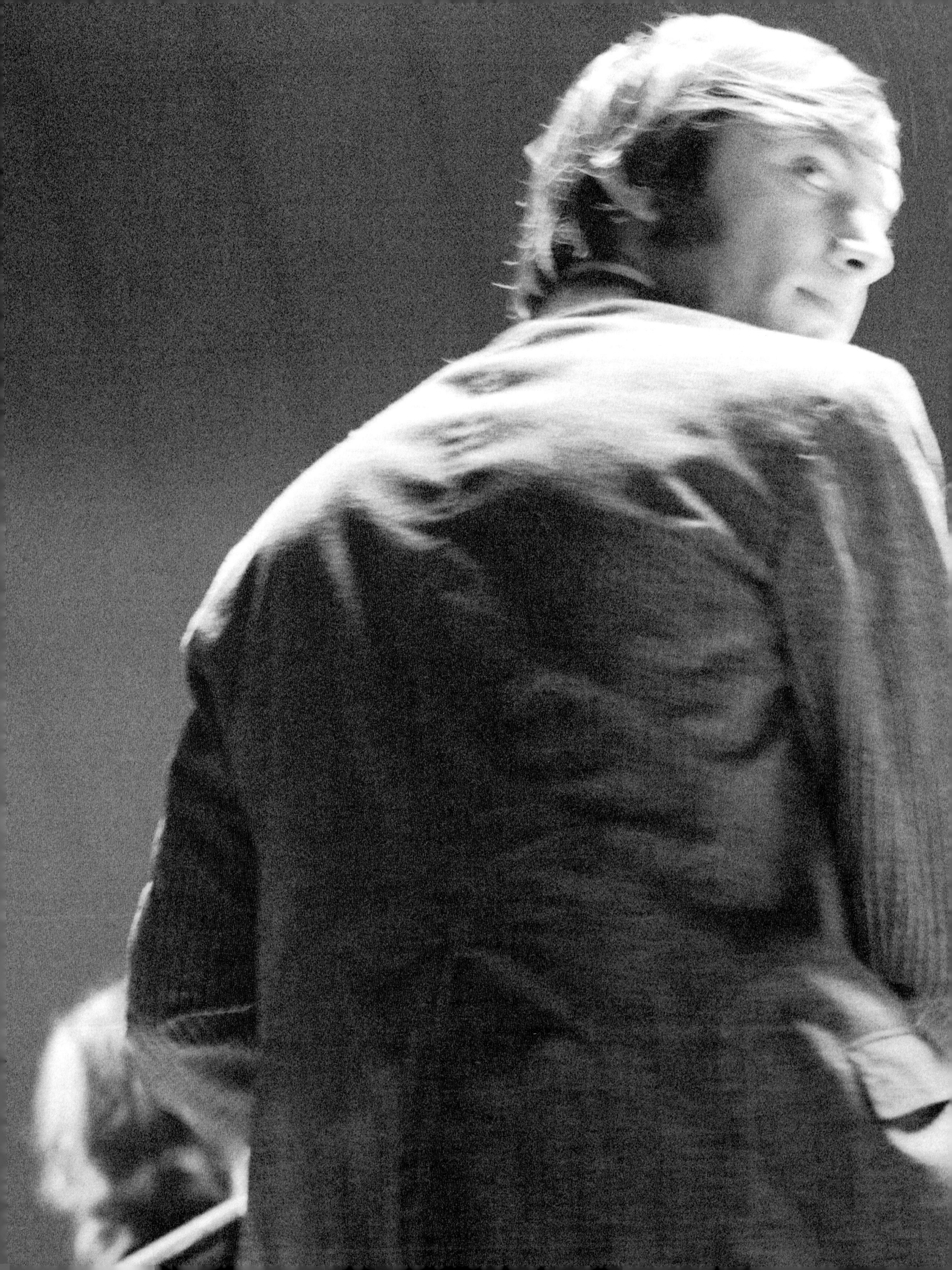

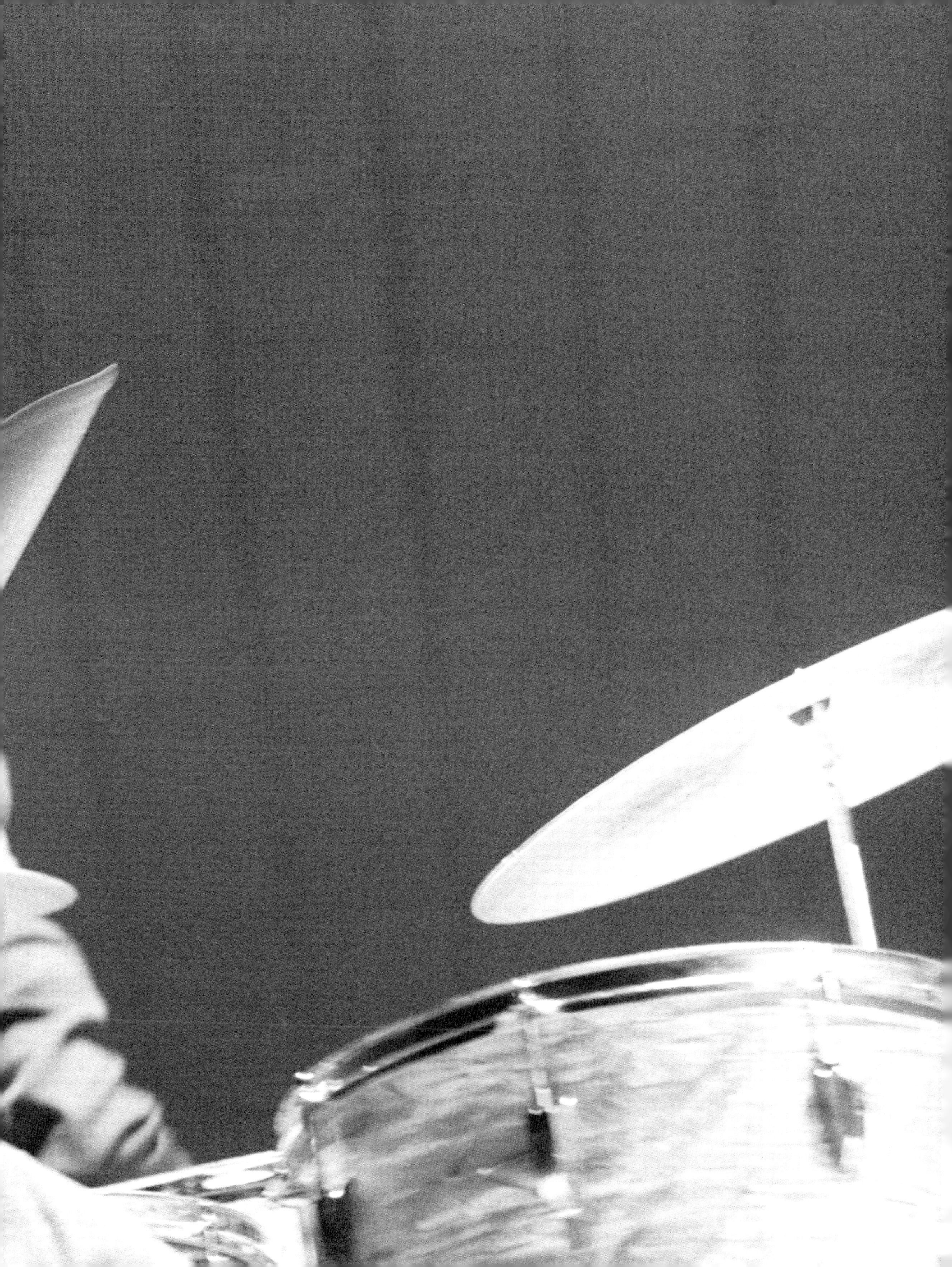

Auf ihrer Tour in Amerika arbeiteten sie sehr professionell und gewissenhaft. Sie nahmen nicht viele Drogen und sie hatten lange, eher unkreative Phasen, die nicht gerade aufregend waren. Es gab da eine seltsame Prozedur: Wir wurden nach jedem Gig gegen zwei oder drei Uhr am frühen Morgen mit einem kleinen Propellerflugzeug namens Martin zu einem ländlichen Flughafen geflogen und schnell in ein Motel gefahren, von dem niemand wusste, dass wir dort waren. Da gab es keine Mädchen, die auf uns gewartet hätten und es gab nichts zu tun. Da draußen in der Provinz war Amerika kein 24-Stunden-Land. Es war todlangweilig, wir hatten Heimweh, vermissten unsere Freundinnen und schmachteten vor uns hin.

Von den 60 Tagen gab es also ungefähr 20, an denen wir viel Spaß hatten und auf Partys und in Clubs gingen. In Miami gingen wir in einen Club, um Solomon Burke zu sehen, es war ein grandioser Abend. Um zwei Uhr morgens legte er noch einmal los und wir grölten alle betrunken, das war eine tolle Nacht. In New York gab es ein paar fantastische Partys und das ganze Hotel war voller Mädchen. Alles war so, wie wir es wollten und wie wir es uns vorgestellt hatten.

In New York steckte ich mein Zimmer im »Lincoln Square Motor Inn« in Brand. Das war in der Nacht des großen Stromausfalls, als die gesamte Ostküste Amerikas im Dunkeln lag. Eine Nachtlampe war an meinem Bett explodiert und das ganze Ding ging in Flammen auf, das war im ersten Moment ganz schön beängstigend. Die einzige Person, die auf dieser Tour ihr Zimmer zerstört hat, war jedenfalls ich.

Los Angeles war großartig und wir hatten eine wunderbare Nacht in Nashville, eine richtig monströse Rock'n'Roll-Nacht. Wir gerieten in einer Bar in eine Schlägerei und die Leute mussten uns trennen. Aber mindestens für zwei Drittel der Zeit war es harte Arbeit, ganz einfach Routine. Und das belastete jeden von uns und das ist auch der Grund, warum ich nie wieder auf eine Tour gehen möchte. Ich habe danach nie mehr eine komplette Tour mitgemacht, mit niemandem.

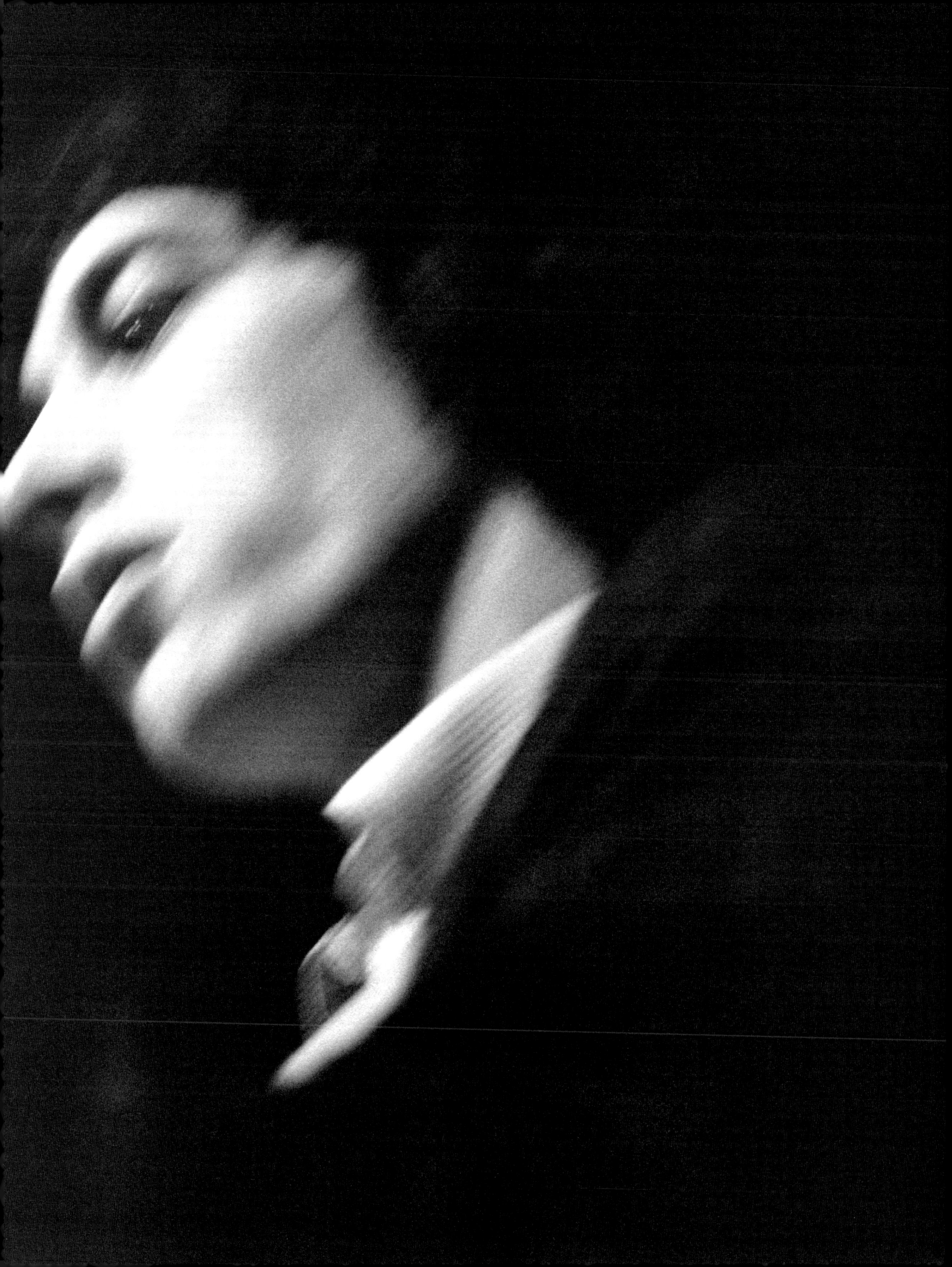

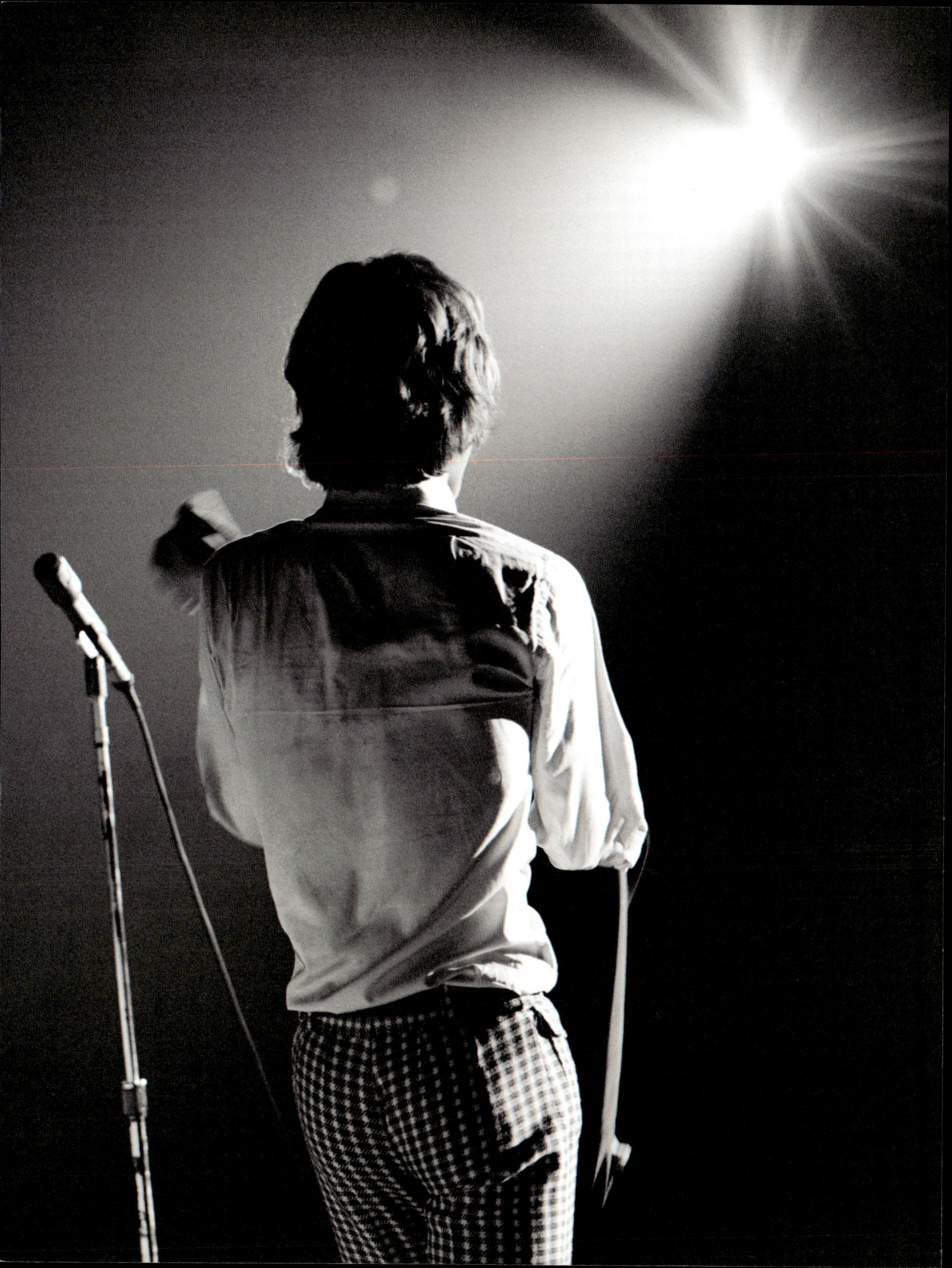

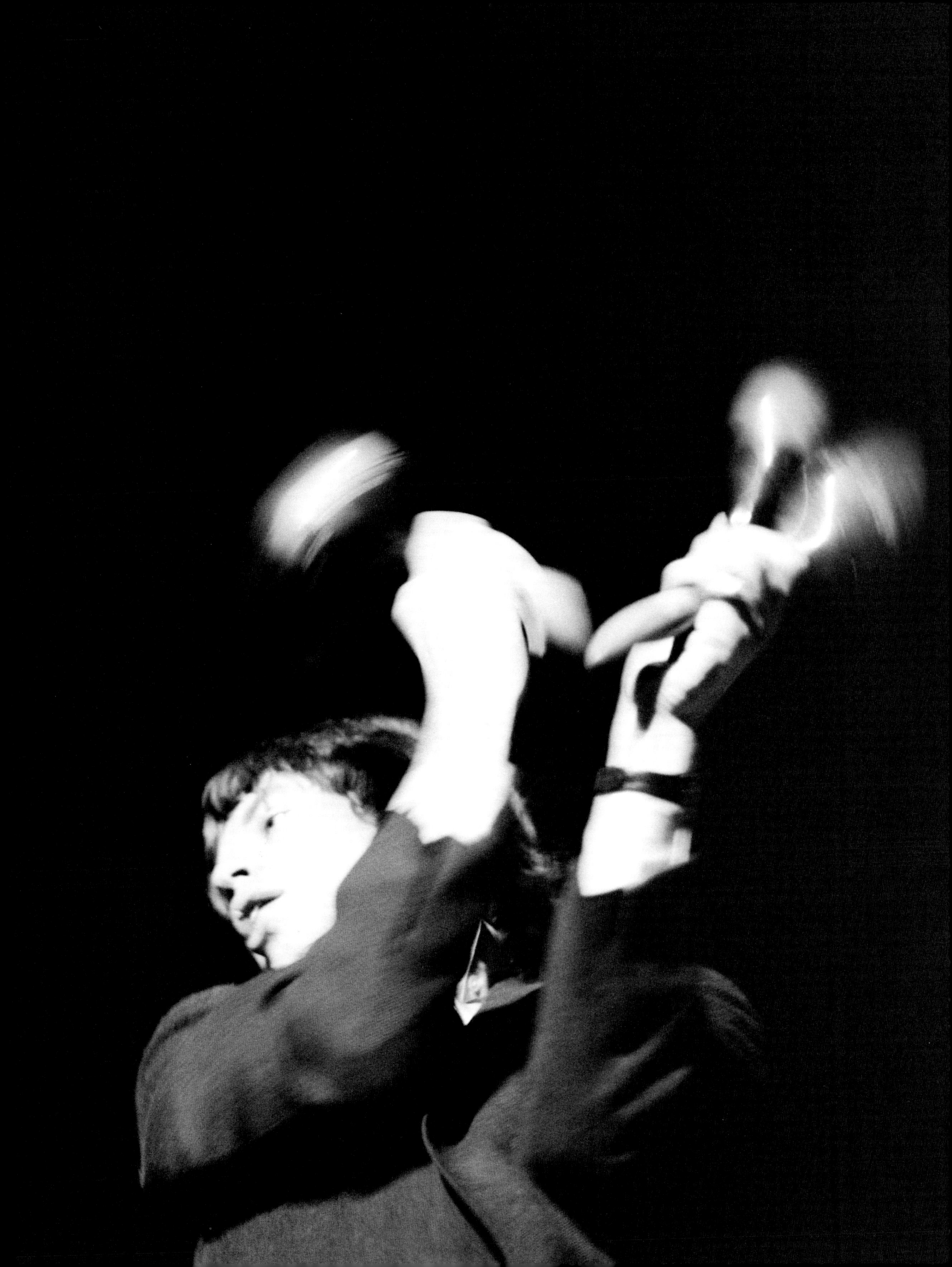

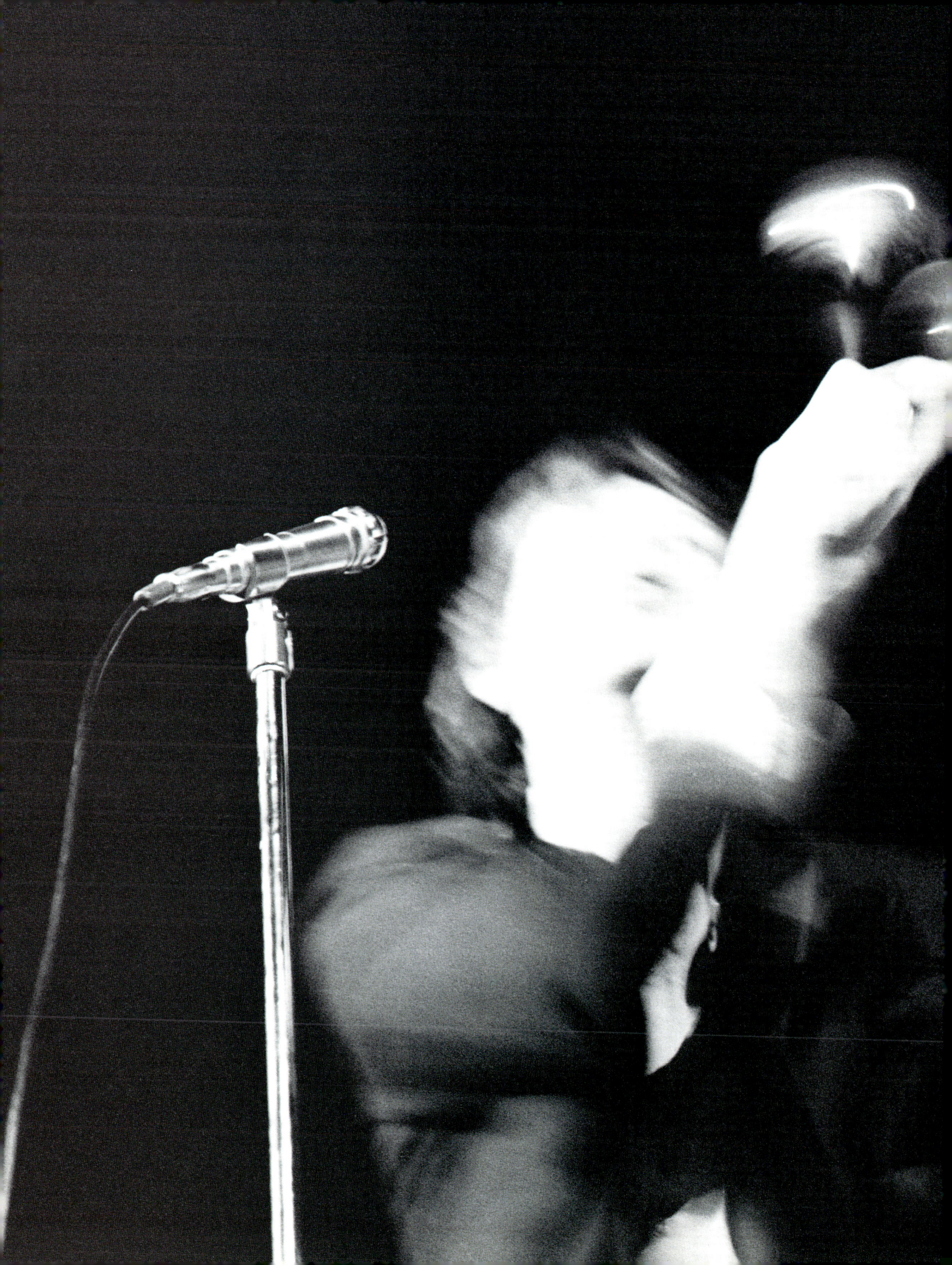

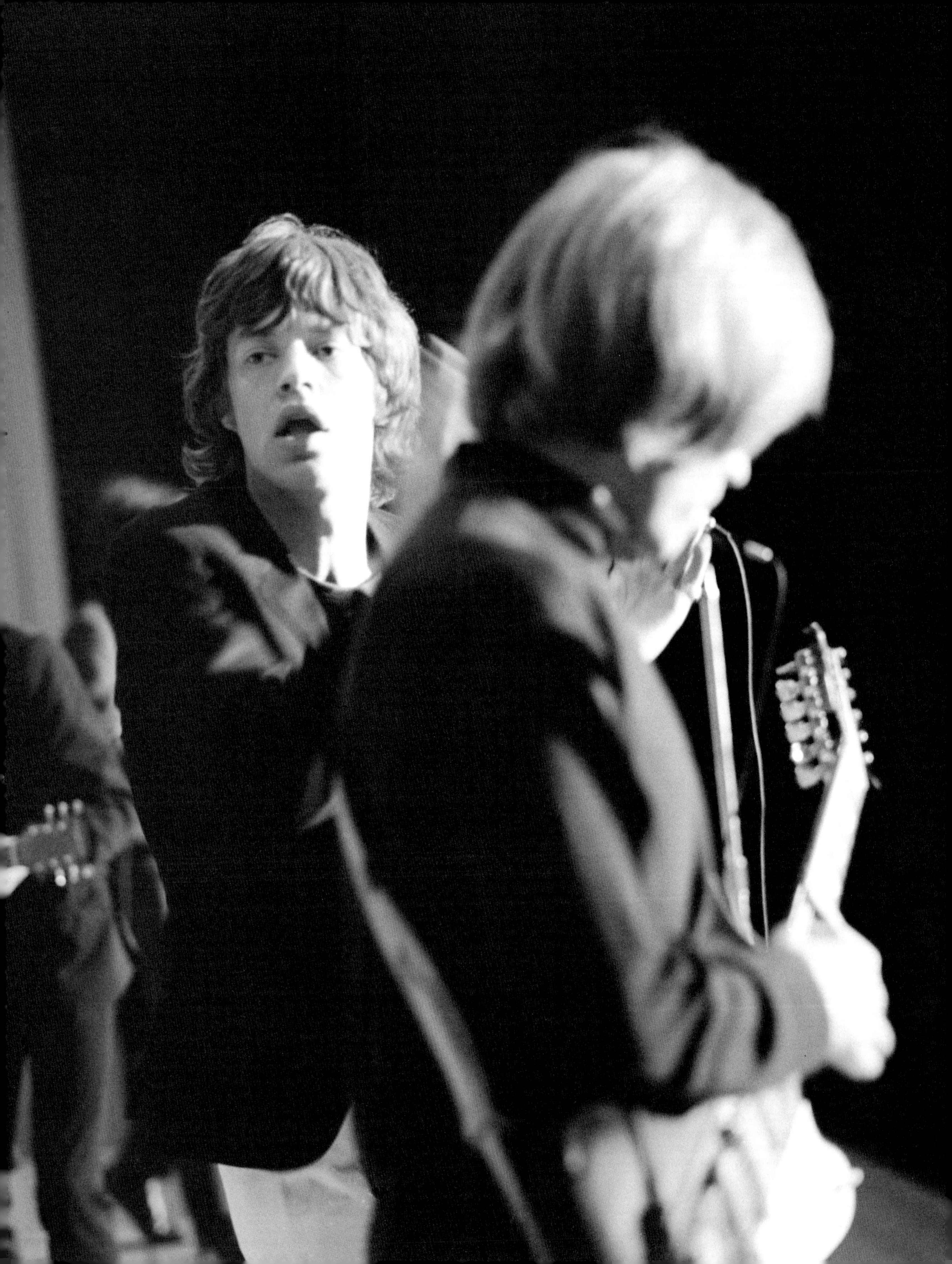

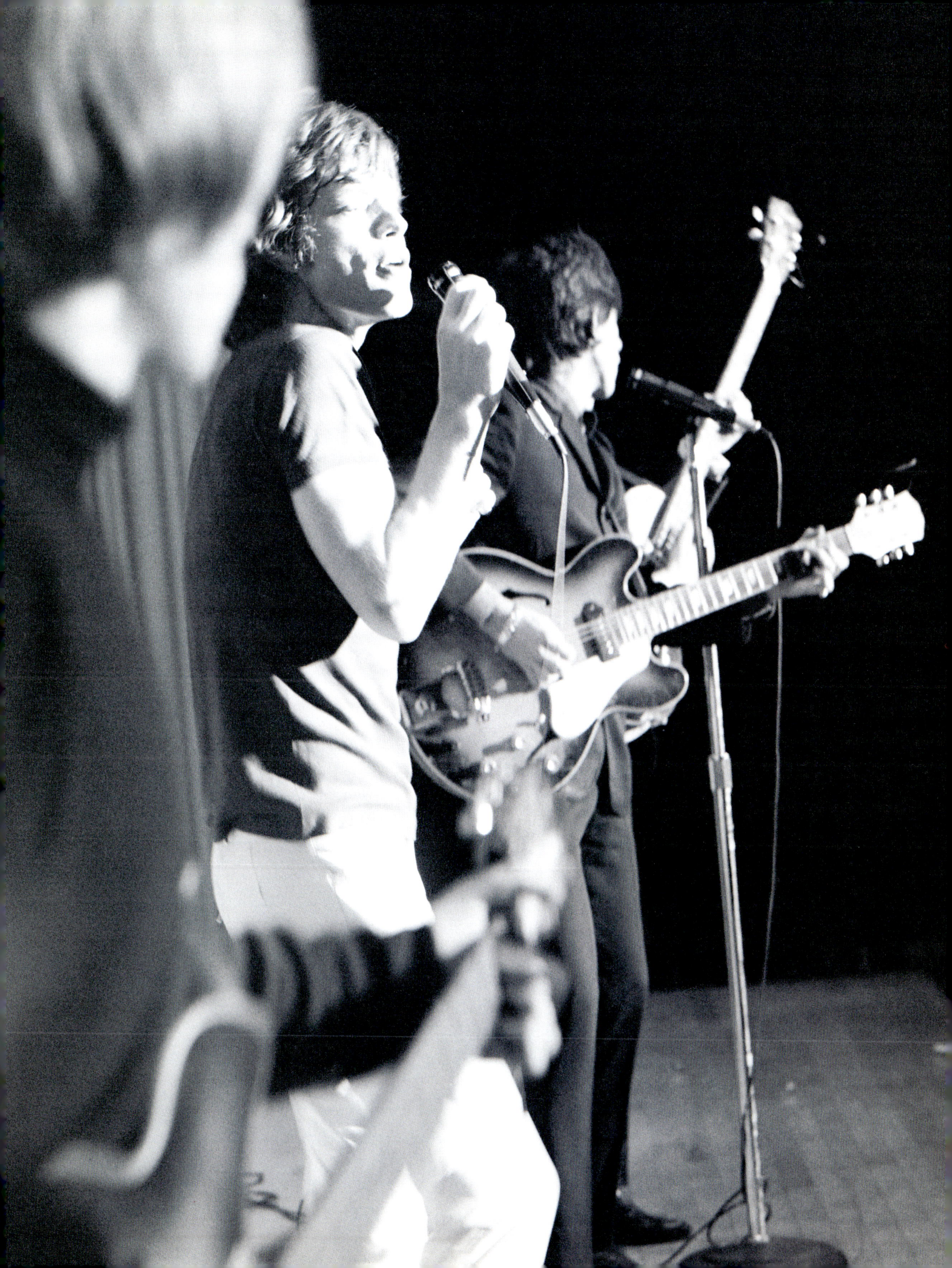

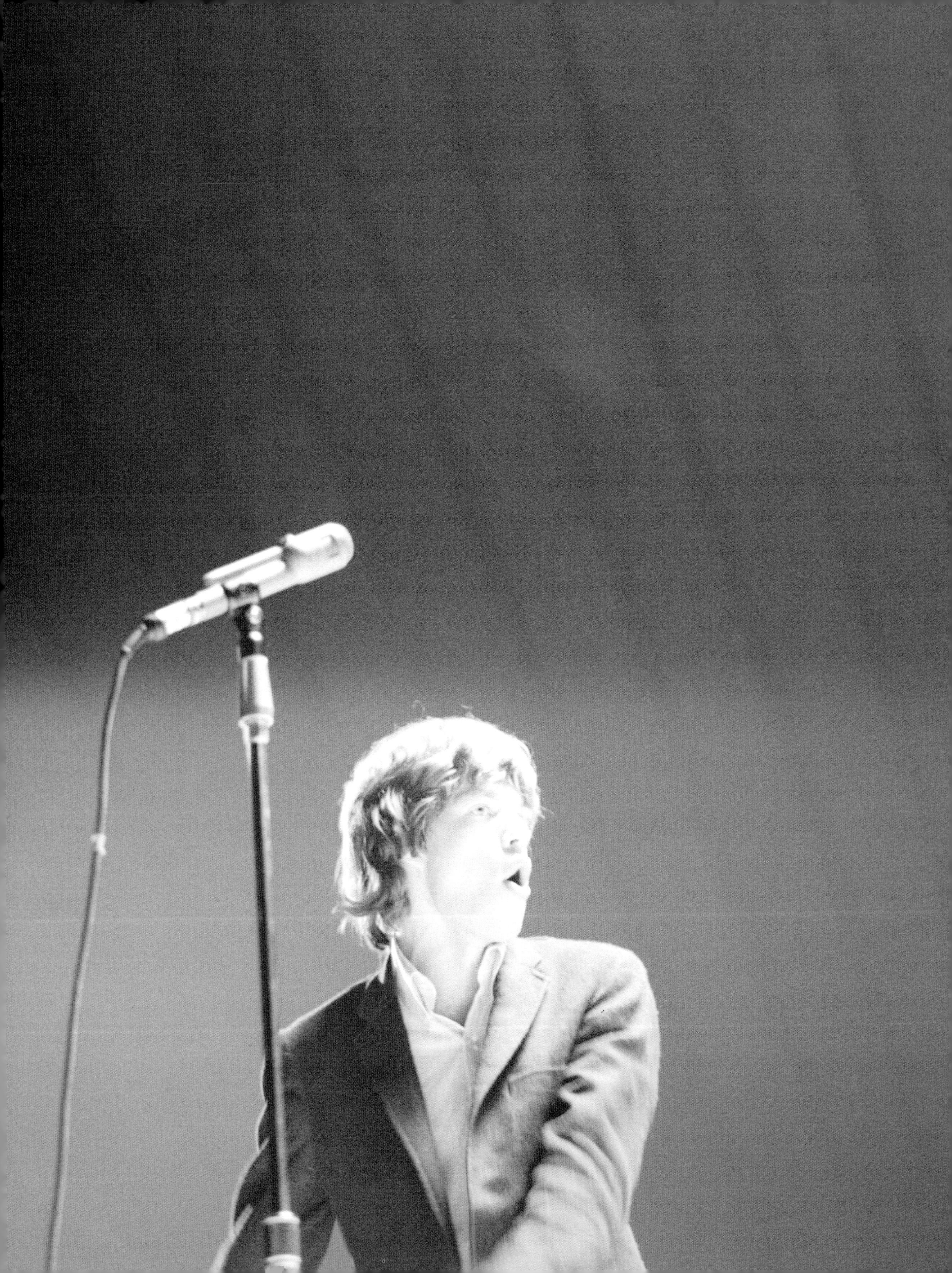

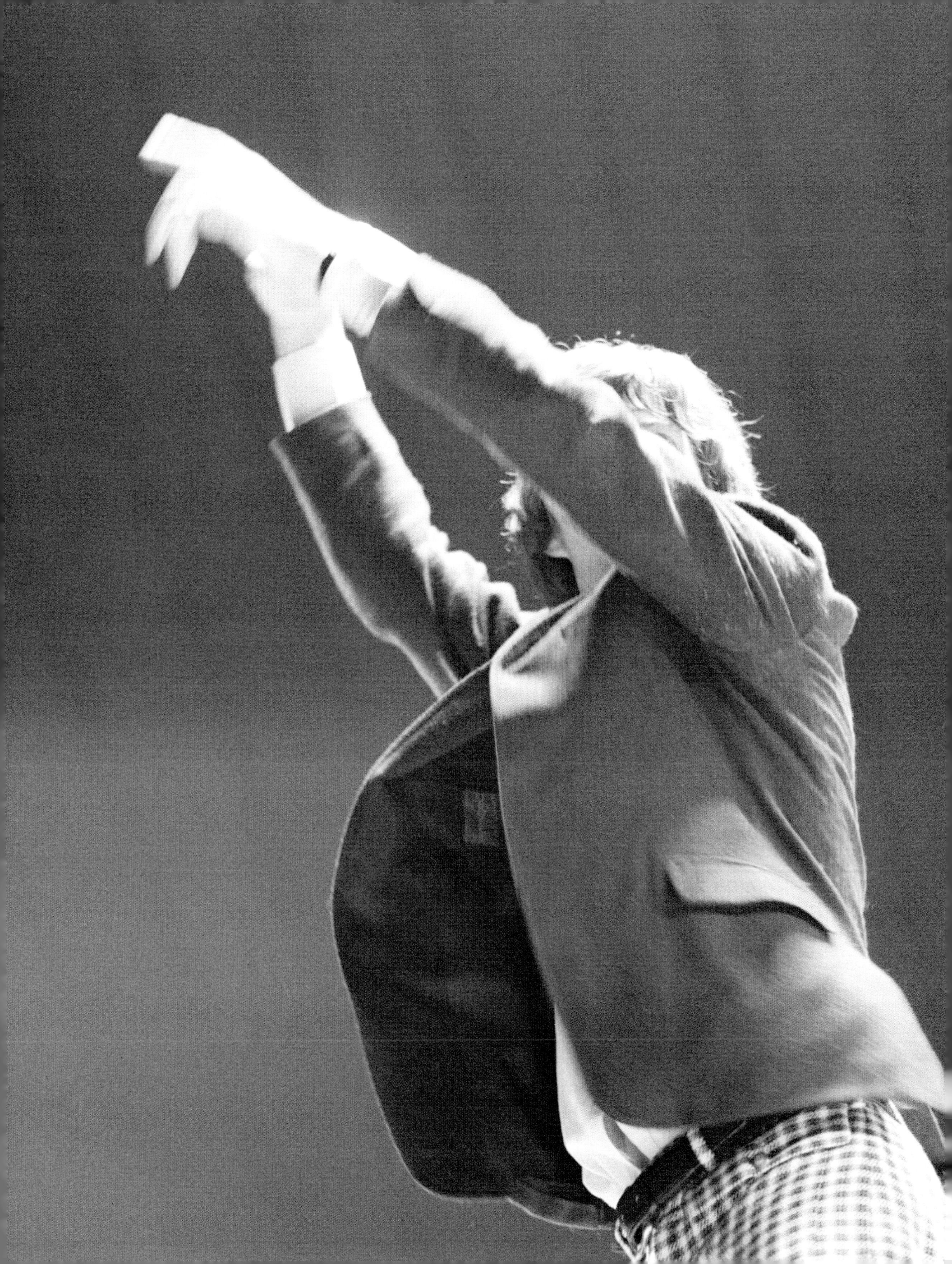

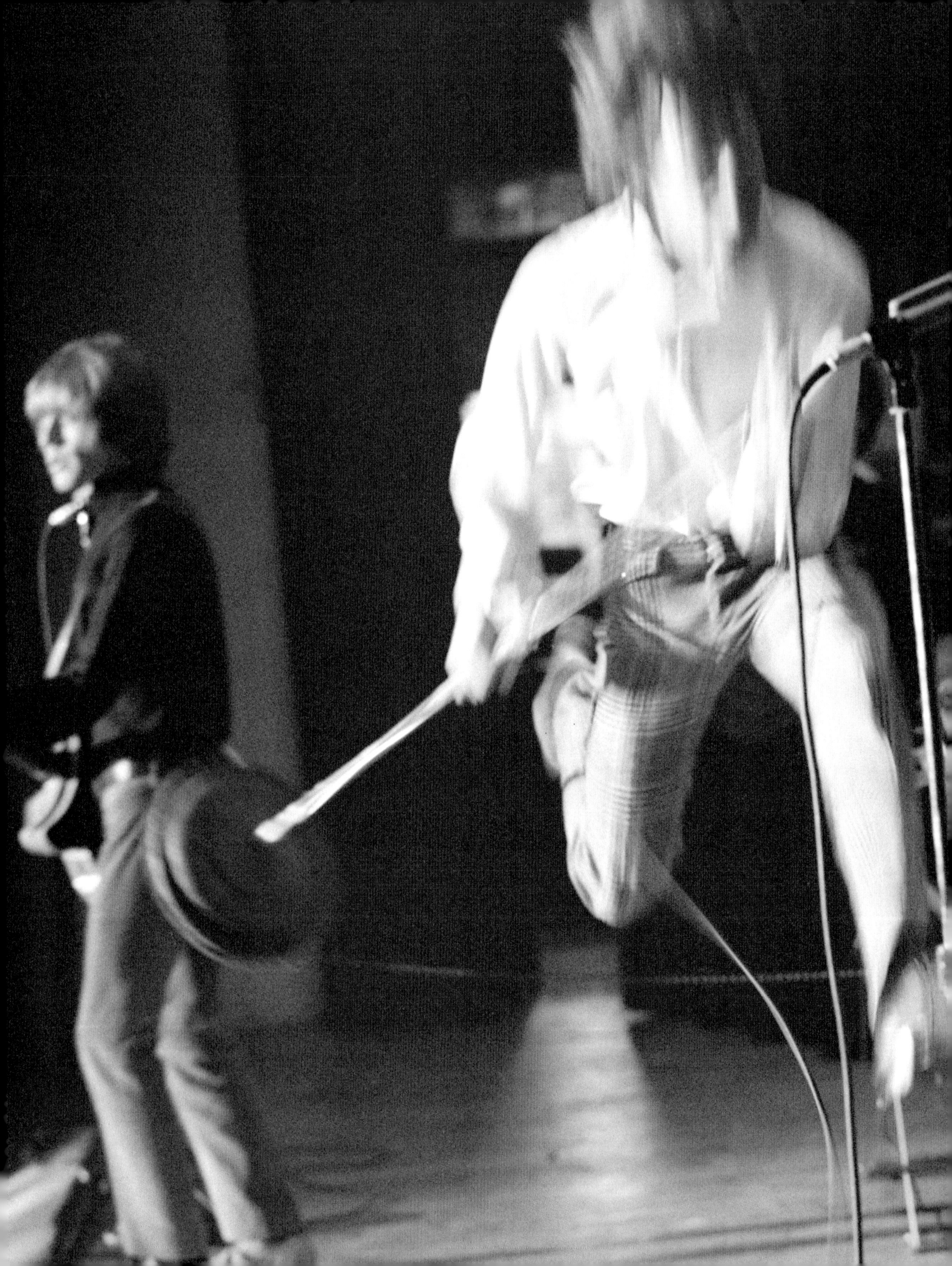

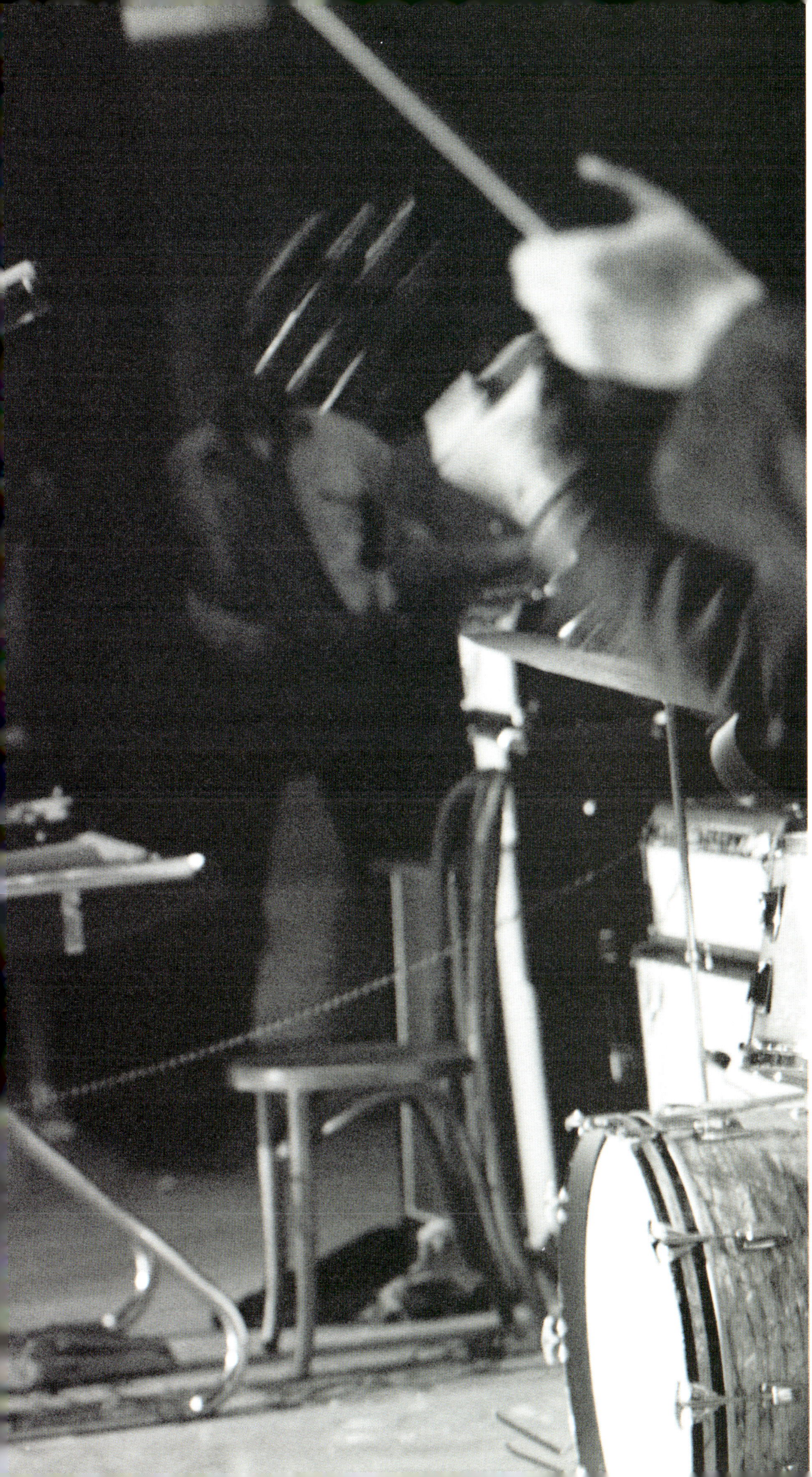

Die Fotografien von Keith nach dem elektrischen Schock in Sacramento sind wahrscheinlich die einzigen beiden Bilder, die mit einem Blitz aufgenommen wurden. Anscheinend war das Mikrofon elektrisch geladen, weil es nicht geerdet war und Keith stieß es mit seiner Gitarre um.

Die metallenen Saiten leiteten den Strom und er holte sich einen Schlag. Es gab diesen schrecklichen Knall und eine richtige blaue Rauchwolke, die aus seinen Haaren zu kommen schien. Er wurde einfach zu Boden gerissen. Es war richtig beängstigend, der Vorhang ging runter und die Musik endete in jener Kakophonie, die sich ergibt, wenn die Leute nicht gleichzeitig aufhören zu spielen. Ich glaubte wirklich, er sei tot.

Keith stand mir von allen am nächsten, also war es besonders schrecklich. Jemand brüllte mich an, dass ich meine Kamera und meinen Blitz holen sollte, weil alles pechschwarz war.

Ich hatte noch zwei oder drei Bilder auf dem Film und glücklicherweise war Keith innerhalb von Minuten wieder dabei. Er schien sich überhaupt nicht verletzt zu haben. Ich glaube, er machte mit der Show weiter.

1965 –
Ich glaubte wirklich, er sei tot. Keith stand mir von allen am nächsten, also war es besonders schrecklich.

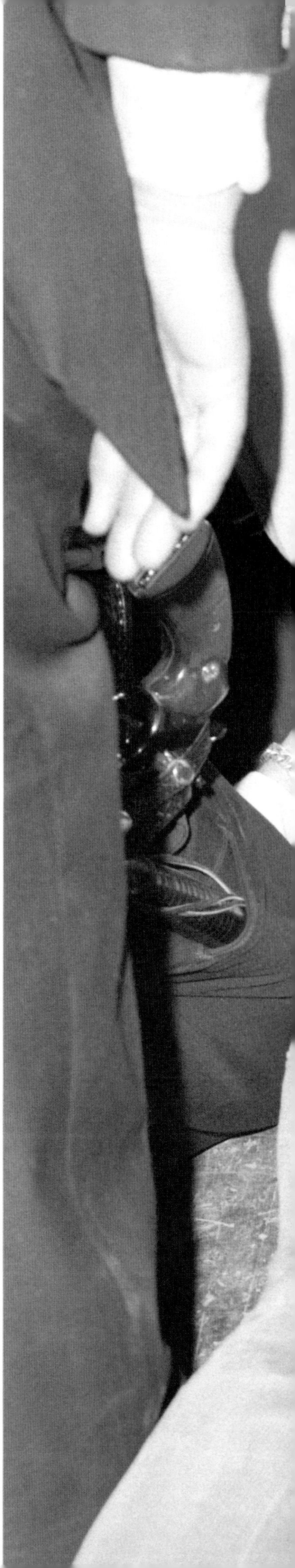

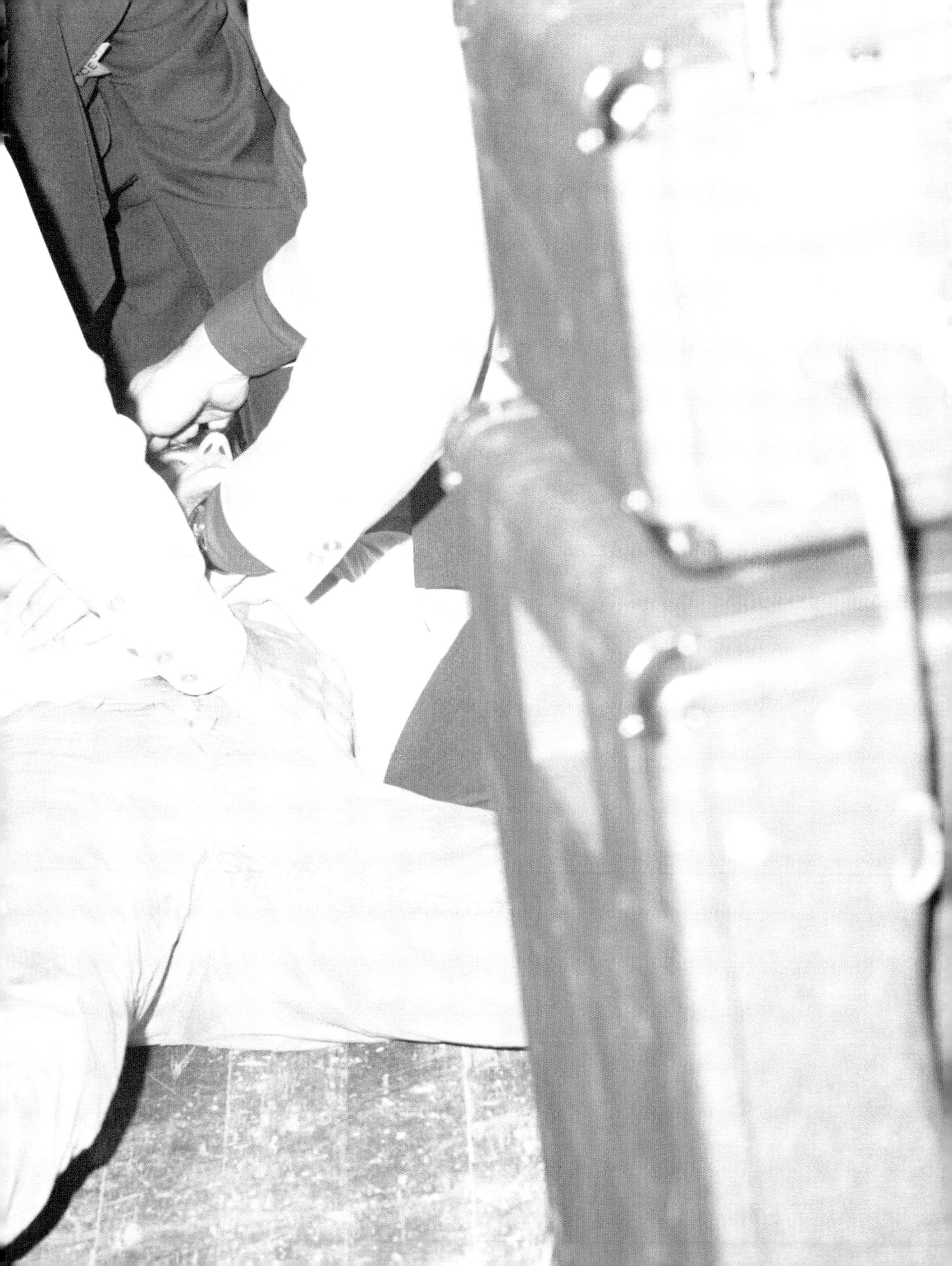

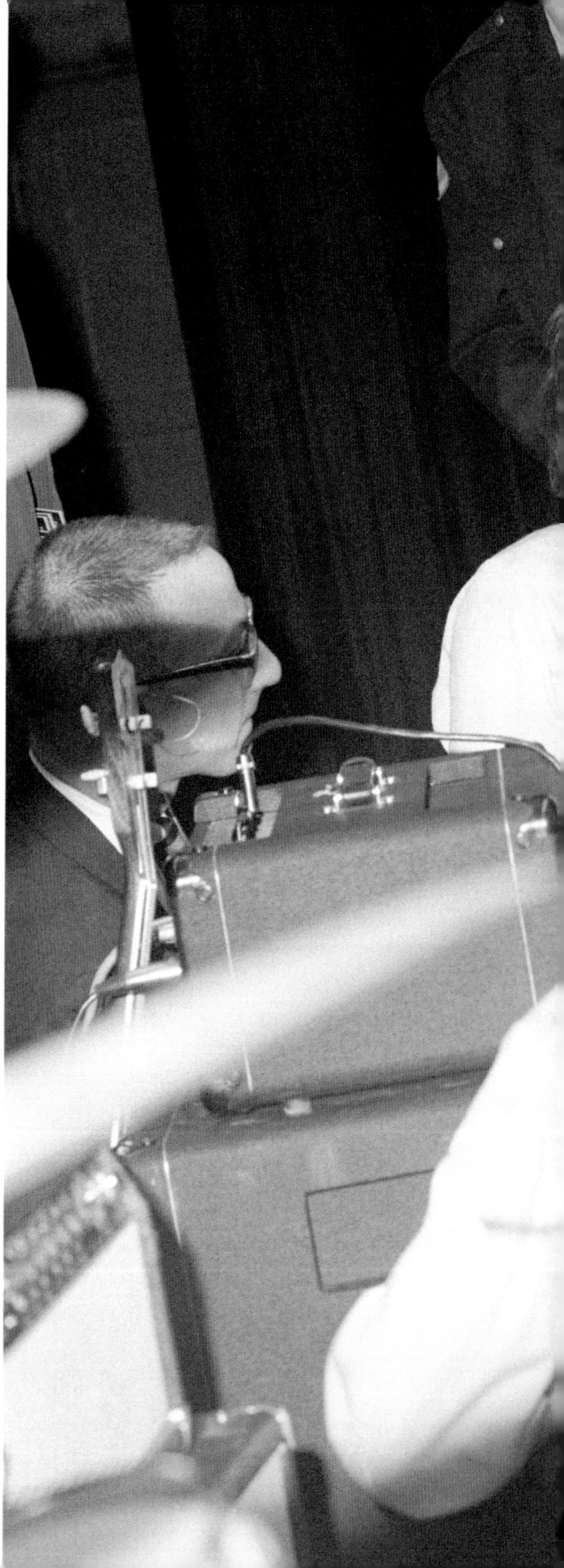

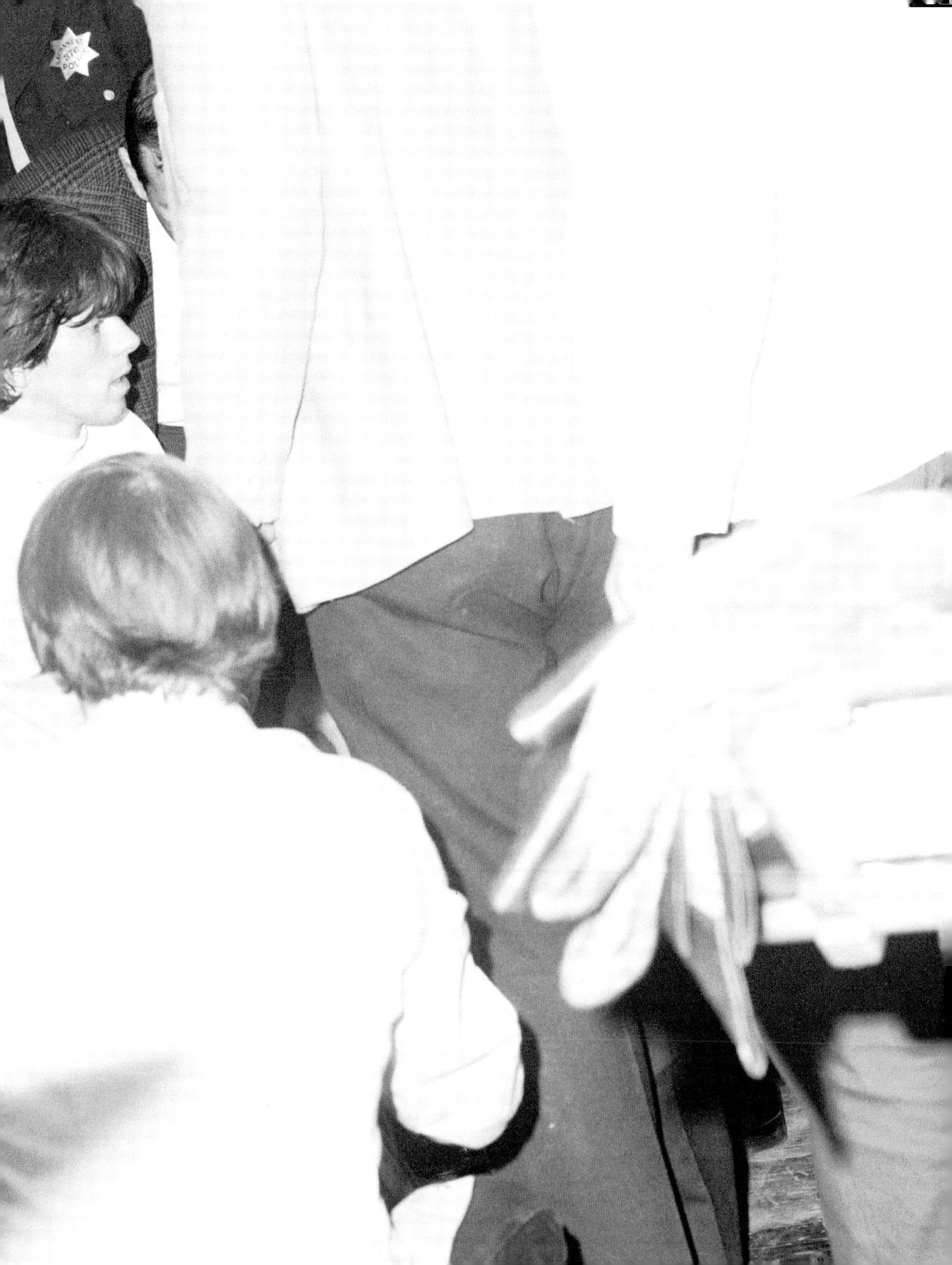

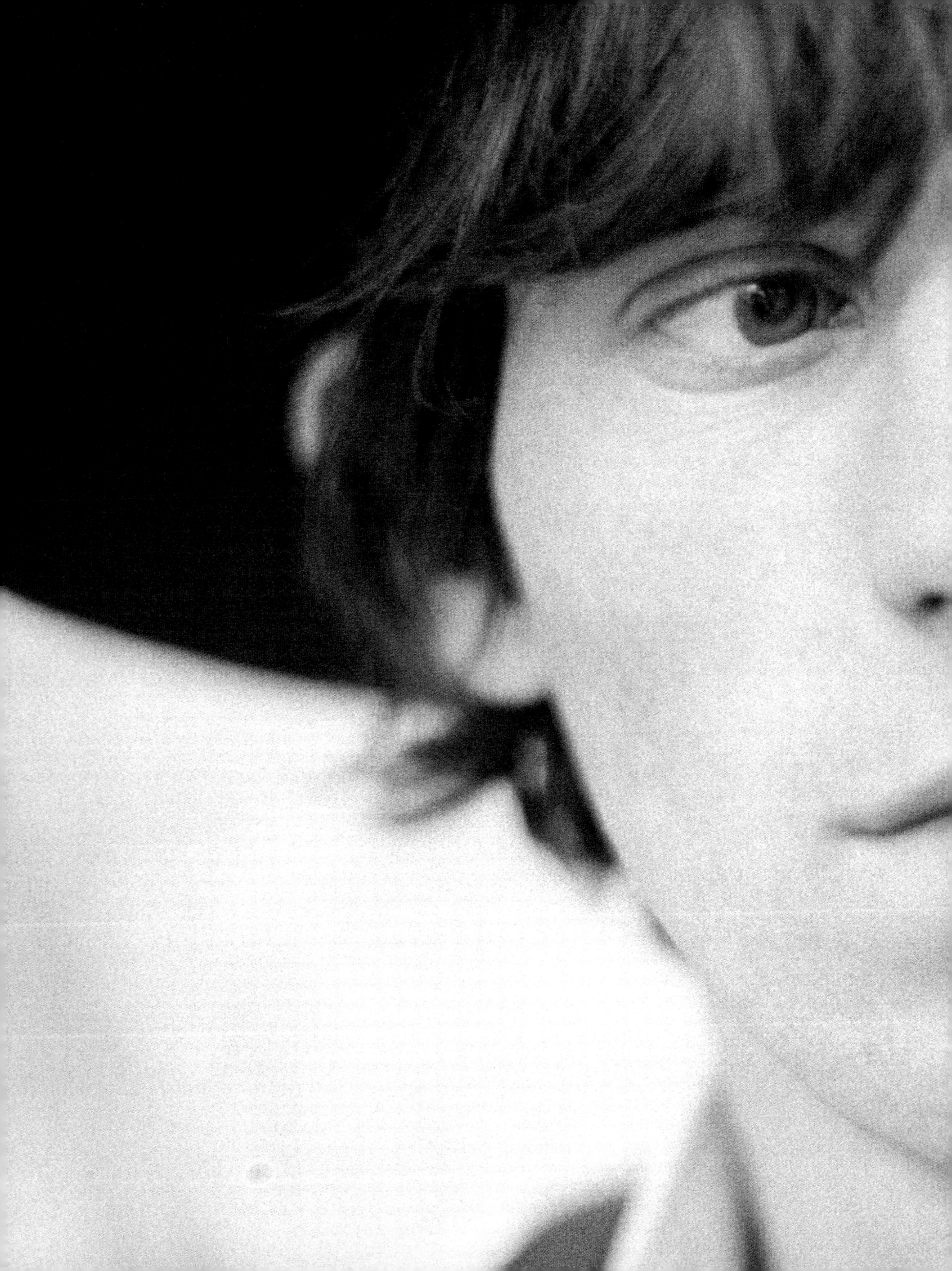

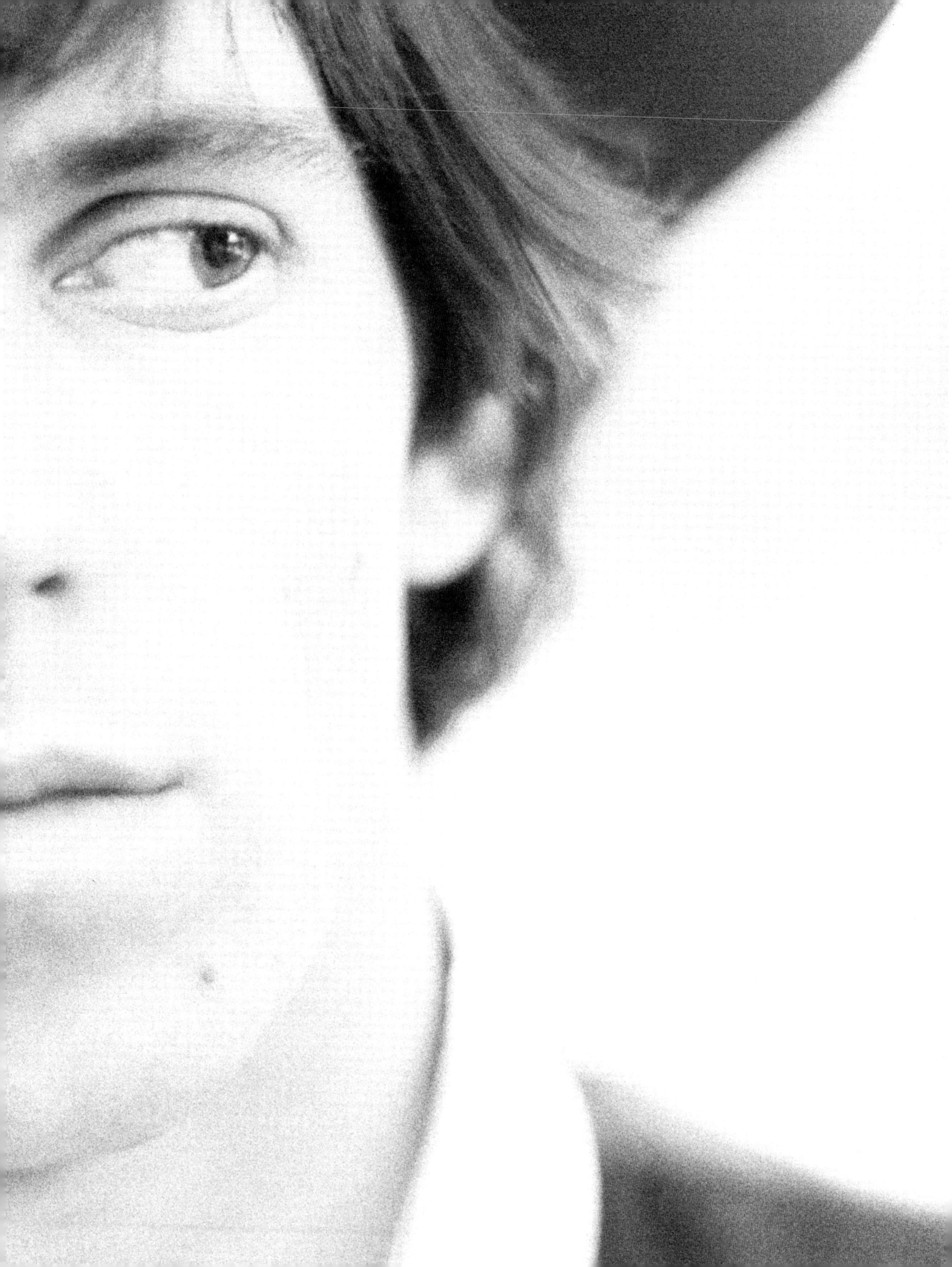

Am Ende der Tour gab es ein paar freie Tage. Keith rief mich in meinem Zimmer an und sagte, dass unser Flugzeug zu seinem Heimatflughafen zurückgeflogen werde und dass man uns angeboten hätte, uns nach Phoenix mitzunehmen. Ob ich Lust hätte, ein paar Tage reiten zu gehen?

Also flog ich zusammen mit Keith und Ronny Schneider, der Alan Kleins Neffe und der Geldgeber der Tour war, nach Phoenix. Alles war vorbereitet. Am Flughafen wurden wir mit einem Truck abgeholt. Unterwegs hielten wir an und Keith kaufte uns Gewehre, Hosen und Cowboyhüte.

Ich trug so einen lächerlichen Hoss-Cartwright-10-Gallonen-Hut und Lederhosen. Keith kaufte mir noch ein tolles Winchester Pump-Action-Gewehr – einen so genannten Vorderschaftrepetierer – und dann ritten wir mit einem Führer los. Wir ritten durch die Wüste und durch eine Viehherde, gerieten in einen Sturm mit sintflutartigen Regengüssen und kamen dann zu einem Camp, das man für uns an einem Fluss errichtet hatte. Dort wartete ein riesiges Feuer auf uns, wir wurden bekocht, betranken uns und schliefen unter dem Sternenhimmel.

Am nächsten Morgen waren unsere Decken am Boden festgefroren. Es war fantastisch. Wir benutzten meinen Hut für Schießübungen und so kam ich mit einem durchlöcherten Hut zurück. Ich machte nicht viele Bilder, weil ich so viel Spaß hatte, aber ich habe ein paar Porträts von Keith gemacht. Ich glaube, er sah sich selbst ganz gerne als eine Art »Billy the Kid«. Ich glaube, viele Musiker haben einen Bezug zu diesem Outlaw-Image. Gitarren und Gewehre, ganz bestimmt.

1965 –
Wir benutzten meinen Hut für Schießübungen.

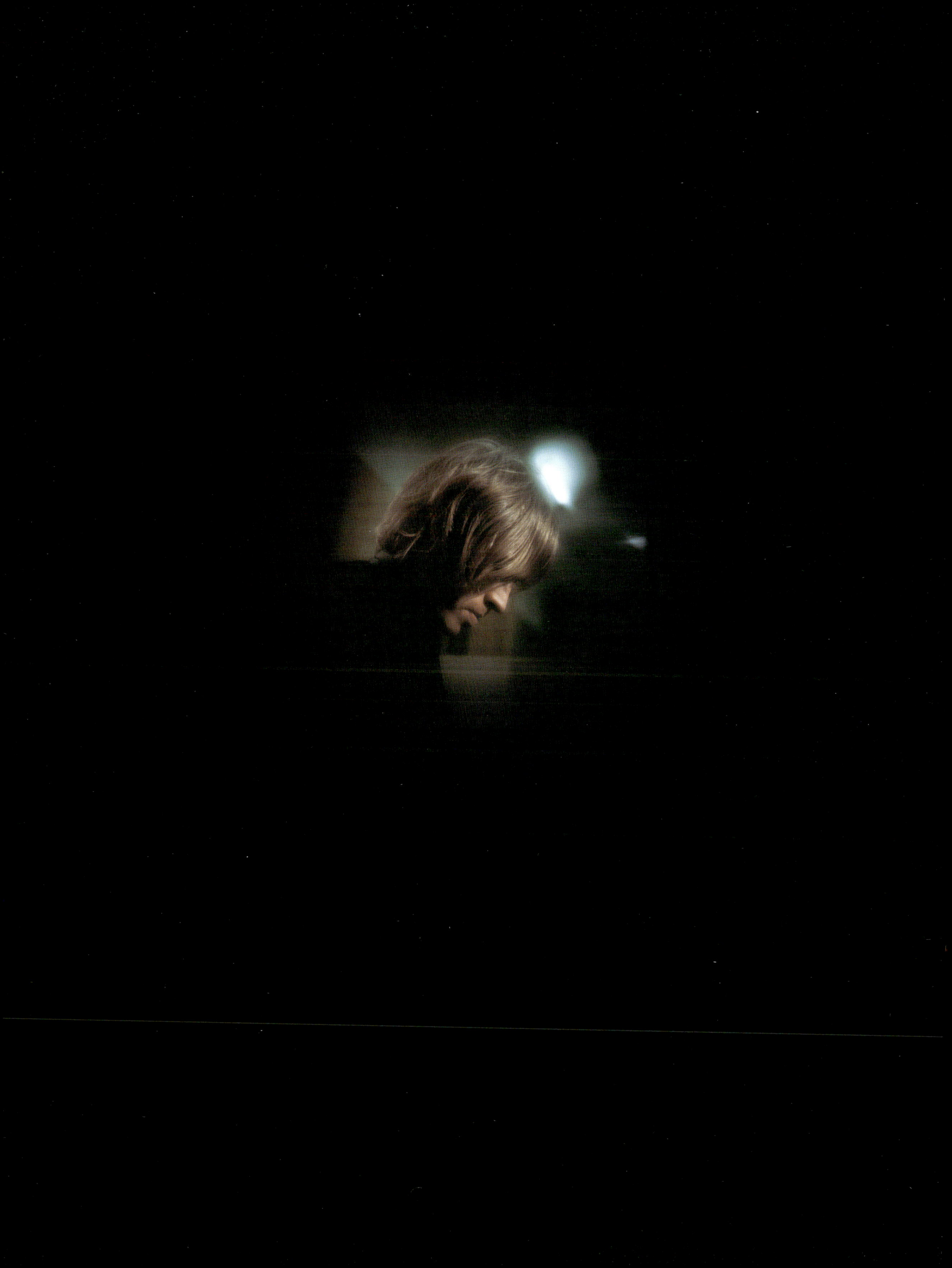

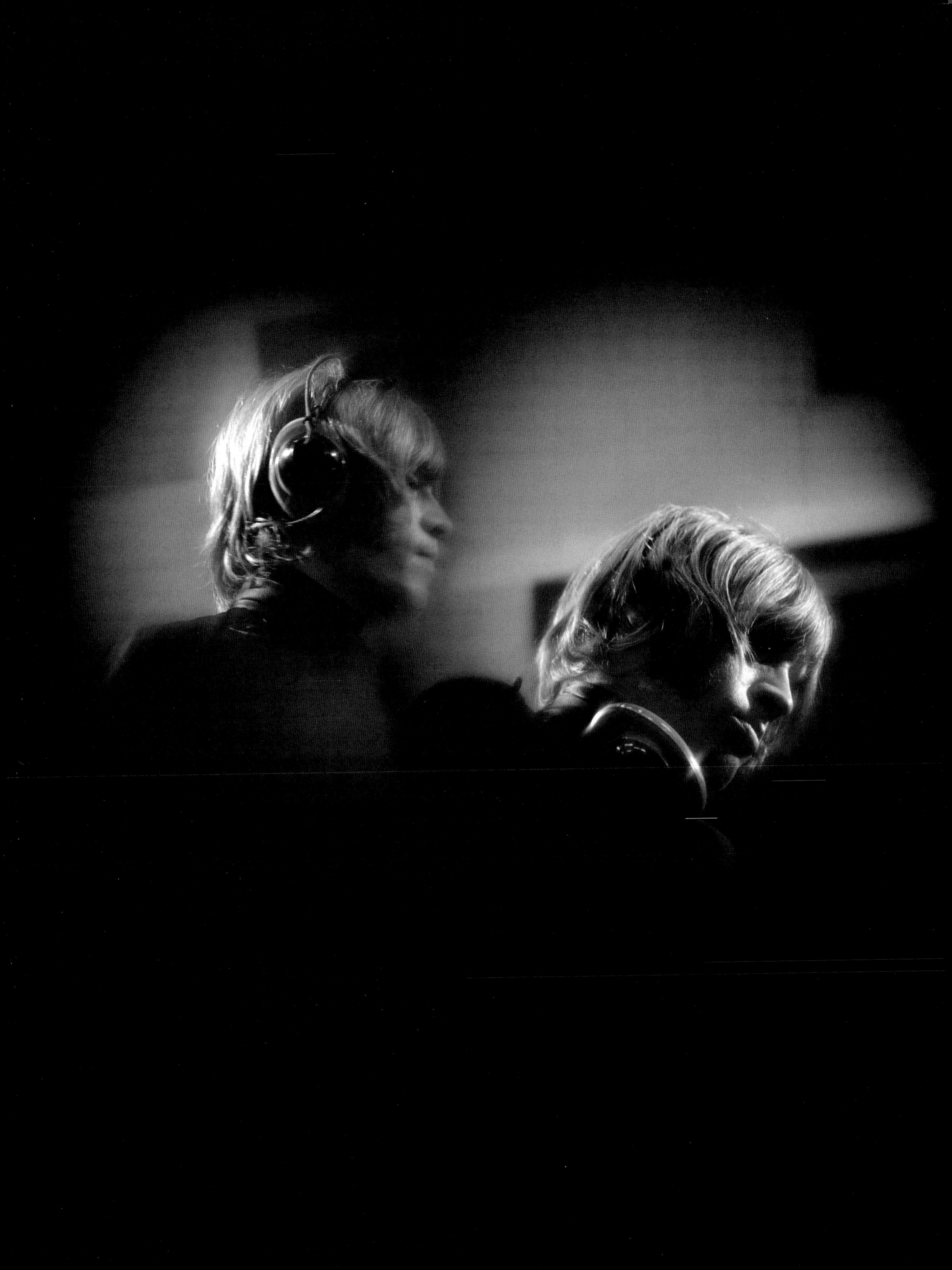

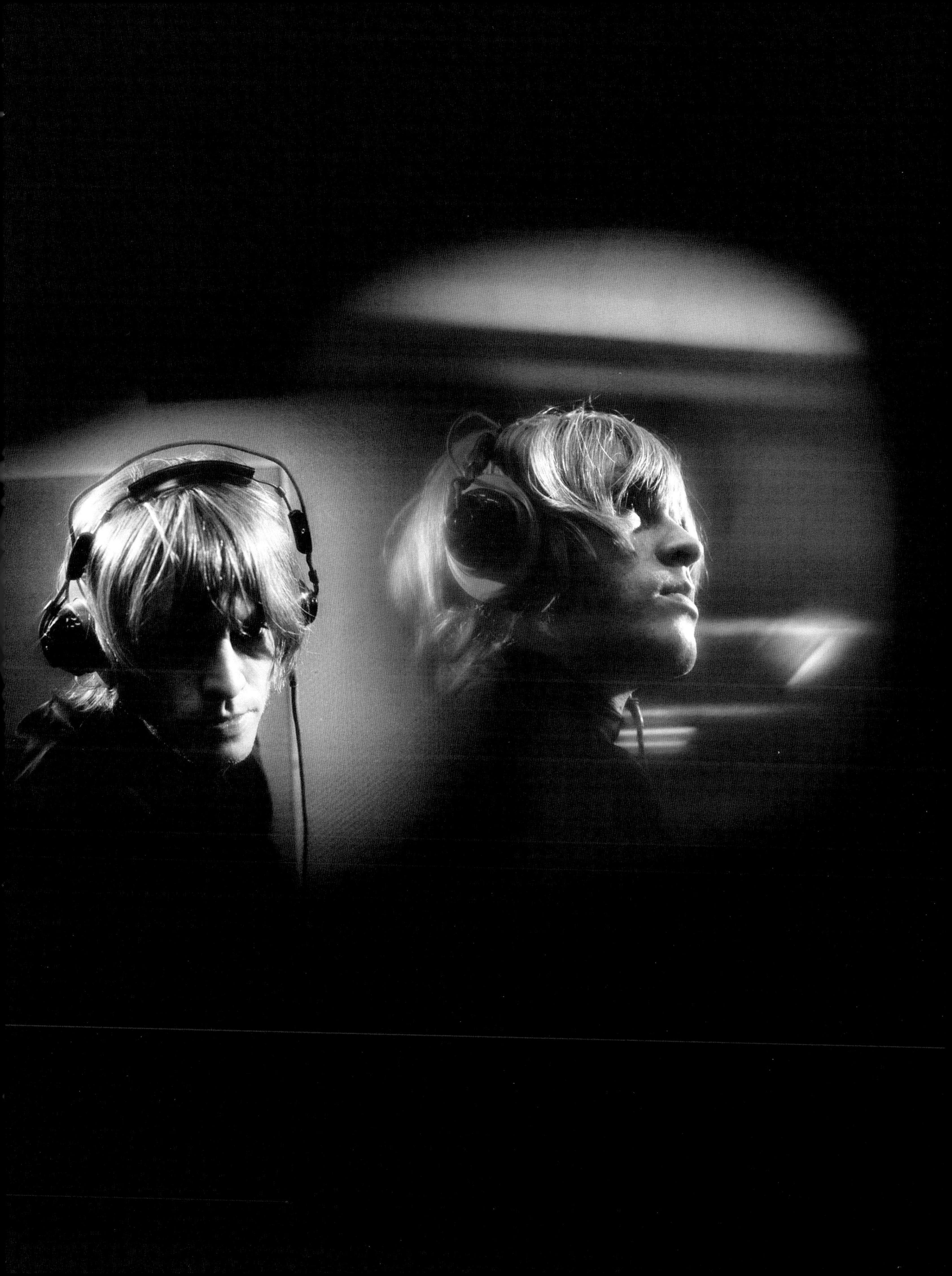

»Between the Buttons« war in gewisser Weise mein erster Versuch, ein Image zu entwerfen. Wir machten die Aufnahmen aus unterschiedlichen Gründen am frühen Morgen. Vor allem aber deshalb, weil die Stones um diese Zeit einfach umwerfend aussahen. Wenn sie die Nacht durchgearbeitet hatten, strahlten sie im Morgengrauen etwas ganz Besonderes aus. Und es hatte auch etwas ganz Besonderes, um 5.30 Uhr morgens auf den völlig menschenleeren Straßen unterwegs zu sein.

Aber es war kalt und ich wusste, dass ich nicht sehr lange auf ihre Mitarbeit zählen konnte und Brian wurde zunehmend schwierig. Einmal regte ich mich auf, weil ich das Gefühl hatte, dass er die Aufnahmen ruiniere, aber Andrew sagte: »Kümmer dich nicht um Brian. Wir sind jetzt an einem Punkt angelangt, an dem Brian machen kann, was er will. Er kann die Stones nicht kaputt machen. Egal, was er macht, er kann zu dem Bild von den Rolling Stones nur etwas beitragen.« Und er hatte Recht.

Es war toll, weil ich wusste, dass ich richtig gute Aufnahmen bekommen würde. Mir gefiel diese seltsame Komposition.

Es sah so aus, als könnte die Band sich in Luft auflösen, das war ein wenig geisterhaft und ätherisch und weit entfernt von den aalglatten Fotos, auf denen ständig nur gelächelt wird. Das hier war anrüchiger, gewagter und schwermütiger und als Ergebnis sehr viel interessanter.

66 –

Kümmer' dich nicht um Brian. Wir sind jetzt an einem Punkt angelangt, an dem Brian machen kann, was er will.

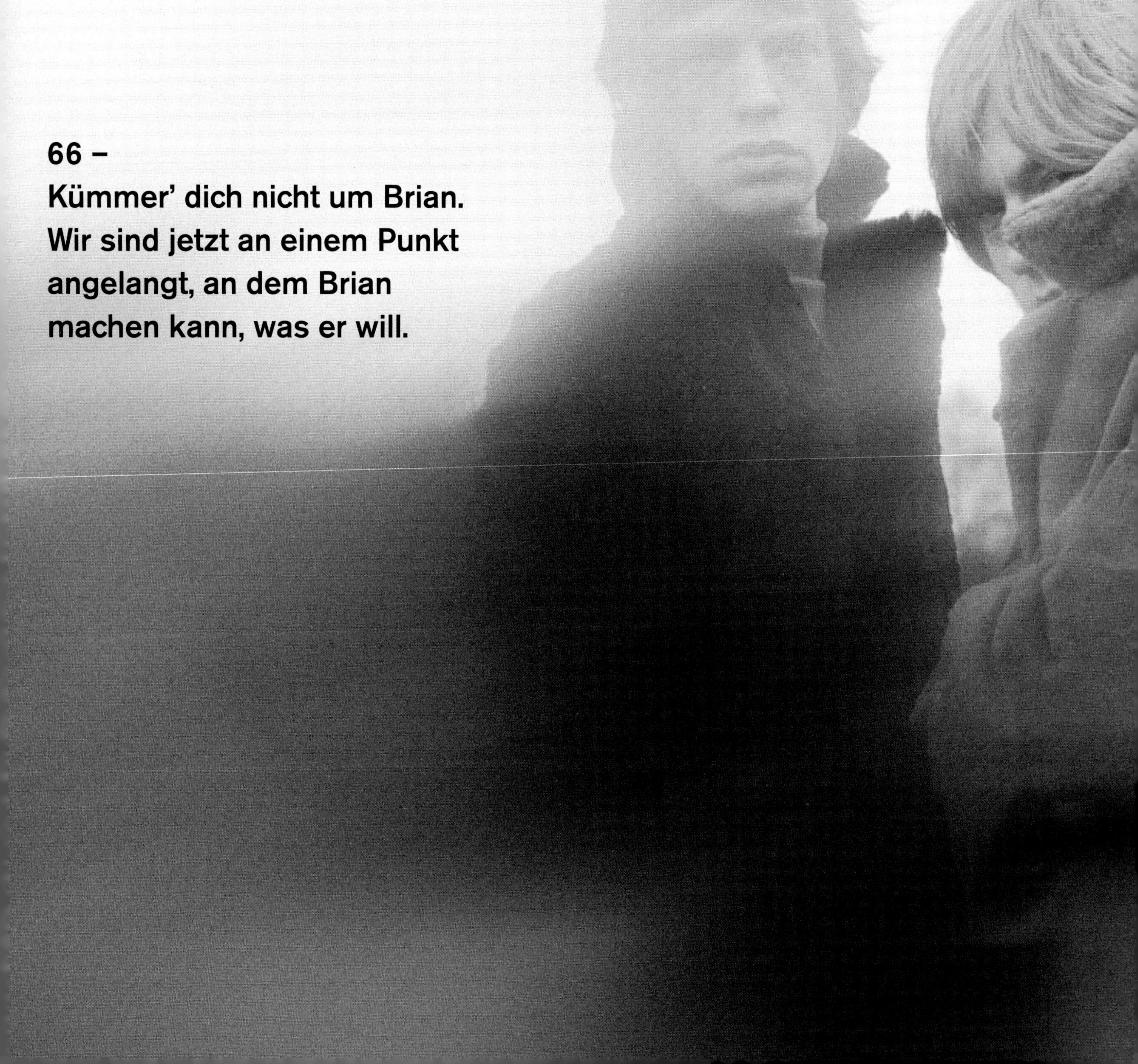

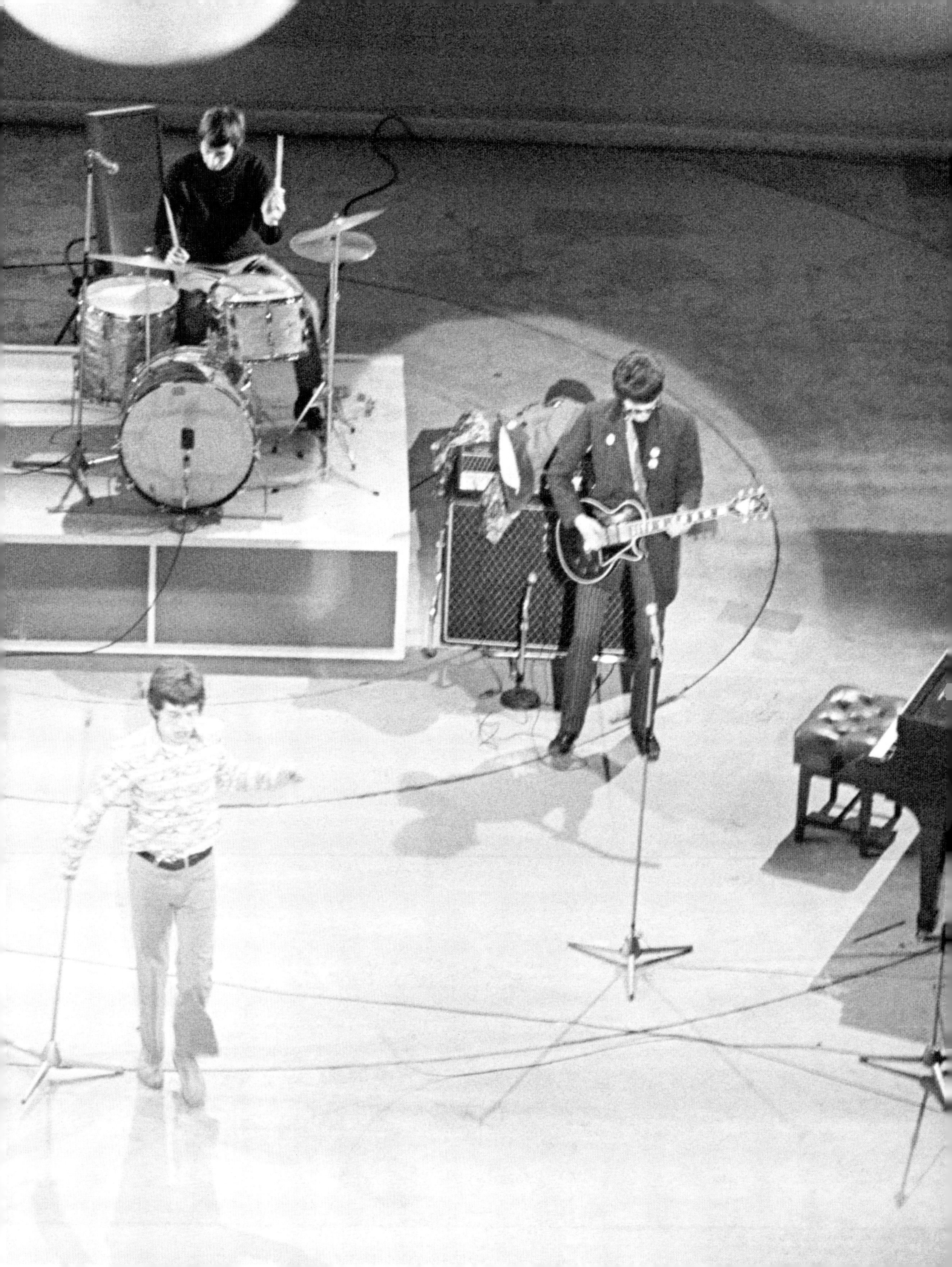

Eigentlich fotografierte ich zuerst nur Marianne. Das war 1964. Durch sie bzw. durch ihren Manager Andrew Oldham kam ich dazu, mit den Stones zusammenzuarbeiten.

Zu dieser Zeit, 1967, waren Marianne und Mick fest zusammen und ich glaube, ihre Beziehung war ziemlich fantastisch, obwohl sie auf diesen Fotos recht verletzlich und zerbrechlich aussieht.

Sie nahm verschiedene Songs in den Decca Studios in West Hampstead auf, während Mick mit Glyn Johns, dem Produzenten der Stones, der danach The Eagles betreute, zusammenarbeitete. Unter anderem nahm Marianne ein paar Songs von den Beatles auf und ab und zu kam Paul vorbei, um kurz Hallo zu sagen und ihr zur Seite zu stehen.

Marianne und Mick waren ein tolles Paar und er unterstützte sie und war sehr liebevoll. Sie waren damals der Prinz und die Prinzessin der Popmusik.

Aber Marianne hatte etwas sehr Verletzliches an sich und ich glaube, sie fand die Prozedur der Musikaufnahmen immer ziemlich schwierig. Ich denke, sie wusste zwar, dass sie jetzt berühmt und erfolgreich war, aber irgendwie hatte sie ihre wirkliche Berufung noch nicht gefunden.

Erst nachdem sie eine schreckliche Zeit durchgemacht hatte, fand sie mit »Broken English« zu sich.

1967 –
Marianne hatte etwas sehr Verletzliches an sich und ich glaube, sie fand die Prozedur der Musikaufnahmen immer ziemlich schwierig.

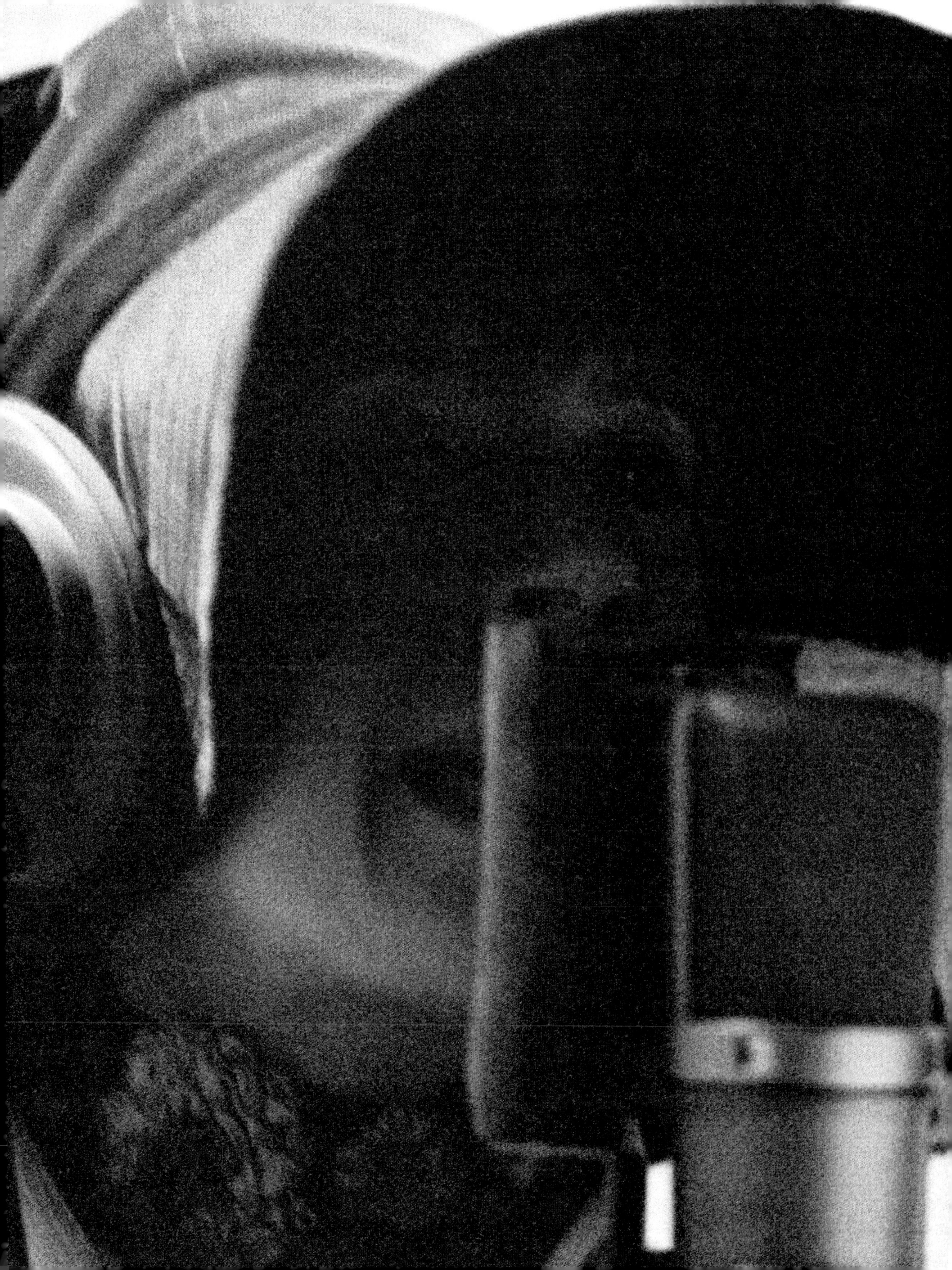

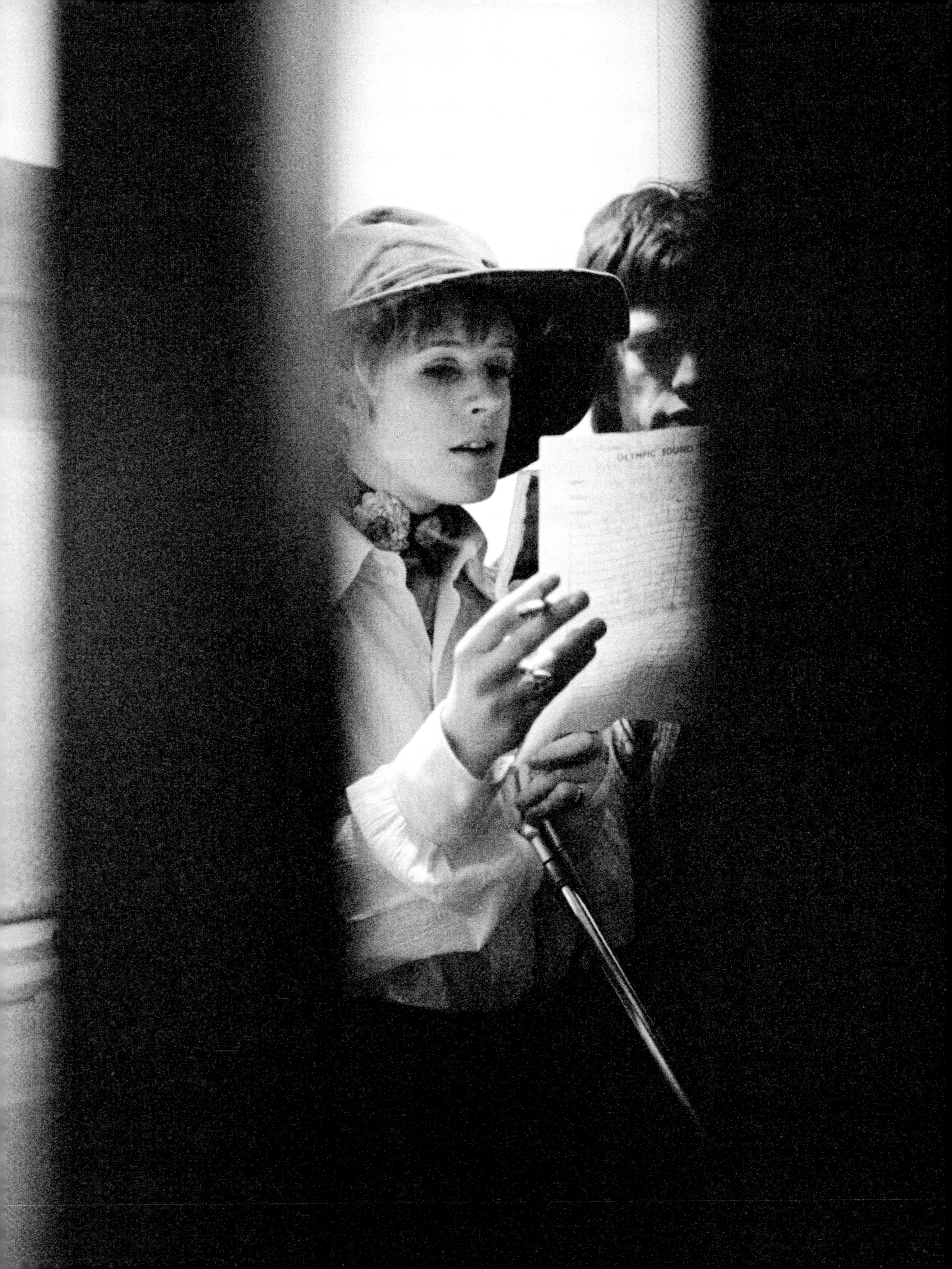

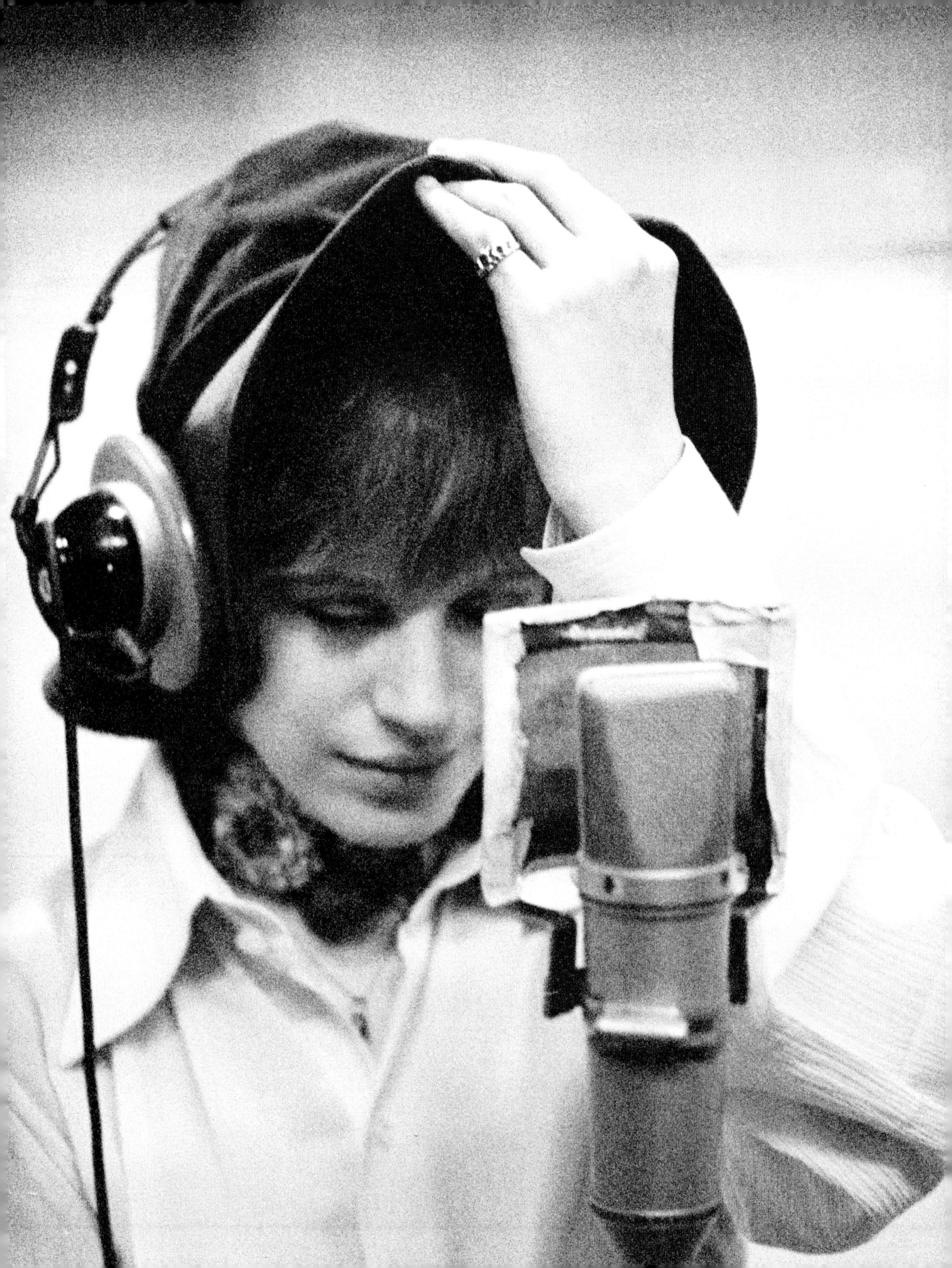

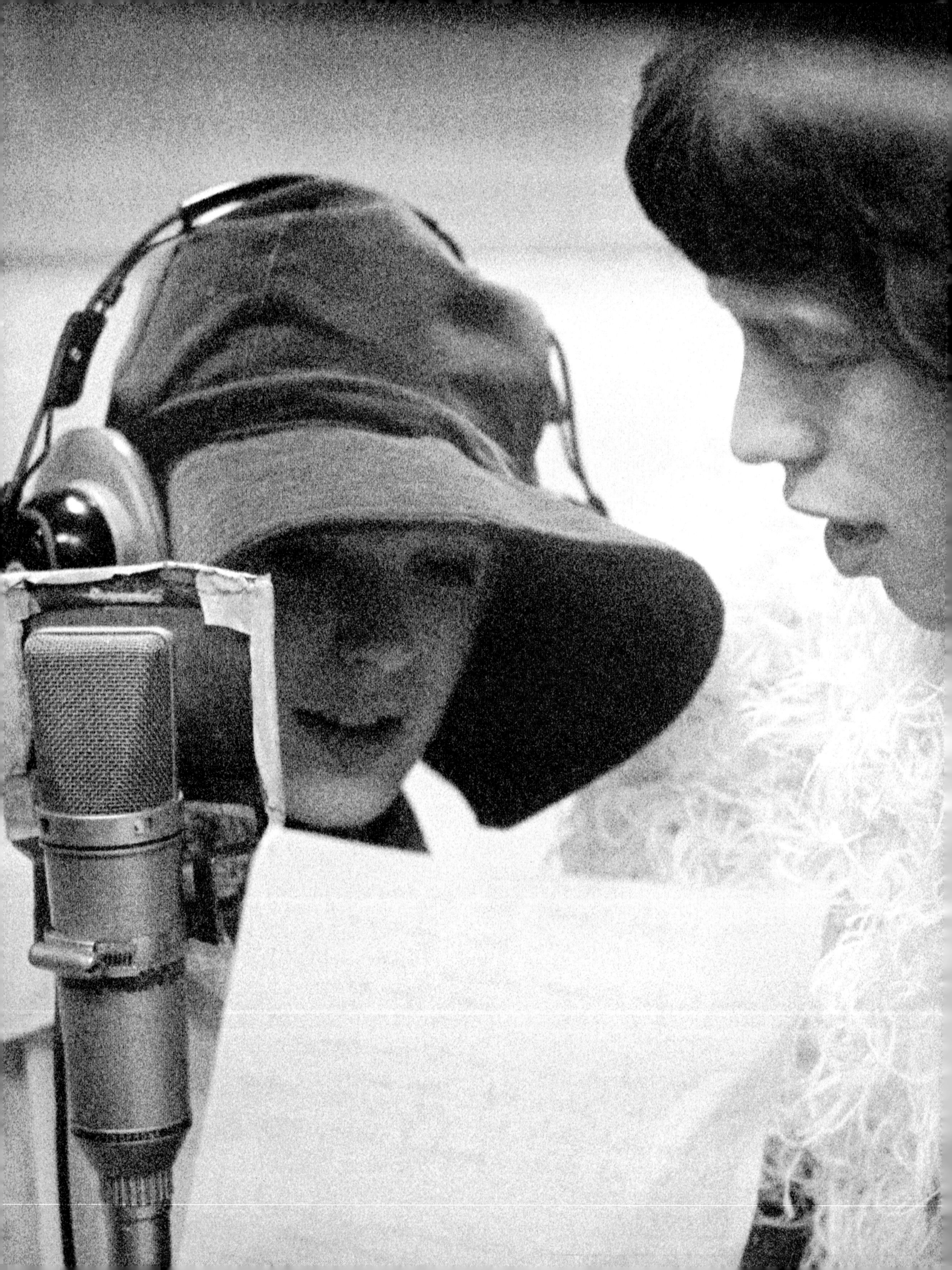

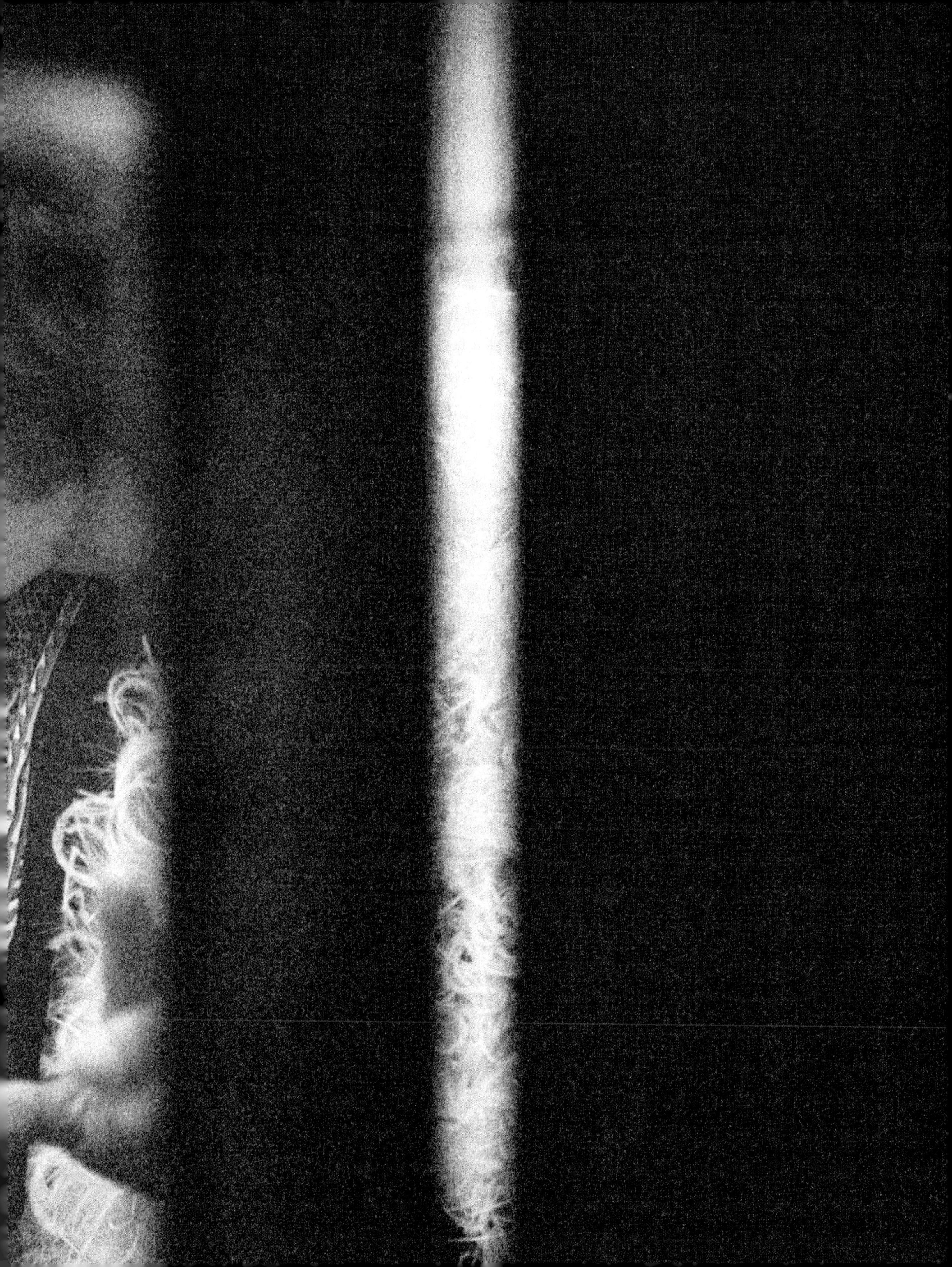

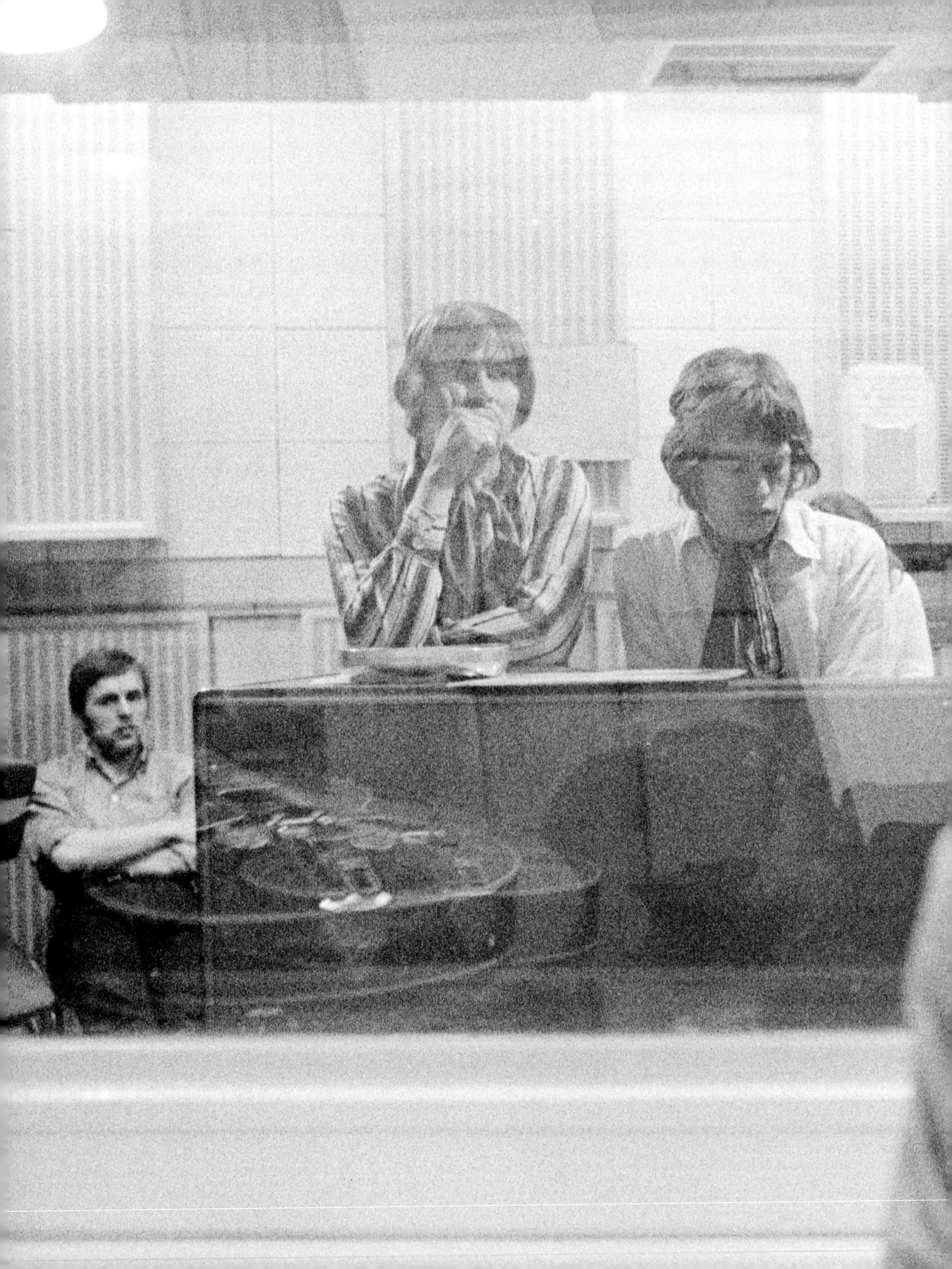

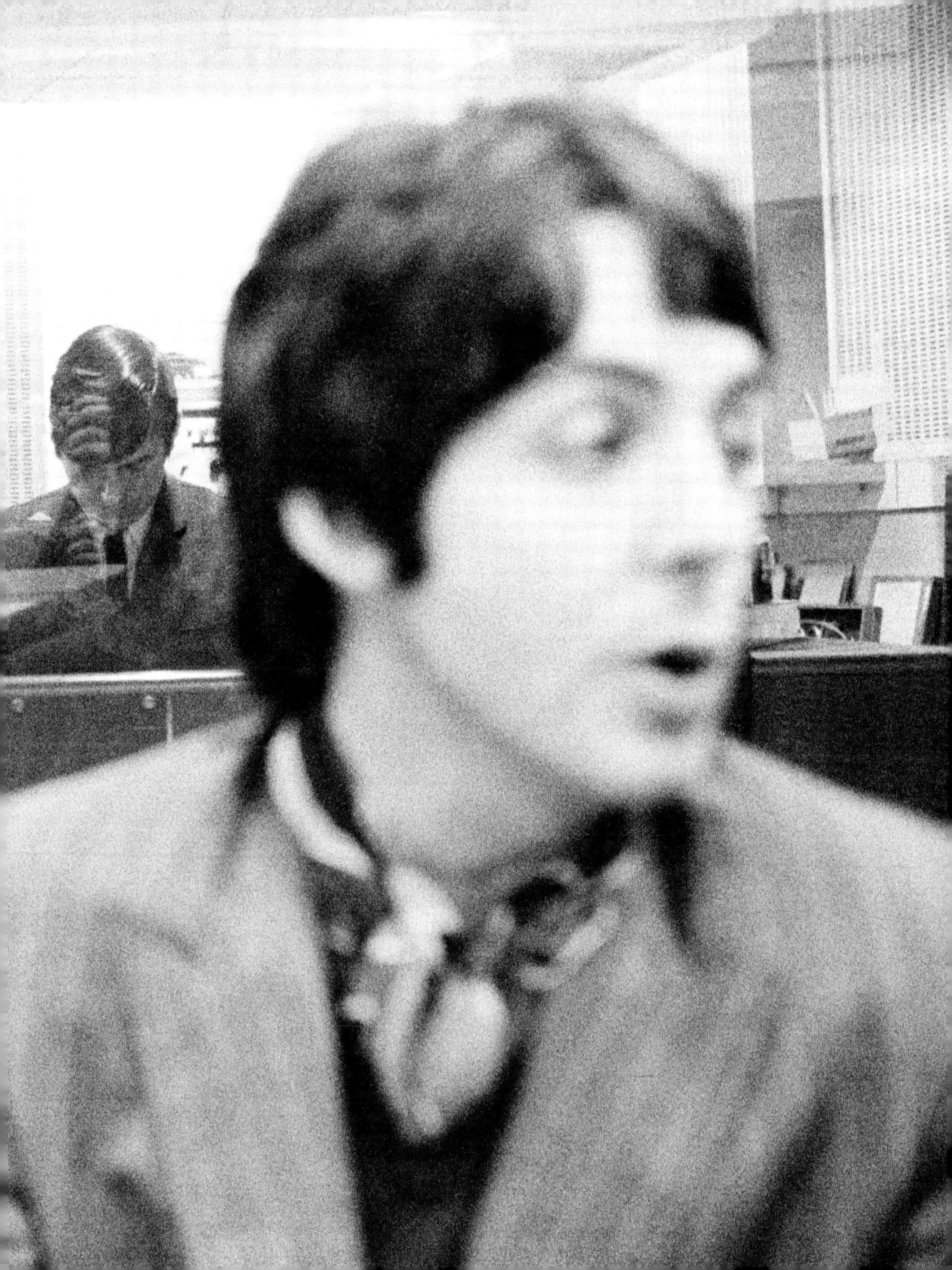

2002 – Marianne Faithfull in einem Gespräch mit Jefferson Hack

»Lass die Leute wissen, was für ein guter Fotograf er ist«, bittet Marianne mich, unserer Unterhaltung über Gered Mankowitz hinzuzufügen. Es entsteht eine kurze Pause, als sie am anderen Ende der Leitung an einer Zigarette zieht. »Weißt du, mit ihm hatten wir viel Spaß. Darum war er ein guter Fotograf. Die Leute mochten ihn einfach.«

Sie waren eng befreundet. Aber sie haben nie etwas miteinander gehabt. Mankowitz nahm die Einzelaufnahmen von Faithfull für die Pressefotos zu »As Tears Go By« auf und stellte die Sängerin den Stones vor. Solche Geschichten sind zwar nie so simpel, aber ungefähr so lief das damals ab.

1964 tourte die 17-jährige Marianne durch Großbritannien, um ihre Hitsingle zu promoten. In ihrer Biografie beschreibt sie ihr öffentliches Image, das Mankowitz ihr zu kreieren geholfen hatte, als »eine unheimliche Mischung aus einer arroganten Aristokratin und einer geselligen Boheme-Kindfrau – ein verführerisches, praktisches Image«. Dieses Image haftet ihr bis heute an. Ein Jahr später, 1965, verhalf Mankowitz den Rolling Stones zu ihrem rauen Look für das Cover von »Out Of Our Heads«.

Hier sind einige kurze Fußnoten zu Mankowitz – eine Unterhaltung hinter dem Rücken des Mannes, der hinter den Objektiven stand. Eine Extra-Lobrede der betörenden Madame Faithfull, die sie auf ihn hielt, als wir sie nach mehr Details über diesen wechselhaften Mann fragten – der Mann, der alles so einfach aussehen ließ, der Mann, der alles so cool aussehen ließ ...

Erinnerst du dich an das erste Treffen mit Gered?

Marianne Faithfull: Er war ein guter Freund von diesem Typen, auf den ich total scharf war, Jeremy Clyde. Jeremy war zwar nicht so scharf auf mich, aber durch ihn lernte ich Gered kennen. Wir waren gleich alt, genau gleich alt, wir waren im selben Jahr geboren und alles. Ich habe es vor allem Gered zu verdanken, dass ich die Stones kennen lernte, weil er mit ihnen arbeitete und ich mit ihm befreundet war.

Wie kam das? Was hattet ihr für ein Verhältnis zueinander?

MF: Es war die Art, wie er mich behandelte ... Ich meine, er hat immer gesagt, wie toll er mich findet und all das, aber er gab mir nicht das Gefühl, dass er mich einfach nur ficken wollte. Er war an mir als Person interessiert. Ich weiß, das klingt aufgeblasen, aber er mochte mich.

Als du 17 warst, muss wohl so ziemlich jeder auf dich scharf gewesen sein ...

MF: Es war schrecklich. Mick schüttete mir ein Glas Champagner ins Dekolleté, damit ich mit ihm redete.

Und funktionierte das?

MF: Nein, das hat nicht funktioniert. Es hat vielmehr das Gegenteil bewirkt. Was mich dagegen angezogen hat, war Keiths melancholisches Schweigen und dass er in andere Räume gegangen ist, um Klavier zu spielen. Das fand ich total faszinierend. Aber das ist eine ganz andere Geschichte. Mit Gered fühlte ich mich sicher und das war ein weiterer Grund, warum wir zusammen so wunderschöne Bilder machen konnten. Er begann damals als Fotograf richtig erfolgreich zu werden.

Wie würdest du die Stimmung bei den Stones damals beschreiben? Waren sie eine Gang, der man sich nur schwer nähern konnte? Oder waren sie unbewacht?

MF: Völlig unbewacht.

Wenn man sich die Fotos anschaut, scheinen sie sehr umgänglich und gelassen gewesen zu sein ...

MF: ... ja, sie sahen wirklich nicht so böse aus, wie Andrew das gerne gehabt hätte.

Sie machten den Eindruck einer Band, die sehr hart arbeitete ...

MF: Auf jeden Fall waren sie eine Band, die arbeitete. Eigentlich sind sie das immer gewesen – und sind es auch heute noch.

Tourneen, Proben, Aufnahmen, Live-Auftritte, nichts von der Dekadenz, die später mit Michael Cooper ins Spiel kam.

MF: Gered hat fast wie ein Reporter gearbeitet, er hat das aufgenommen, was vor seinen Augen stattfand. Das war, bevor Michael kam. Diese sogenannte Dekadenz begann tatsächlich mit Michael.

Dann war die Zeit mit Gered ein wenig seriöser?

MF: Ich schätze schon, aber er war nicht wirklich seriöser – er war unglaublich witzig. Ich persönlich denke, dass Gered sich ein wenig zurückgezogen hat, als das mit den Drogen anfing.

Also nahm er weniger daran teil und war nicht so sehr ein Insider?

MF: Ja, in dem Sinne, dass er nicht so viele Drogen genommen hat, um ein Insider zu sein. Aber ich weiß nicht, ob sie damal alle schon so viele Drogen genommen haben. Das war eigentlich vor der ganze Drogengeschichte. Damals waren es Alkohol und ein wenig Speed. Ich war so jun und bin so behütet aufgewachsen, dass ic bis dahin nicht einmal Alkohol getrunke oder eine Zigarette geraucht hatte. Abe wir hatten viel Spaß zusammen. Ich kan mich daran erinnern, dass ich oft mit Gered zu Spike Milligan gegangen bin. Un wir haben zusammen Nina Simone gesehen.

Ich liebe dieses Foto von dir und Mick i Studio. Was habt ihr aufgenommen?

MF: »Sympathy for the Devil«.

Kannst du dich daran erinnern, wie diese Foto aufgenommen wurde?

MF: Ich war nicht fähig, irgendeine Not von Gered zu nehmen, was glaube ich vie damit zu tun hat, warum diese Fotos s wunderschön sind. Er war brillant dari sich in eine Situation einzublenden un sich dann unsichtbar zu machen. Ich erinnere mich mit einem Teil meiner Seele ode meines Geistes an ihn. Aber nur in der Sinne, dass da dieser Typ war, den ich liebte und dem ich vertraute, um den ich m keine Sorgen machen musste. So etwa war damals ziemlich selten. Das war sein große Gabe und Andrew muss das gemerkt haben.

Wie kam er mit der Band klar? Mit wer verstand er sich am besten?

MF: Am besten verstand er sich mit Keit Hast du die Fotos von Redlands gesehe und von der Einrichtung dort? Keith lud ih zu sich ein, diese Bilder zu machen und si waren wirklich wunderschön. Mit Keith verstand er sich am besten.

Wem standest du am nächsten?

MF: Gered und dadurch auch irgendwi Keith, aber nicht wirklich. Ich verbracht nicht so viel Zeit mit den Stones. Zu de Sessions ging ich einfach nur zum Zuschauen. Ich begann, mit Keith und Bria rumzuhängen und später mit Anita, kurz be vor ich mit Mick zusammenkam. Aber da ist eine völlig andere Geschichte.

Und schließlich ist dies ja auch ein Buc über Gereds Beziehung zu den Stones Irgendein Schlusswort ...?

MF: Ich bin mir nicht sicher. (Pause) Ja, las die Leute einfach wissen, was für ein gu ter Fotograf er ist.

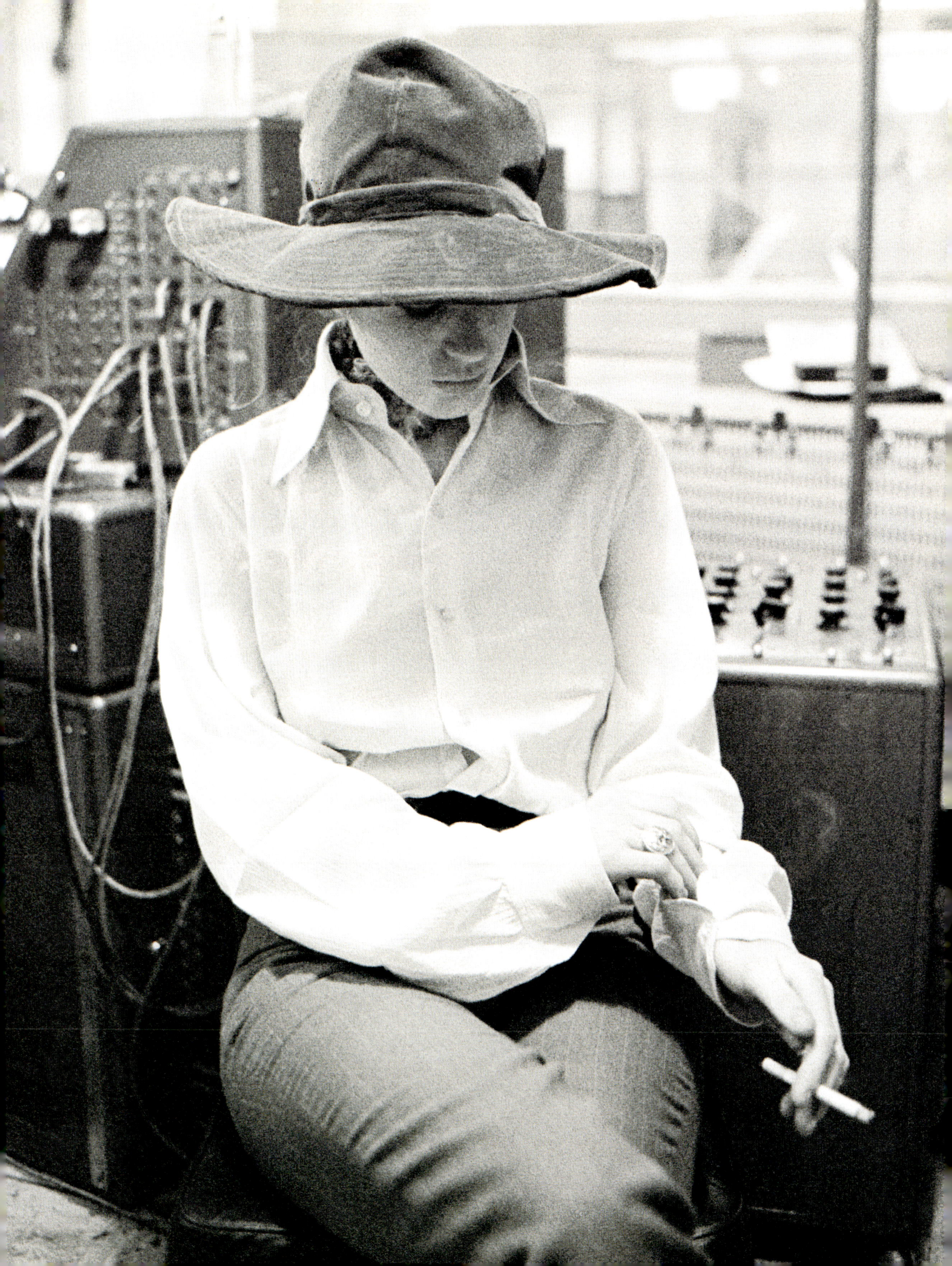

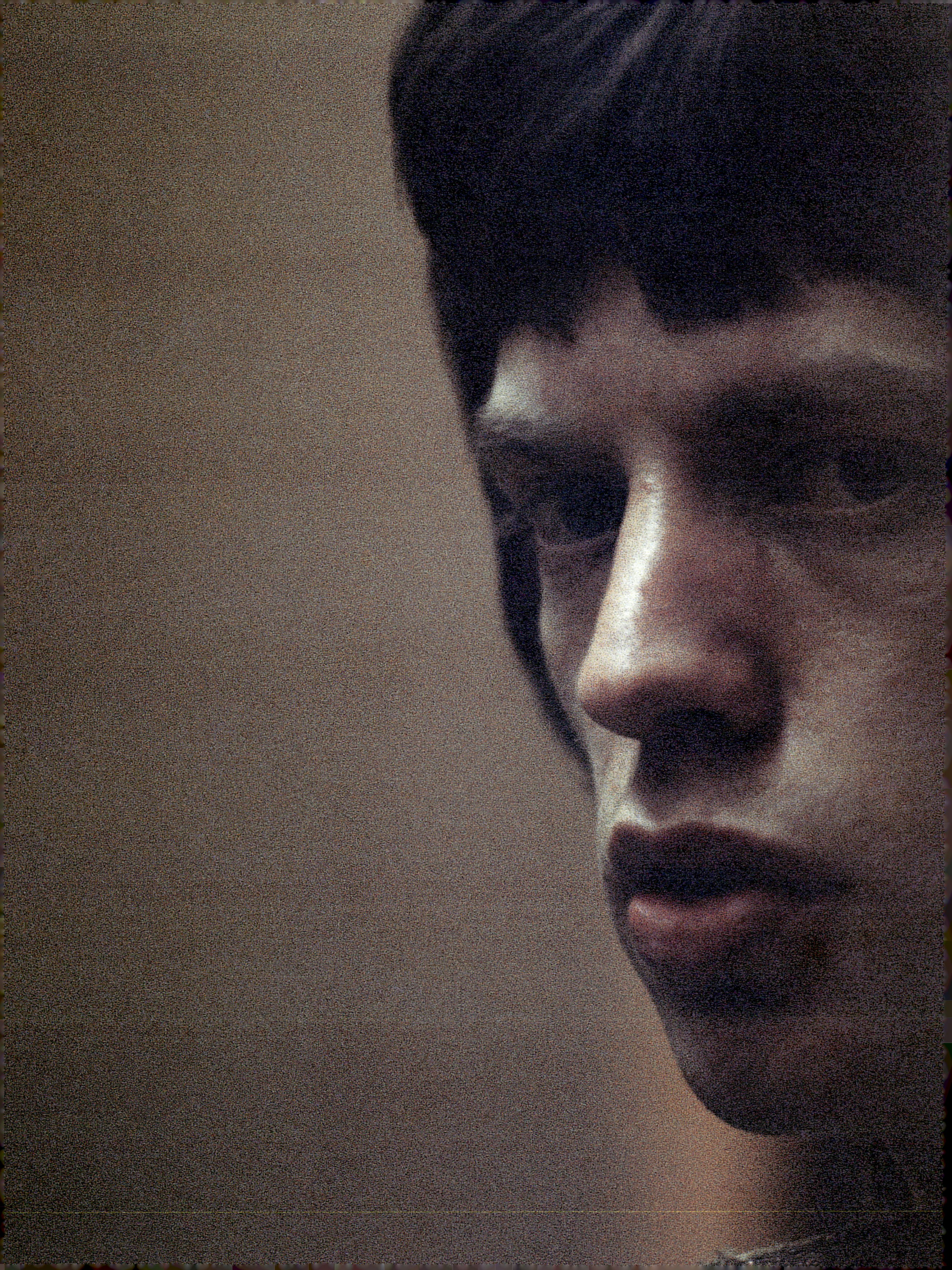

»Satanic Majesties« war die letzte Session, die ich aufnahm. Das war in den Olympic Studios in Barnes und es gab eine unglaubliche Spannung innerhalb der Band, besonders zwischen Mick und Keith und Andrew. Es gab eine richtige Kluft und die Stimmung war einfach düsterer, seltsamer und unheimlicher. Sie drifteten auseinander. Andrews Label »Immediate Records« lief ziemlich gut. Die Stones steuerten auf andere Orte, andere Dinge und andere Drogen zu und sie wollten mehr Kontrolle über ihre Karriere haben.

Die Band kam nie vor Mitternacht an, auch wenn die Session schon für zehn Uhr angesetzt war. Wir saßen dann da und drehten Däumchen und um zwei Uhr morgens kreuzten sie mit einer kleinen Gruppe von Leuten auf. Sie waren unterkühlt, unfreundlich und nicht bei der Sache. Im Allgemeinen war die Stimmung schlecht.

Es war frustrierend - eigentlich haben wir nichts hinbekommen. Während dieser Phase tauchte plötzlich der Fotograf Michael Cooper in ihrem Schlepptau auf. Einmal war ich mit Andrew im Kontrollraum und Mick kam rein und kündigte einfach an, dass Michael die Aufnahmen für das nächste Cover machen würde. Da wusste ich, dass es für mich gelaufen war. Ich war raus aus dem Spiel und irgendwie war das eine Erleichterung. Ich machte andere Sachen und hatte gerade angefangen, mit Hendrix zusammenzuarbeiten. Und es war inzwischen nicht mehr angenehm, mit den Stones zu arbeiten.

Das Seltsame an den Bildern für »Satanic Majesties« ist, dass sie eine dunklere, angespanntere, berauschtere und unheimlichere Stimmung widerspiegeln. Der ganze Ausdruck der Band ist düsterer. Die ganze Ära war erfahrener, wilder und experimenteller geworden und irgendwie waren sie zufriedener, weil sich ihr Erfolg stabilisiert hatte. Sie wollten noch einen draufsetzen und vielleicht wollte Andrew nur das Schema wiederholen. So mussten sich ihre Wege trennen.

1967 –
Es gab eine unglaubliche Spannung innerhalb der Band.

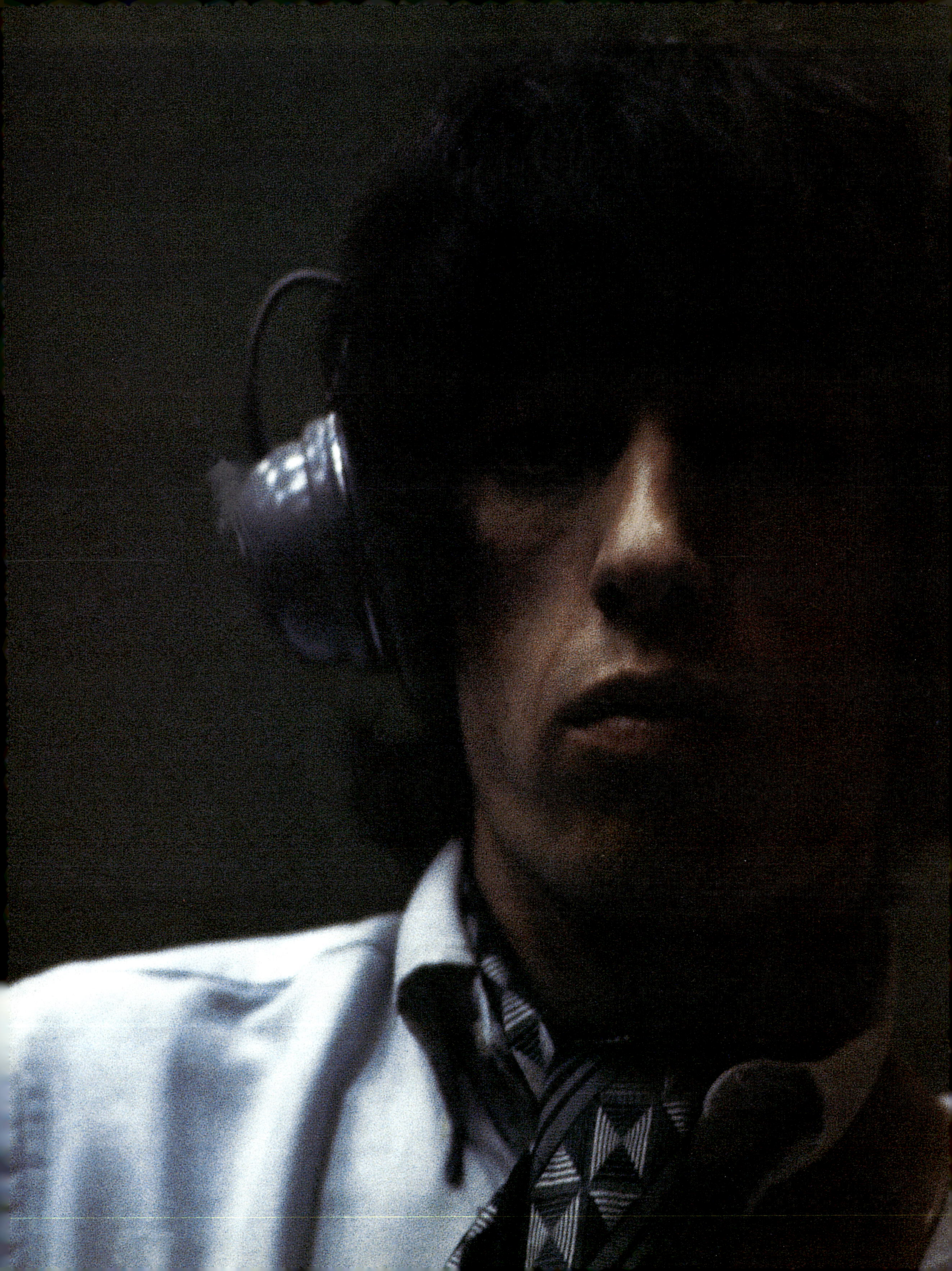

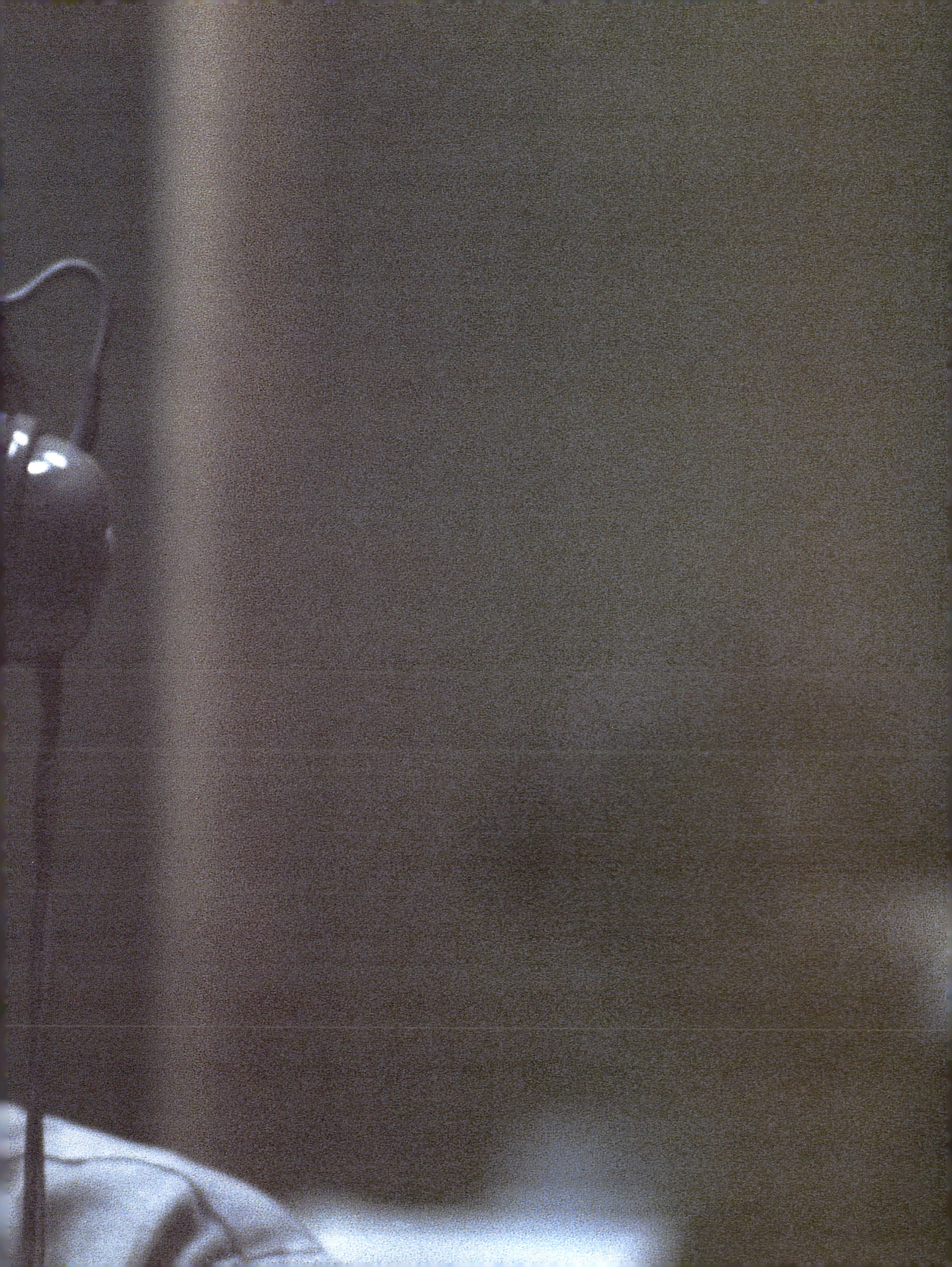

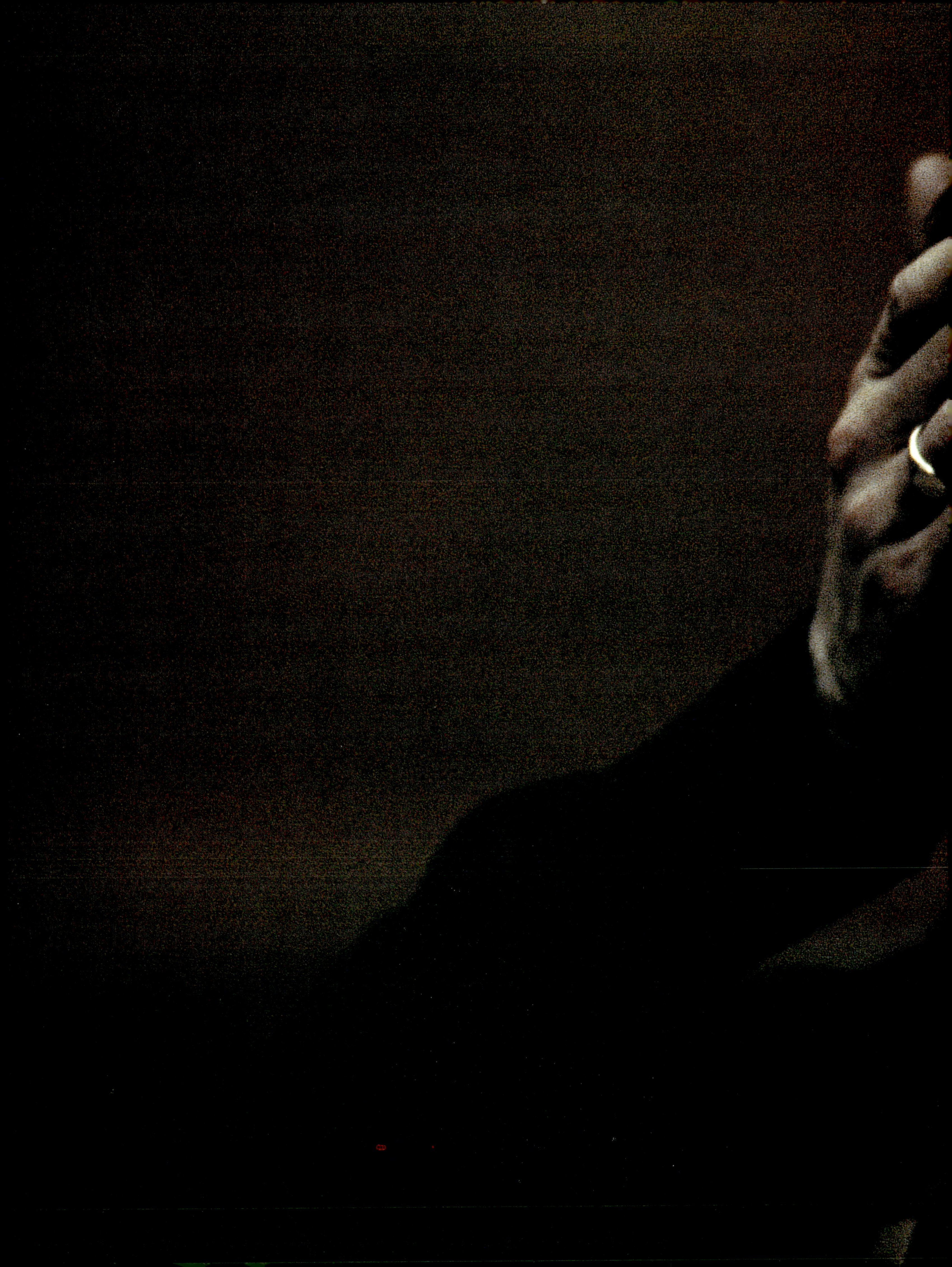

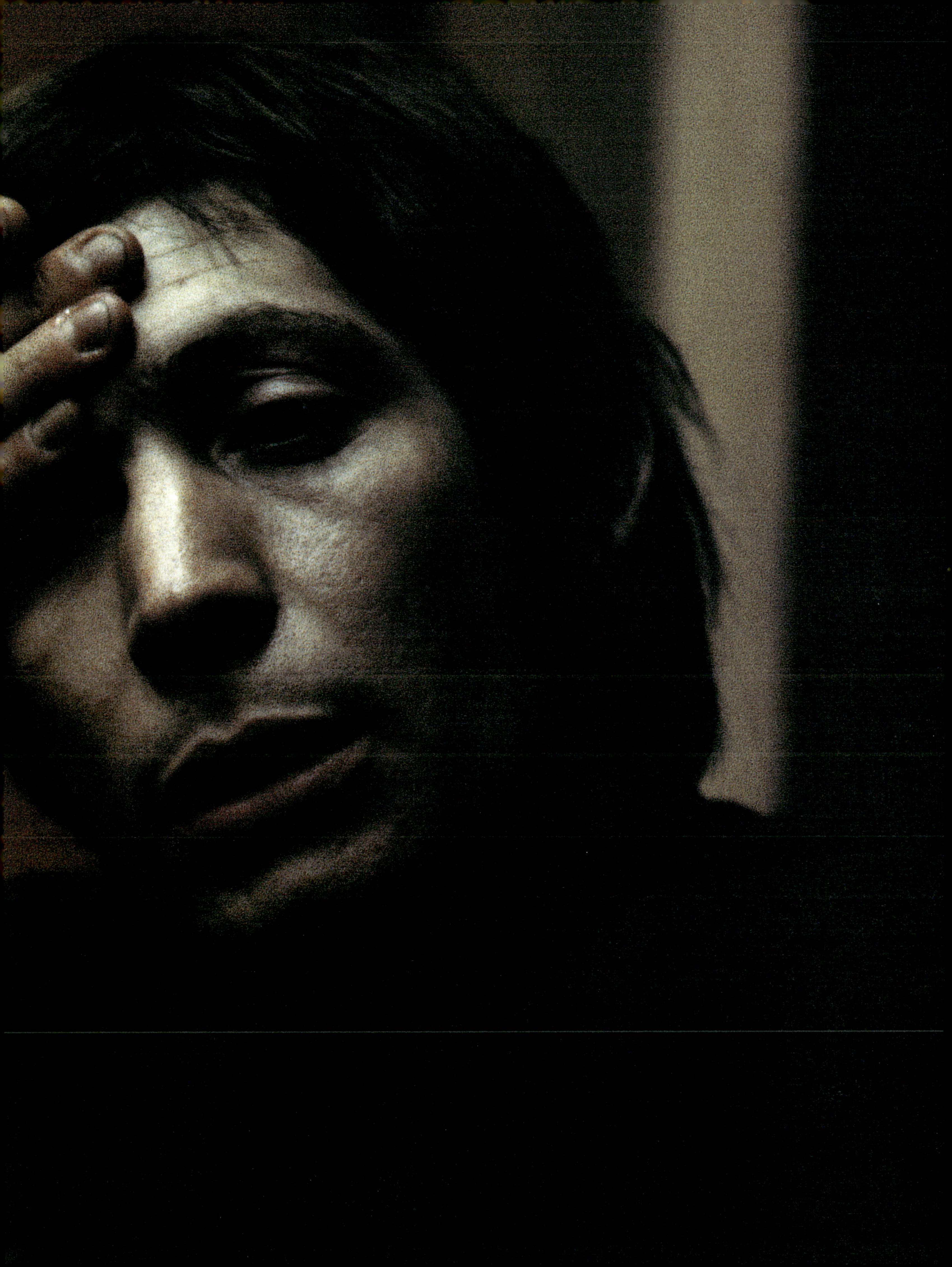

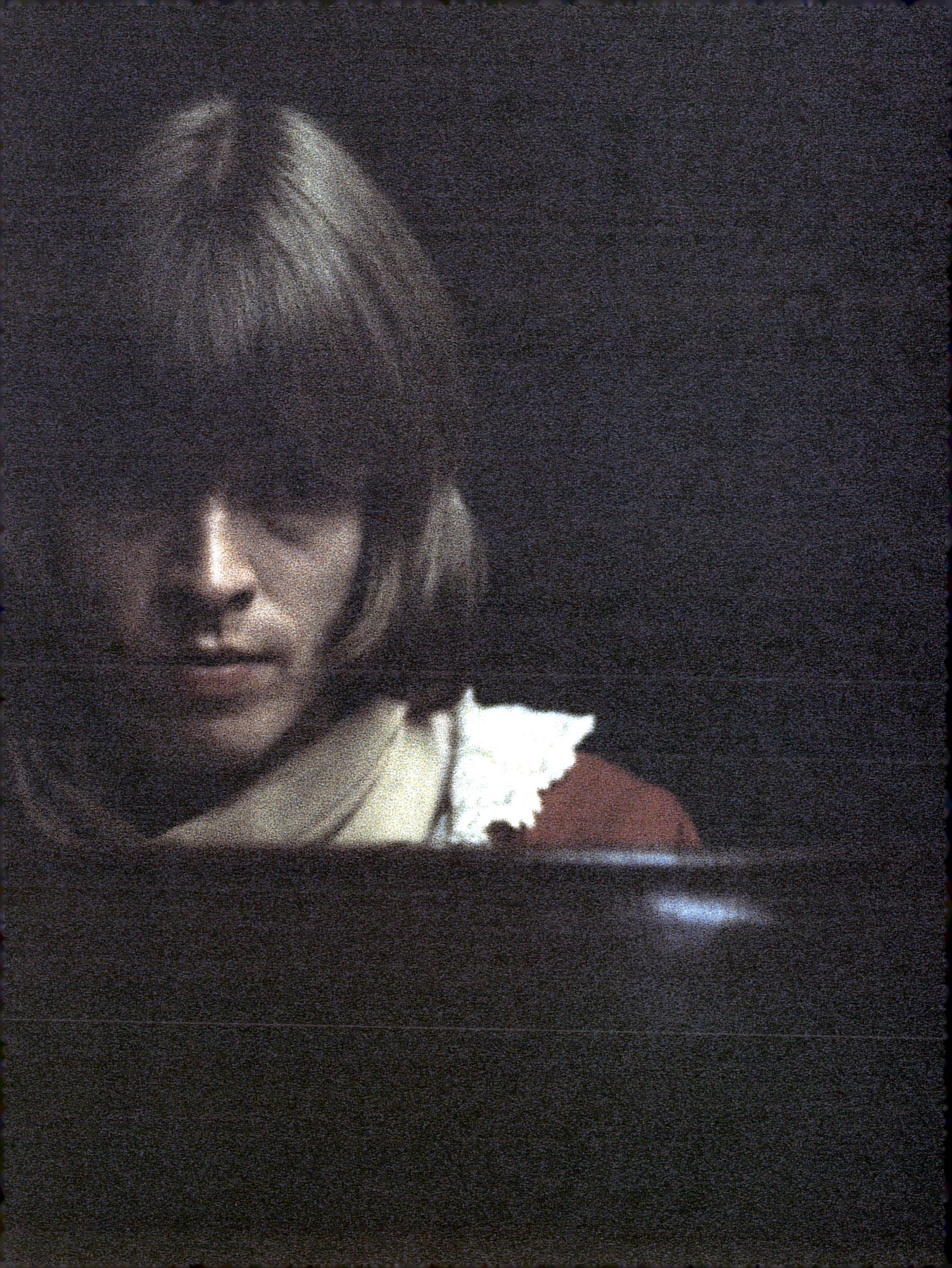

The Stones
1965 – 1967

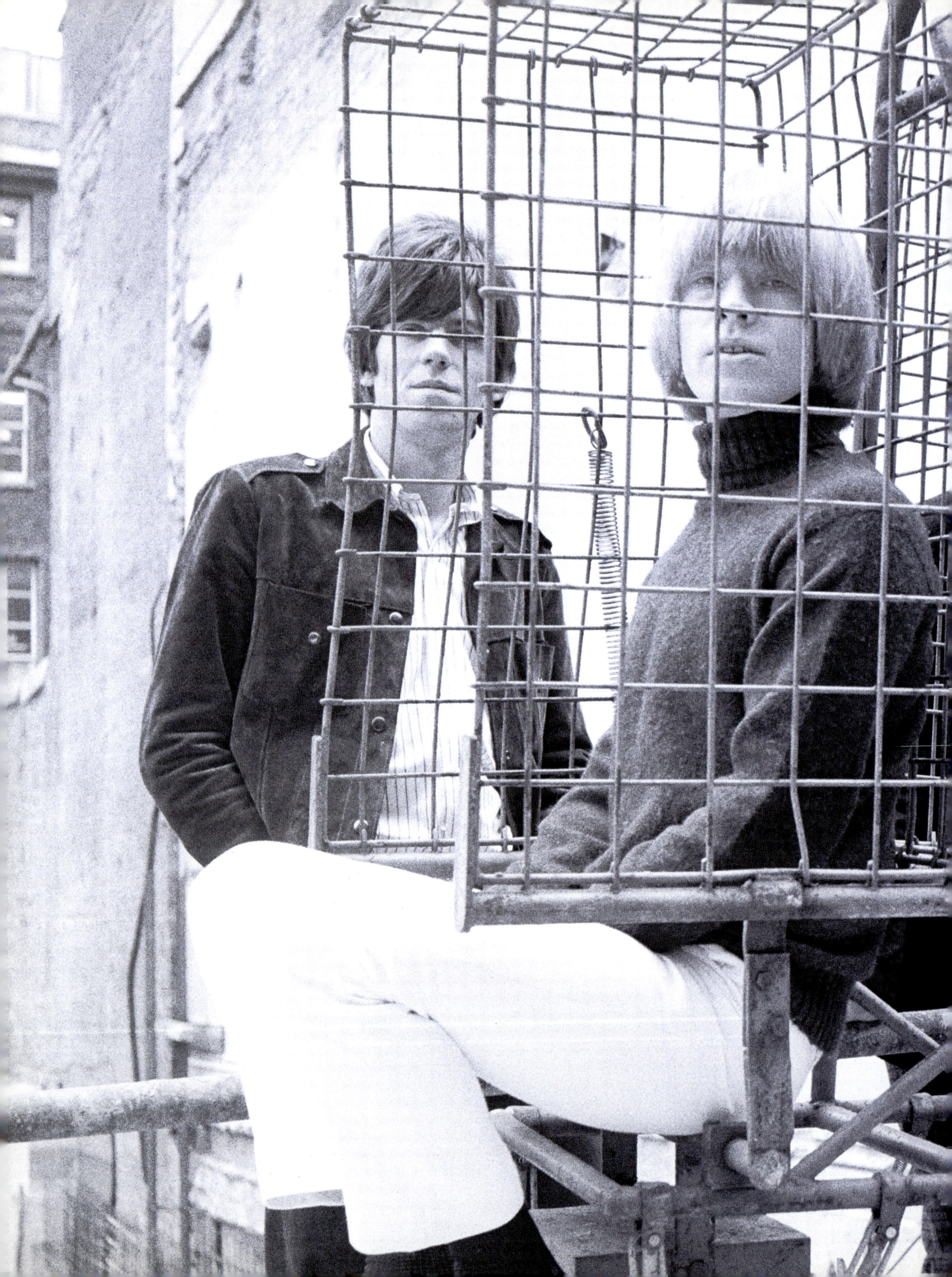

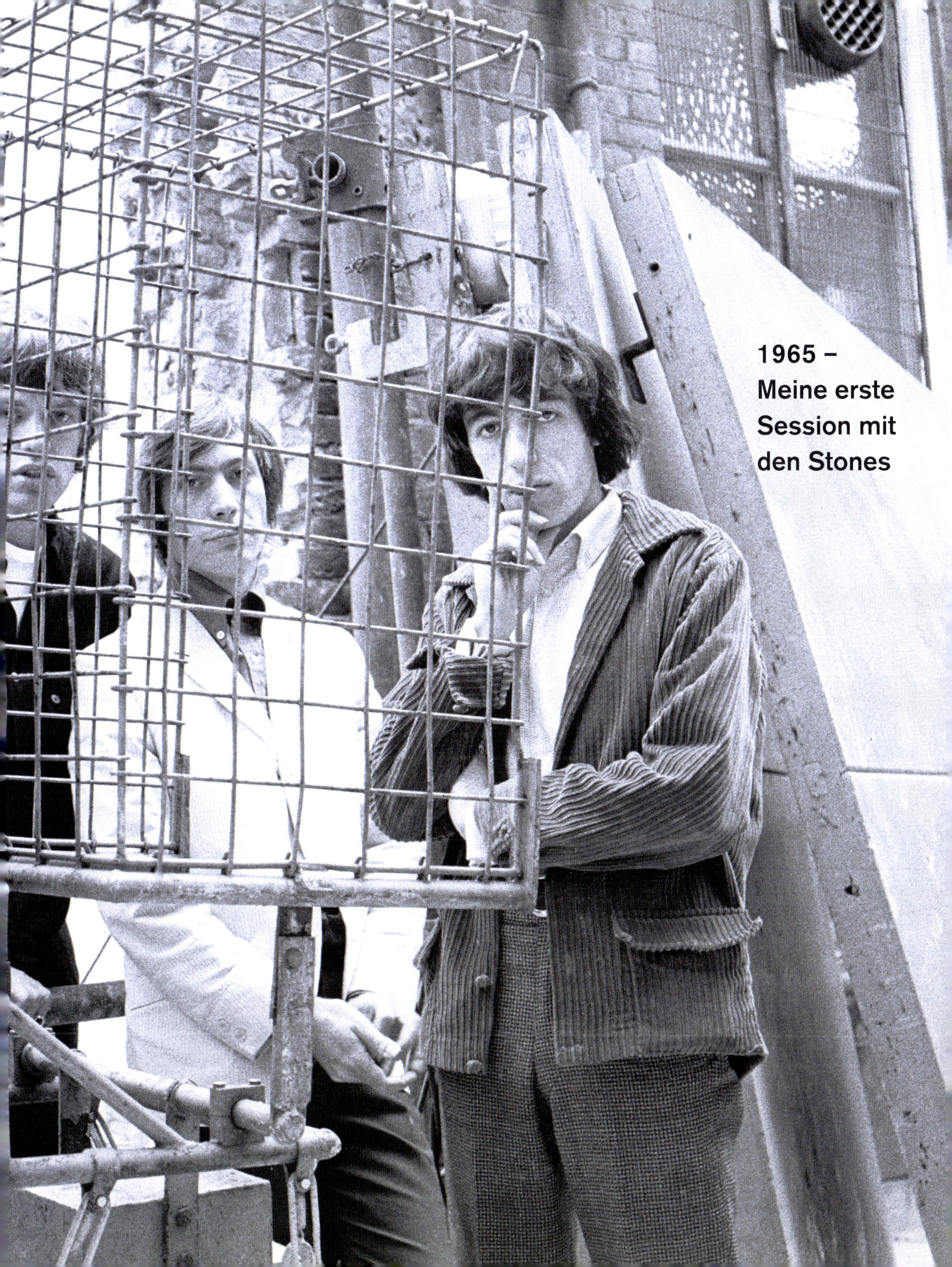

1965 –
Meine erste
Session mit
den Stones

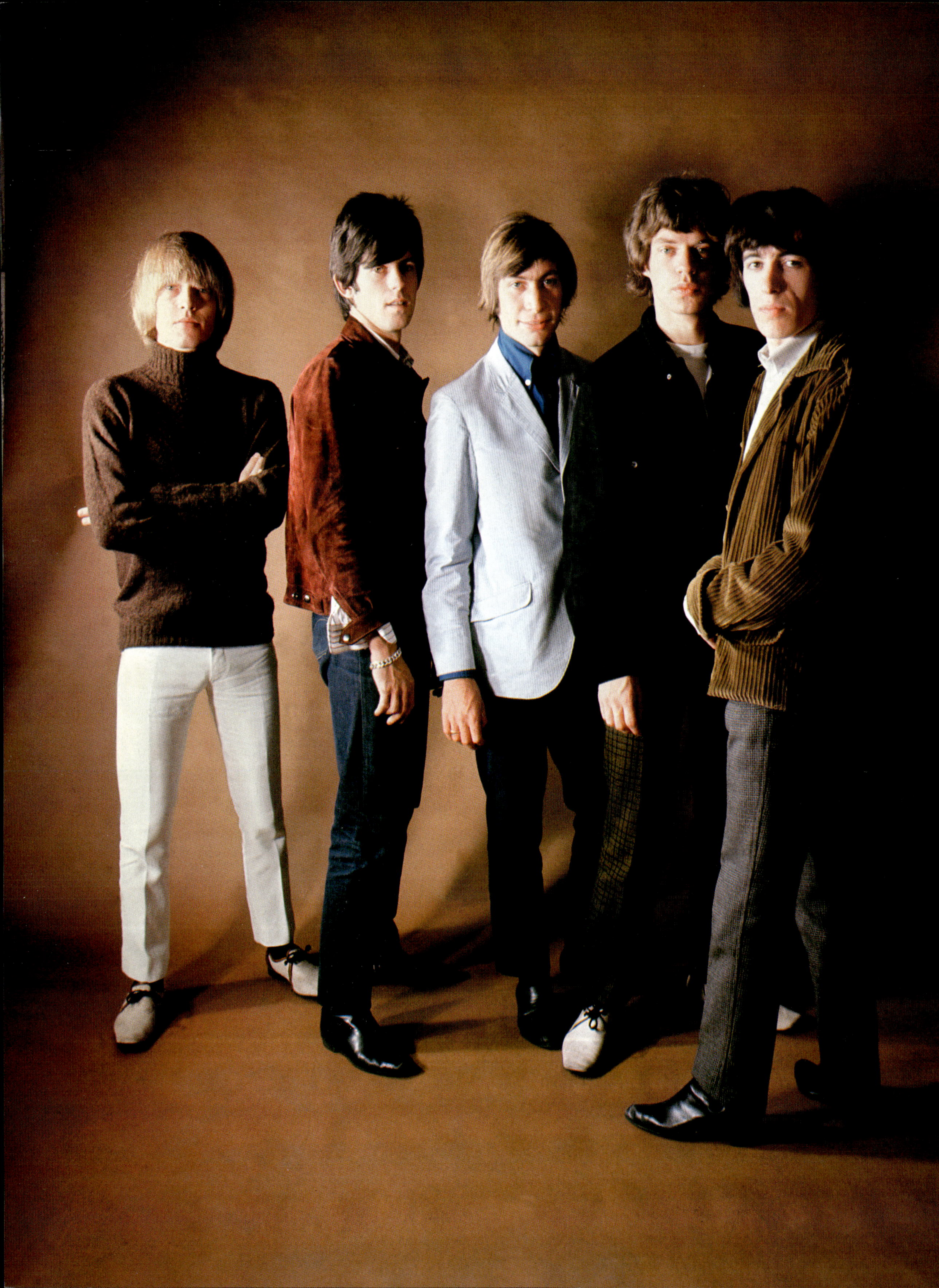

s gab damals diese Auffassung, dass die olling Stones wilde Tiere seien und man sie esser einsperren sollte. Andrew war brillant arin, diesen Blickwinkel auszuschlachten und ei der allerersten Session nahmen wir ein Bild uf, das so aussieht, als seien sie in einem Käfig.

Das war die erste Fotosession. Ich traf Brian einmal privat an einem Ort namens »The Pickwick Club«, der eine Art Dinnerclub und Diskothek für Leute vom Theater und Showbiz war. Er war der erste Rolling Stone, den ich traf, und er war sehr charmant und freundlich und nett. Aber erst durch Marianne begann ich, die Stones zu fotografieren.

Ich hatte mit einem Sängerduo namens »Chad & Jeremy« gearbeitet. Sie machten in Birmingham bei einer Fernsehshow namens »Thank Your Lucky Stars« mit, wo Marianne »As Tears Go By« promotete. Wir reisten alle mit dem Zug zurück nach London und Jeremy fragte Marianne, ob sie mit uns essen gehen wolle. Ich verliebte mich sofort in sie und verabredete mich mit ihr, um sie zu fotografieren. Und dann wurde Andrew auf meine Bilder aufmerksam. Er war der Manager und Produzent von Marianne und fragte mich, ob ich mit den Stones zusammenarbeiten wolle. Das war zu Beginn des Jahres 1965. Also traf ich sie alle in einem Büro in Iver Court, in der Nähe der Baker Street, und wir brachen das Eis und machten die erste Session klar. Sie kamen alle zusammen mit Andrew in mein drolliges, kleines Studio, das sich im Mason's Yard hinter dem Piccadilly Circus befand. Ich teilte die Sessions für gewöhnlich – die eine Hälfte fand im Studio statt und die andere draußen in der Umgebung des Studios. Im Mason's Yard gab es mehrere verschiedene Hintergrundmotive, wir gingen auch in den Ormond Yard, der damals eine ziemliche Baustelle war. Dort wurden benutzt wurden, um die Baustelle nachts abzuriegeln. Ich ließ die Jungs zwischen den Brettern posieren und aus diesen Aufnahmen entwickelten sich die Plattencover für »Out Of Our Heads« und »December's Children«.

Ich glaube nicht, dass die Session lange dauerte, vielleicht zwei oder drei Stunden. Irgendjemand hatte plötzlich einen Fußball und wir kickten ein wenig und hatten viel Spaß. Das Lustige an der Sache war, dass es komplizierter war, mit Andrew umzugehen, als mit irgendeinem der Stones. Sie waren alle sehr aufgeschlossen, kooperativ und nett. Und sie waren kein bisschen launisch oder schwierig.

Damals hatten sie noch keine Maskenbildner und Stylisten. Ich hatte nicht einmal einen Assistenten. Und sie waren noch nicht so berühmt und konnten auf der Straße herumalbern, ohne dass die Leute sich auf sie stürzten. Aus meiner Sicht war das Wichtigste, dass es mir möglich war, eine Menge Material zu einer Zeit zu produzieren, in der sie eine Menge davon brauchten. Sie brauchten ein Plattencover. Ich dachte nicht, dass sie dafür eine von meinen Aufnahmen nehmen würden. Aber ich habe die Bilder so inszeniert, dass sie für ein Plattencover zu gebrauchen waren. Und es gefiel ihnen, mit mir zusammenzuarbeiten.

Andrew war begeistert, weil die Session so produktiv war und die Band war begeistert, weil das bedeutete, dass sie für eine Weile keine weitere Fotosession machen mussten. Das war der Be-

1965 – Andrew war begeistert, weil die Session so produktiv war und die Band war begeistert, weil das bedeutete, dass sie für eine Weile keine weitere Fotosession machen mussten.

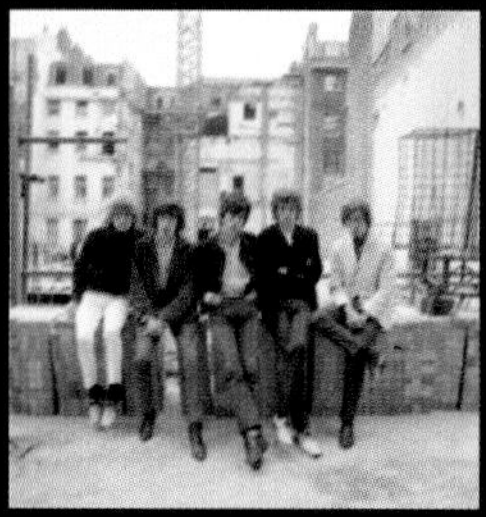

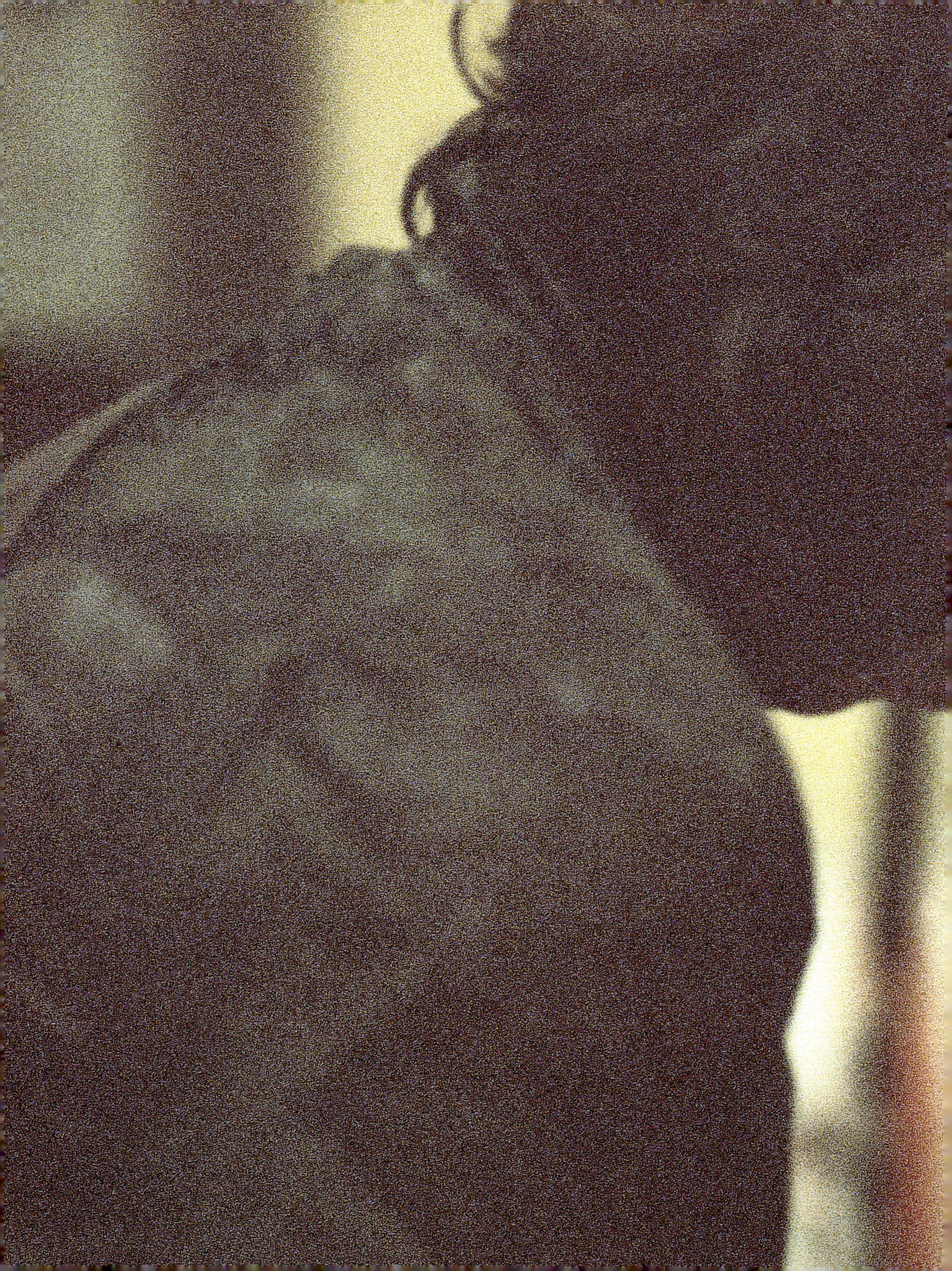

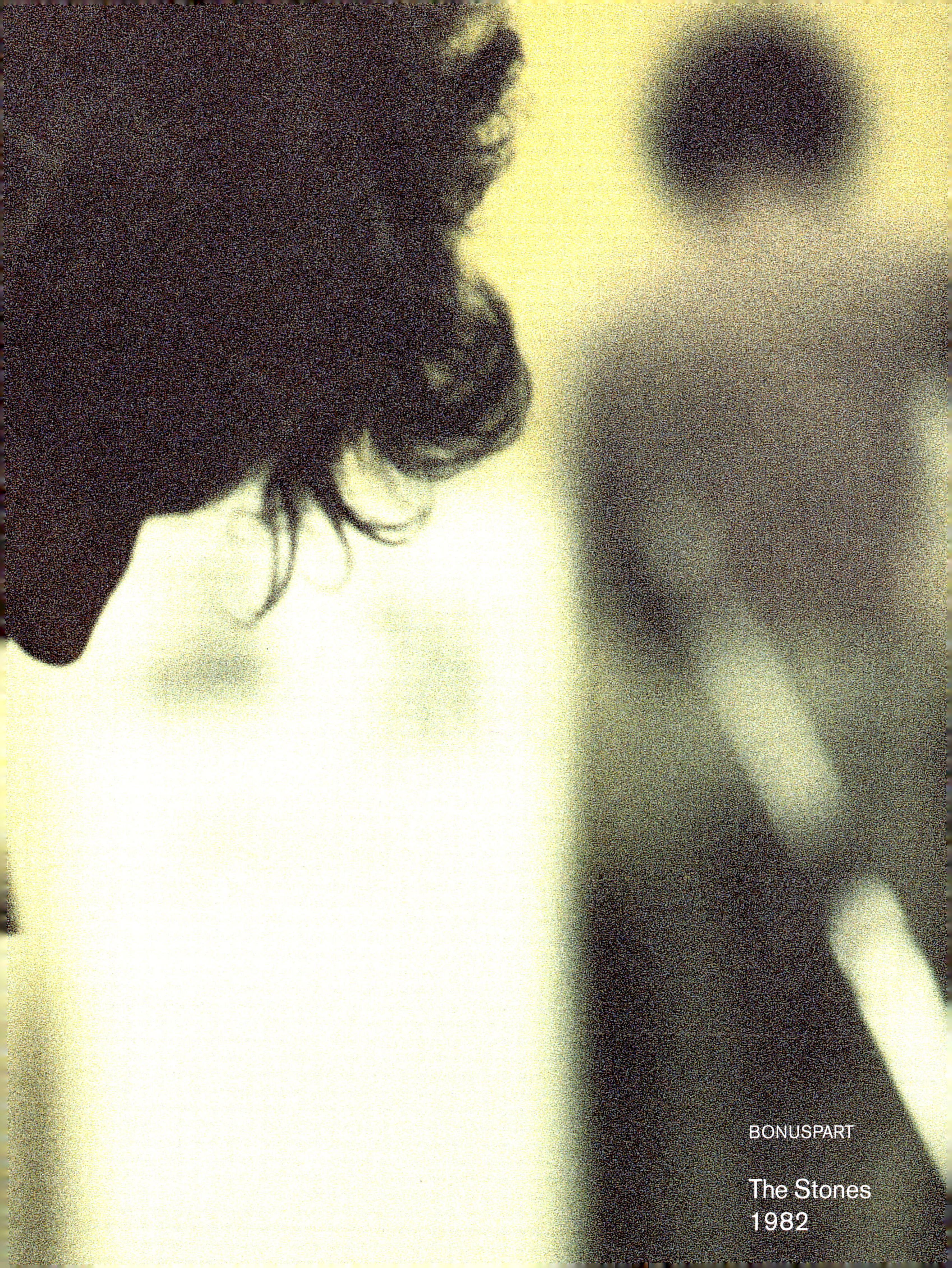
BONUSPART
The Stones
1982

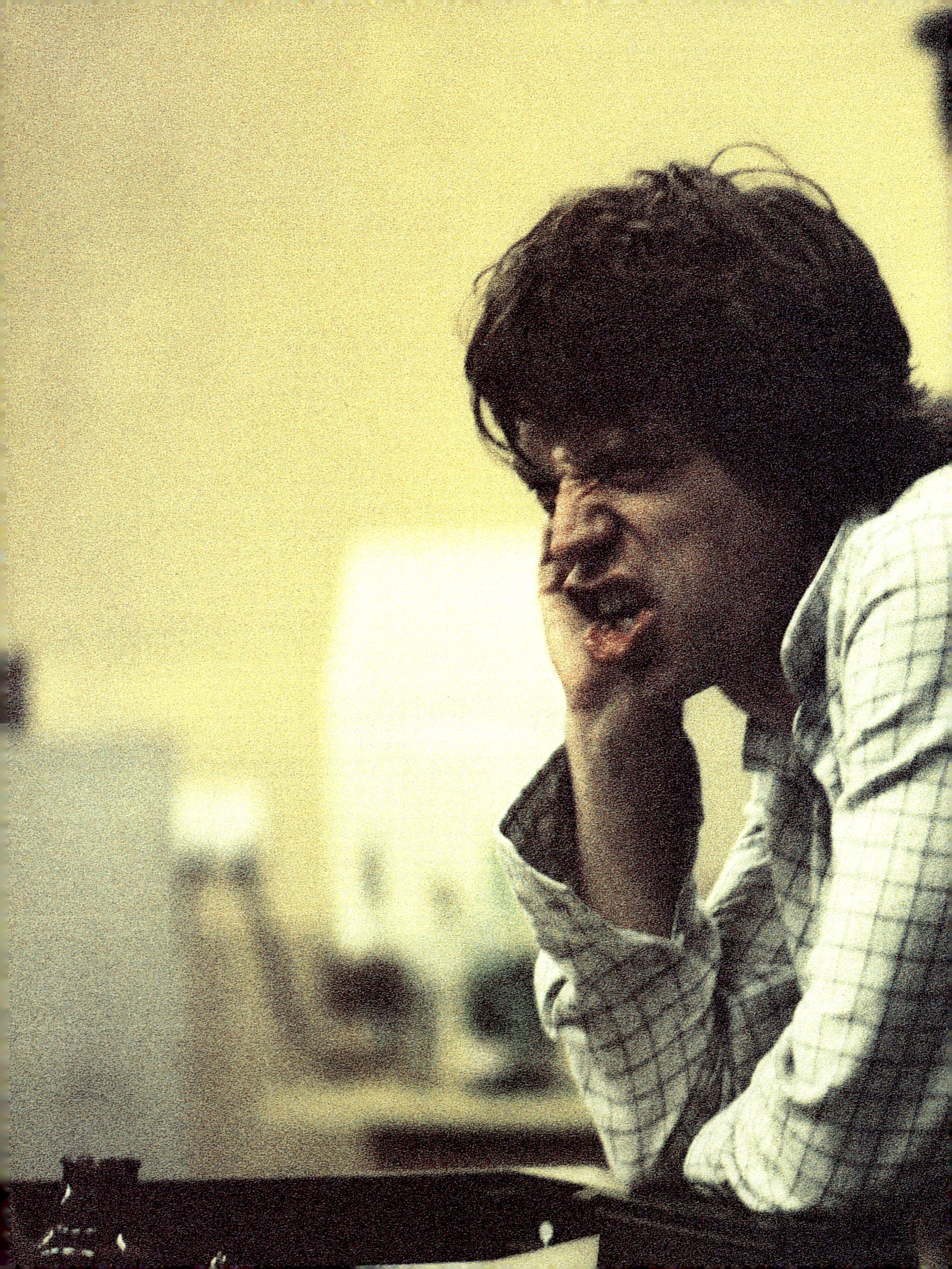

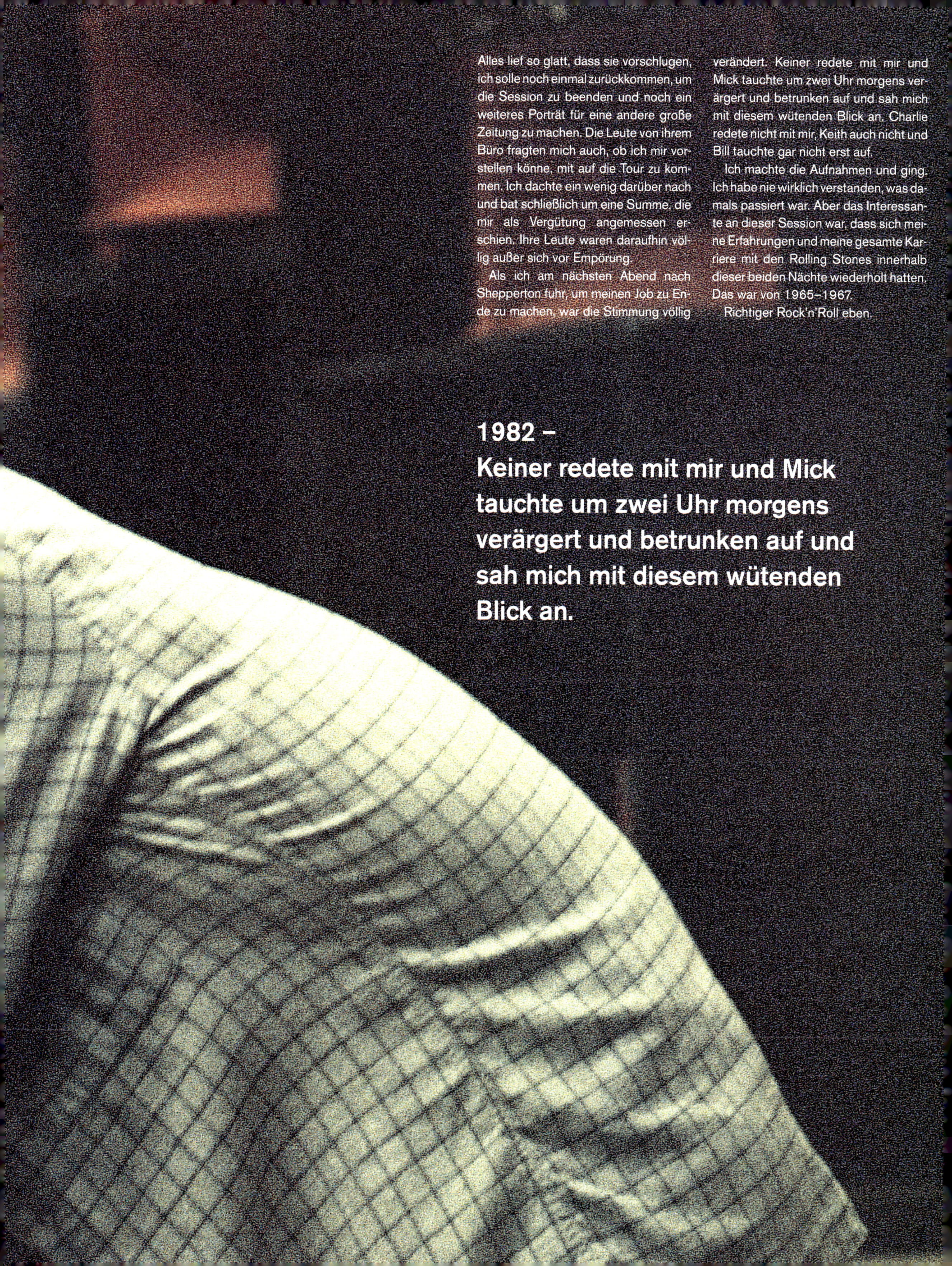

Alles lief so glatt, dass sie vorschlugen, ich solle noch einmal zurückkommen, um die Session zu beenden und noch ein weiteres Porträt für eine andere große Zeitung zu machen. Die Leute von ihrem Büro fragten mich auch, ob ich mir vorstellen könne, mit auf die Tour zu kommen. Ich dachte ein wenig darüber nach und bat schließlich um eine Summe, die mir als Vergütung angemessen erschien. Ihre Leute waren daraufhin völlig außer sich vor Empörung.

Als ich am nächsten Abend nach Shepperton fuhr, um meinen Job zu Ende zu machen, war die Stimmung völlig verändert. Keiner redete mit mir und Mick tauchte um zwei Uhr morgens verärgert und betrunken auf und sah mich mit diesem wütenden Blick an. Charlie redete nicht mit mir, Keith auch nicht und Bill tauchte gar nicht erst auf.

Ich machte die Aufnahmen und ging. Ich habe nie wirklich verstanden, was damals passiert war. Aber das Interessante an dieser Session war, dass sich meine Erfahrungen und meine gesamte Karriere mit den Rolling Stones innerhalb dieser beiden Nächte wiederholt hatten. Das war von 1965–1967.

Richtiger Rock'n'Roll eben.

1982 –
Keiner redete mit mir und Mick tauchte um zwei Uhr morgens verärgert und betrunken auf und sah mich mit diesem wütenden Blick an.

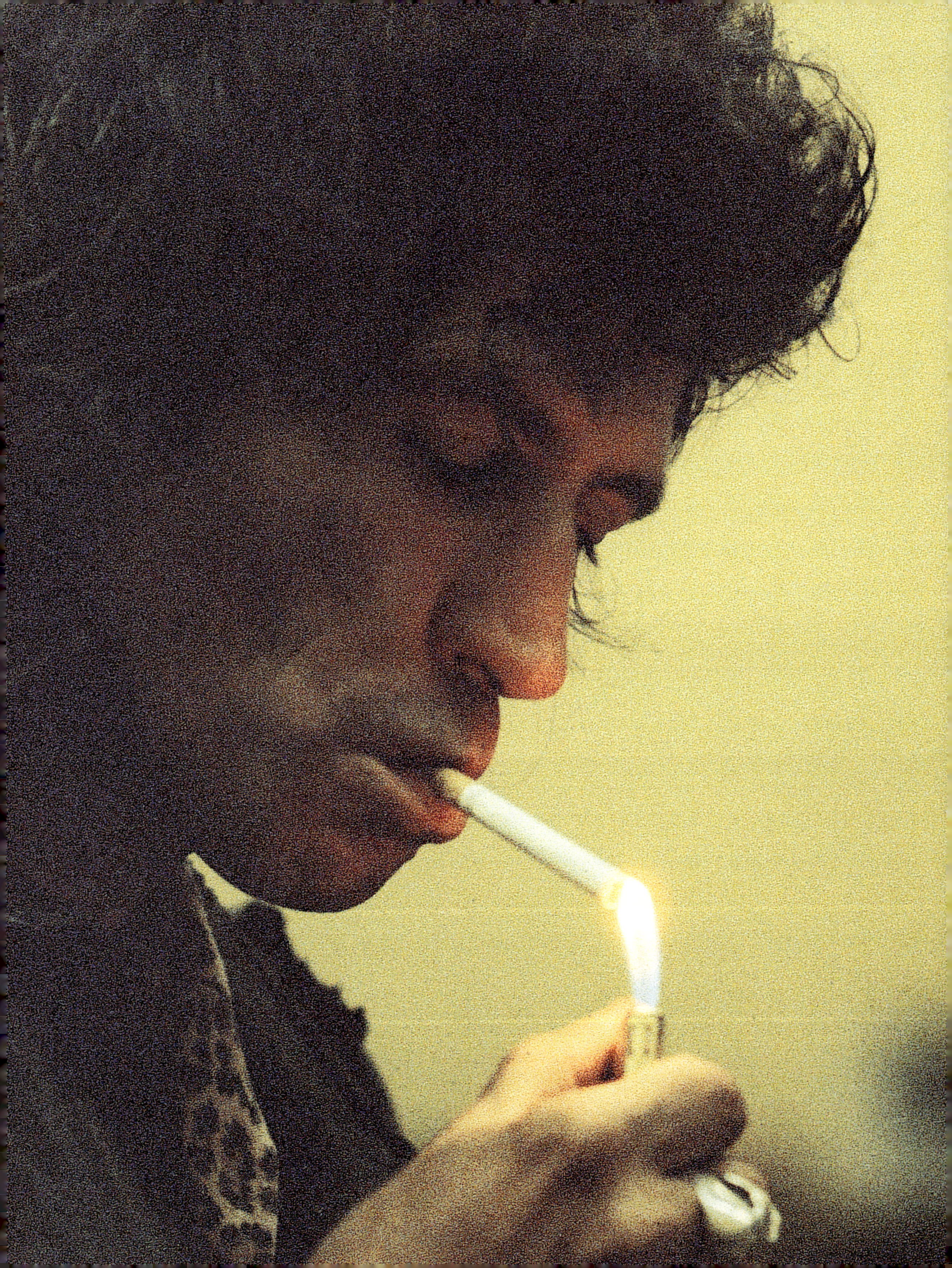

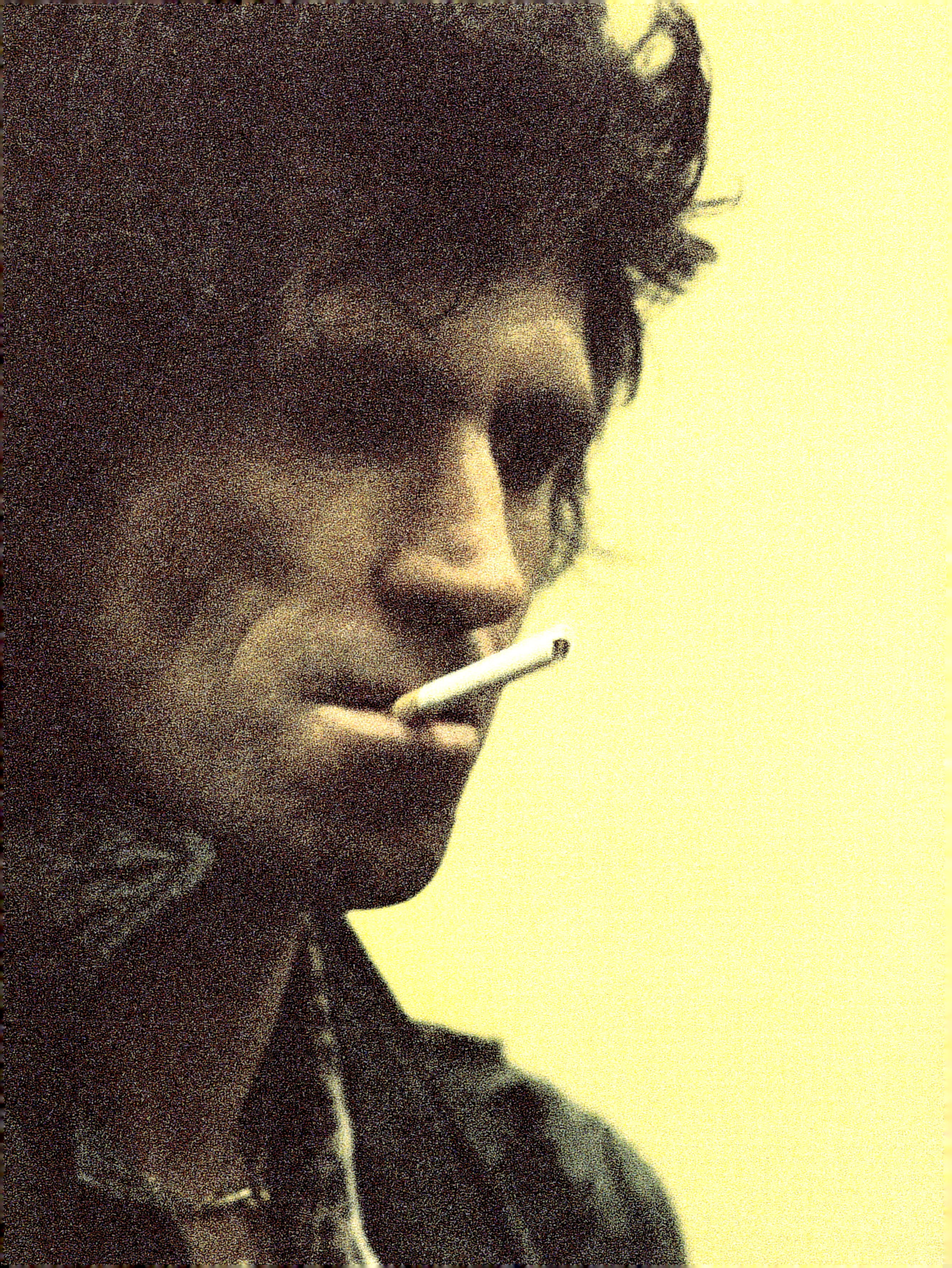

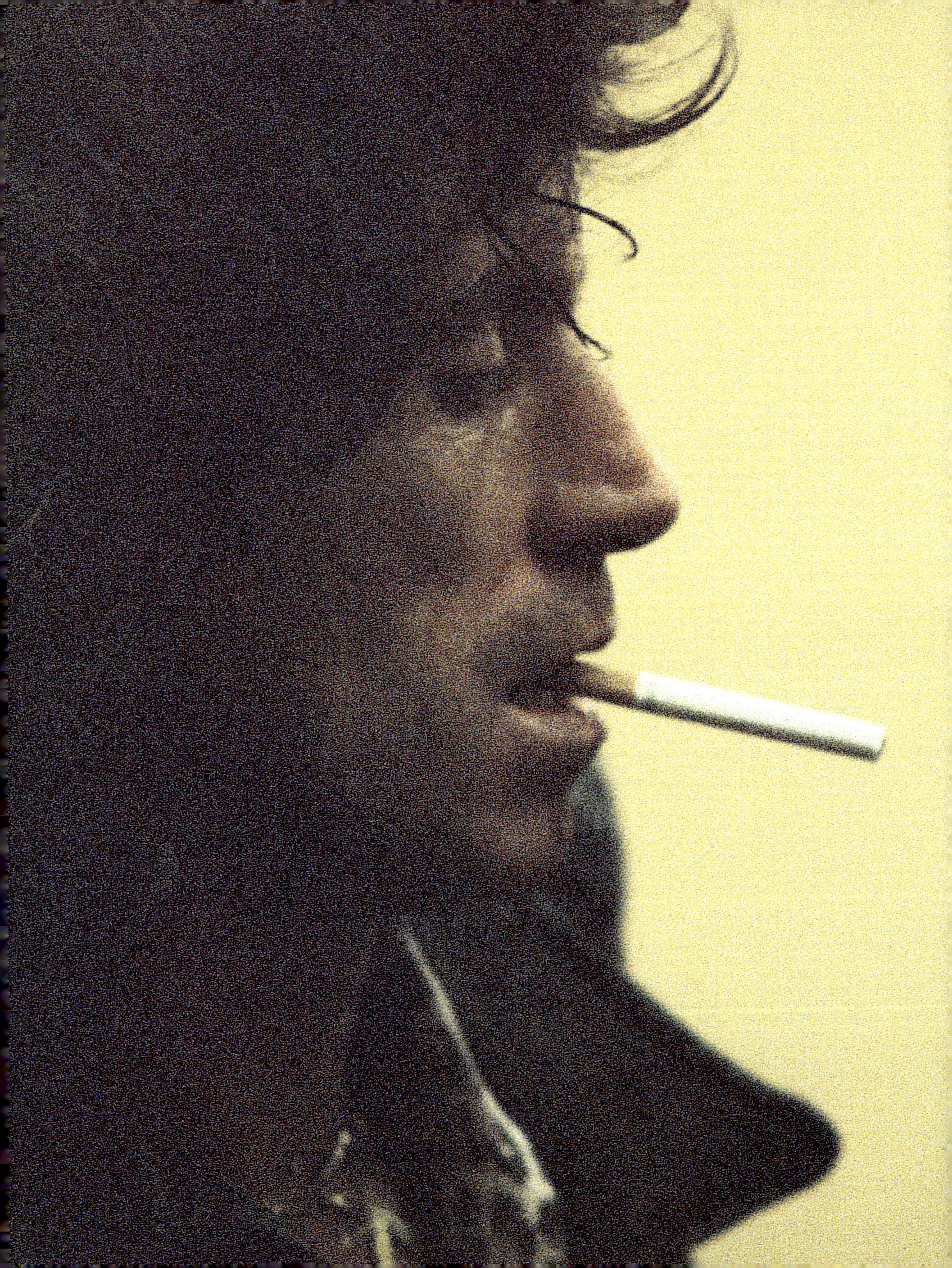

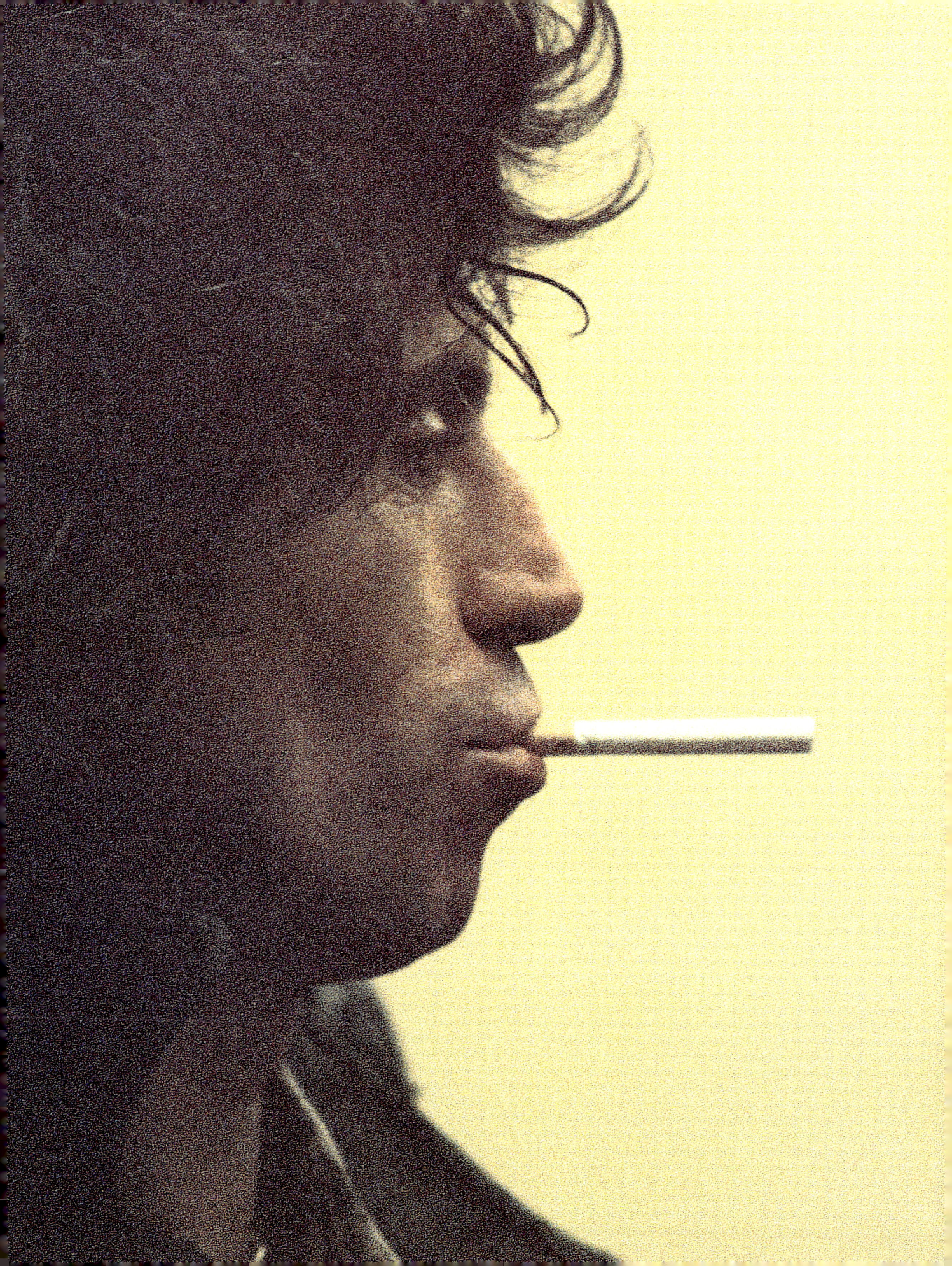

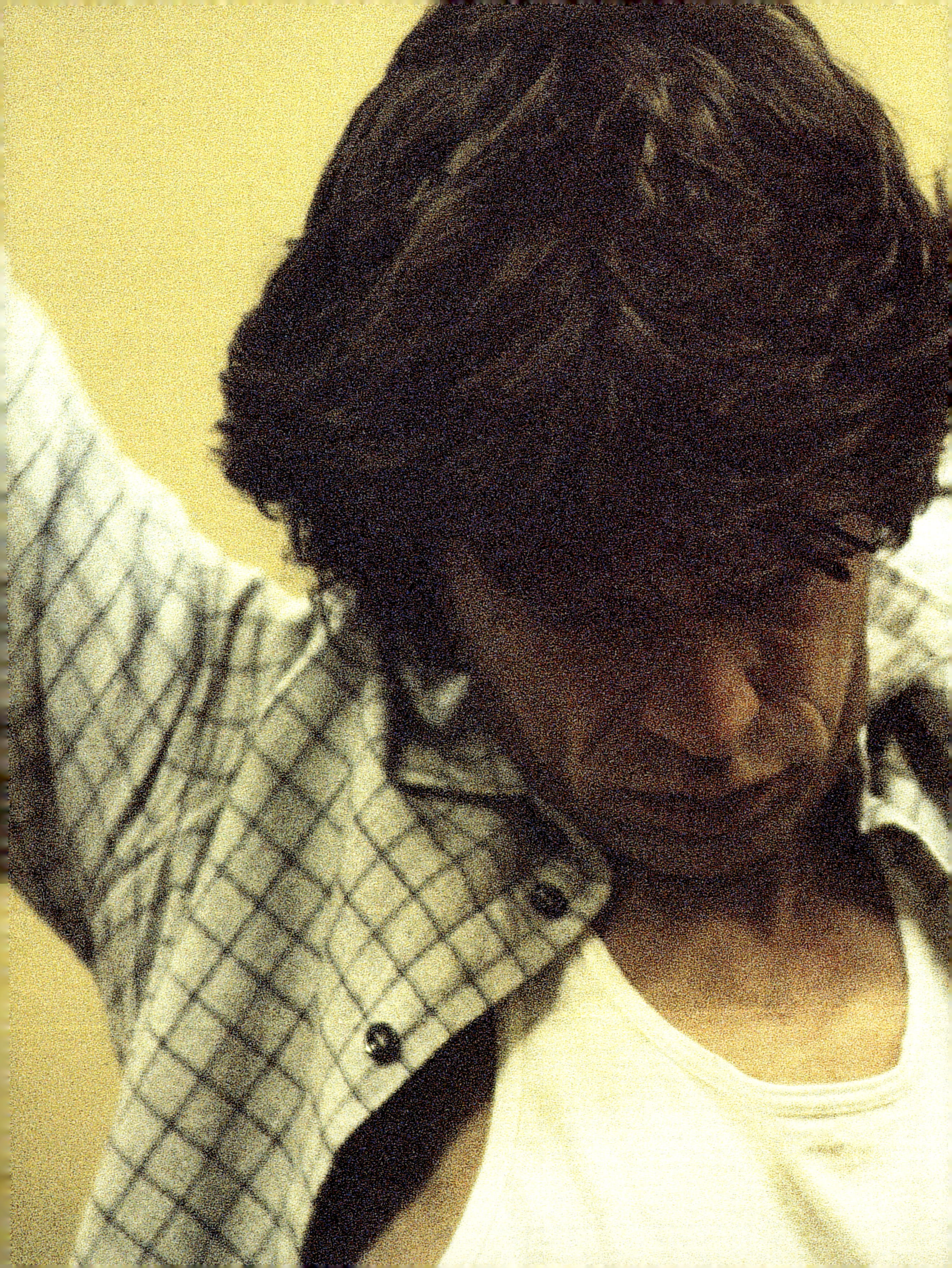

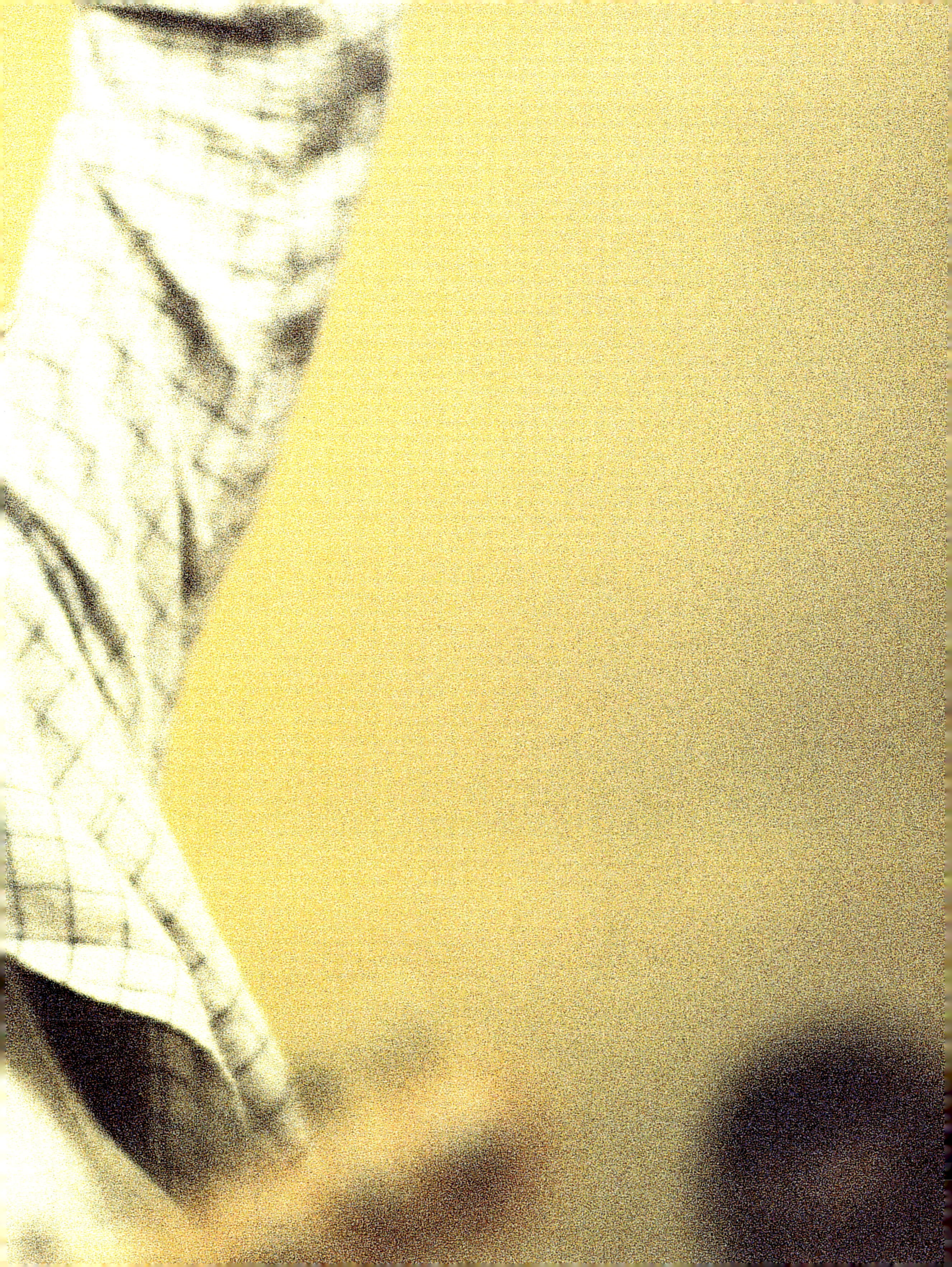

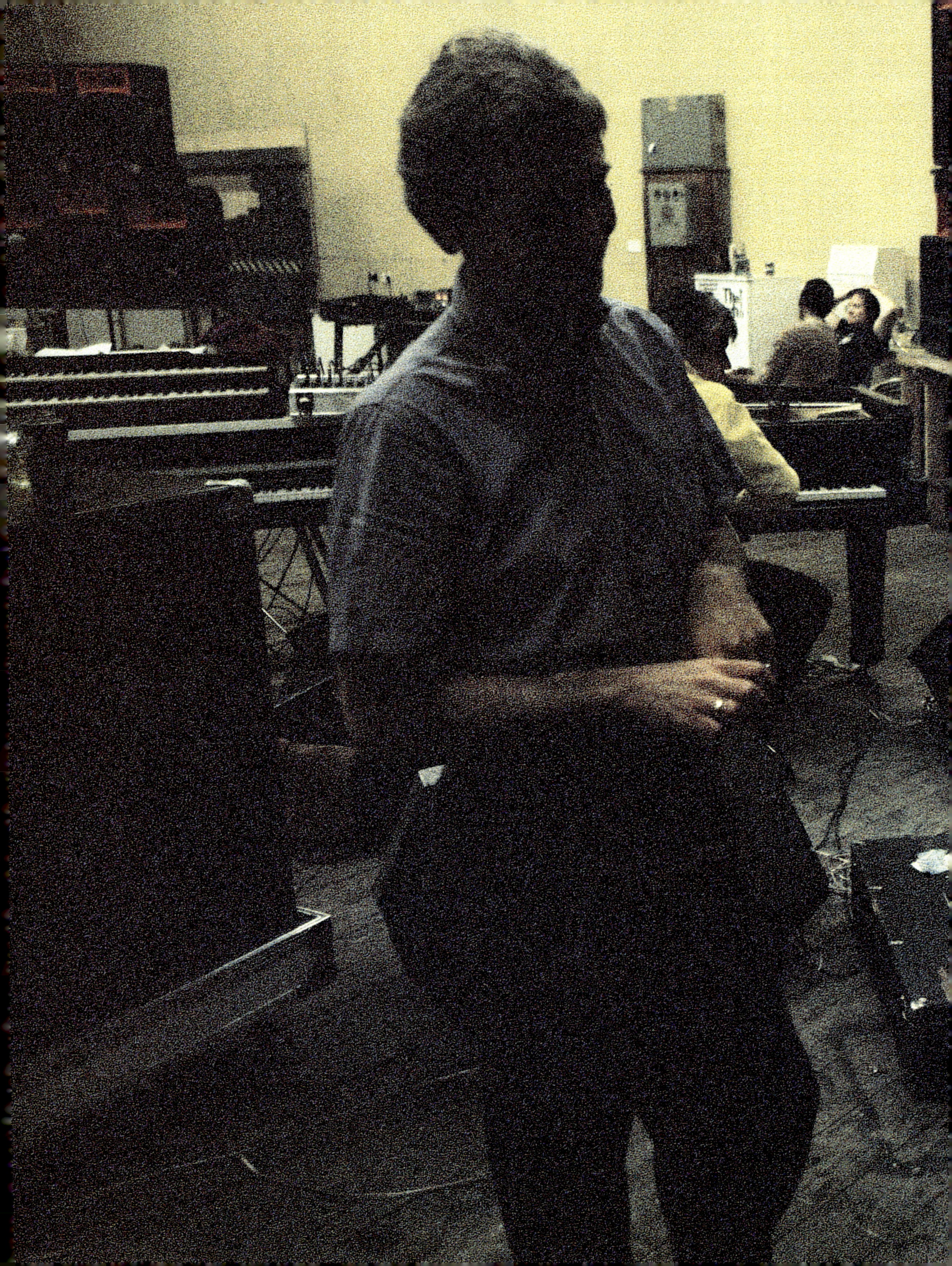

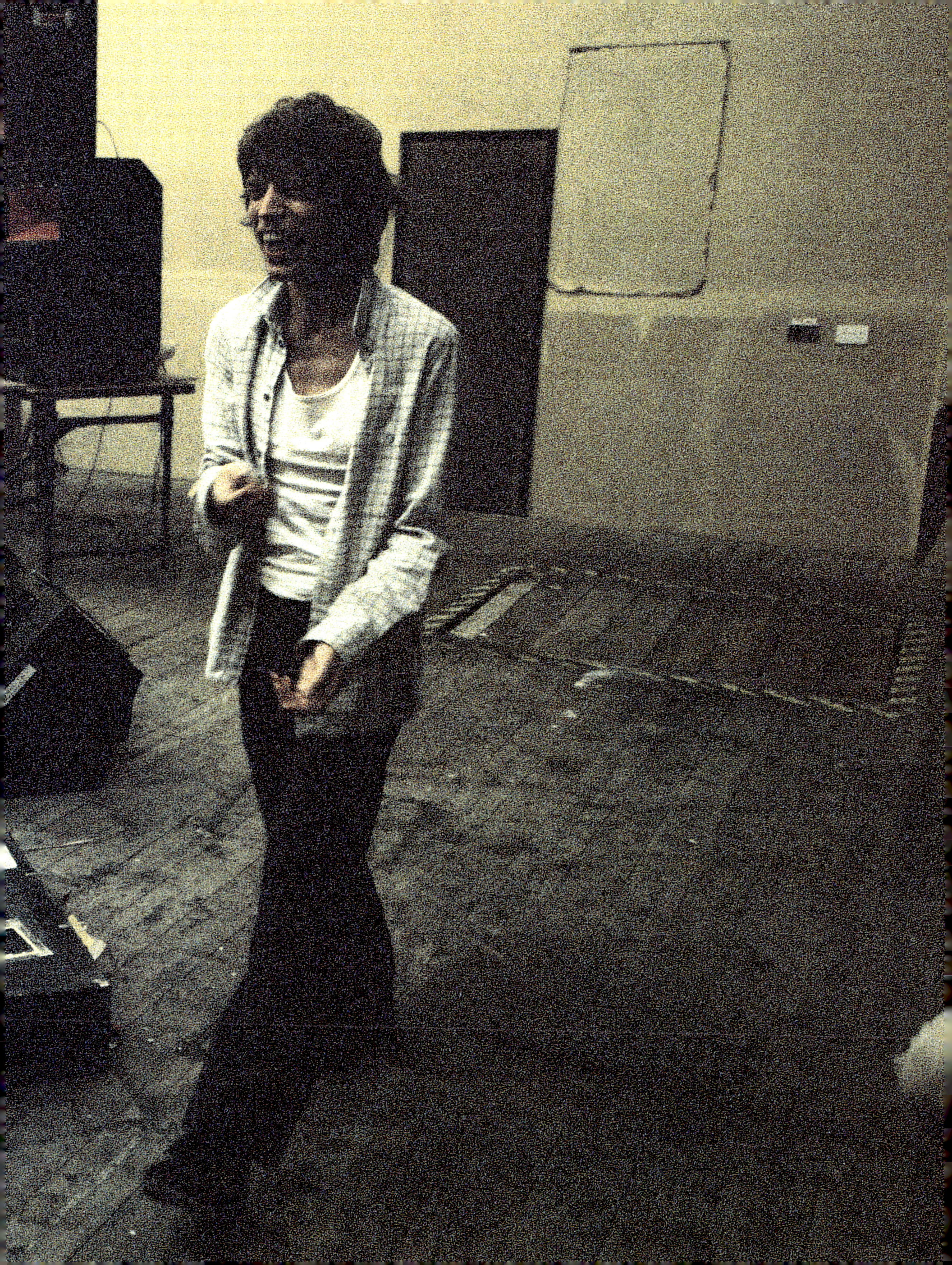

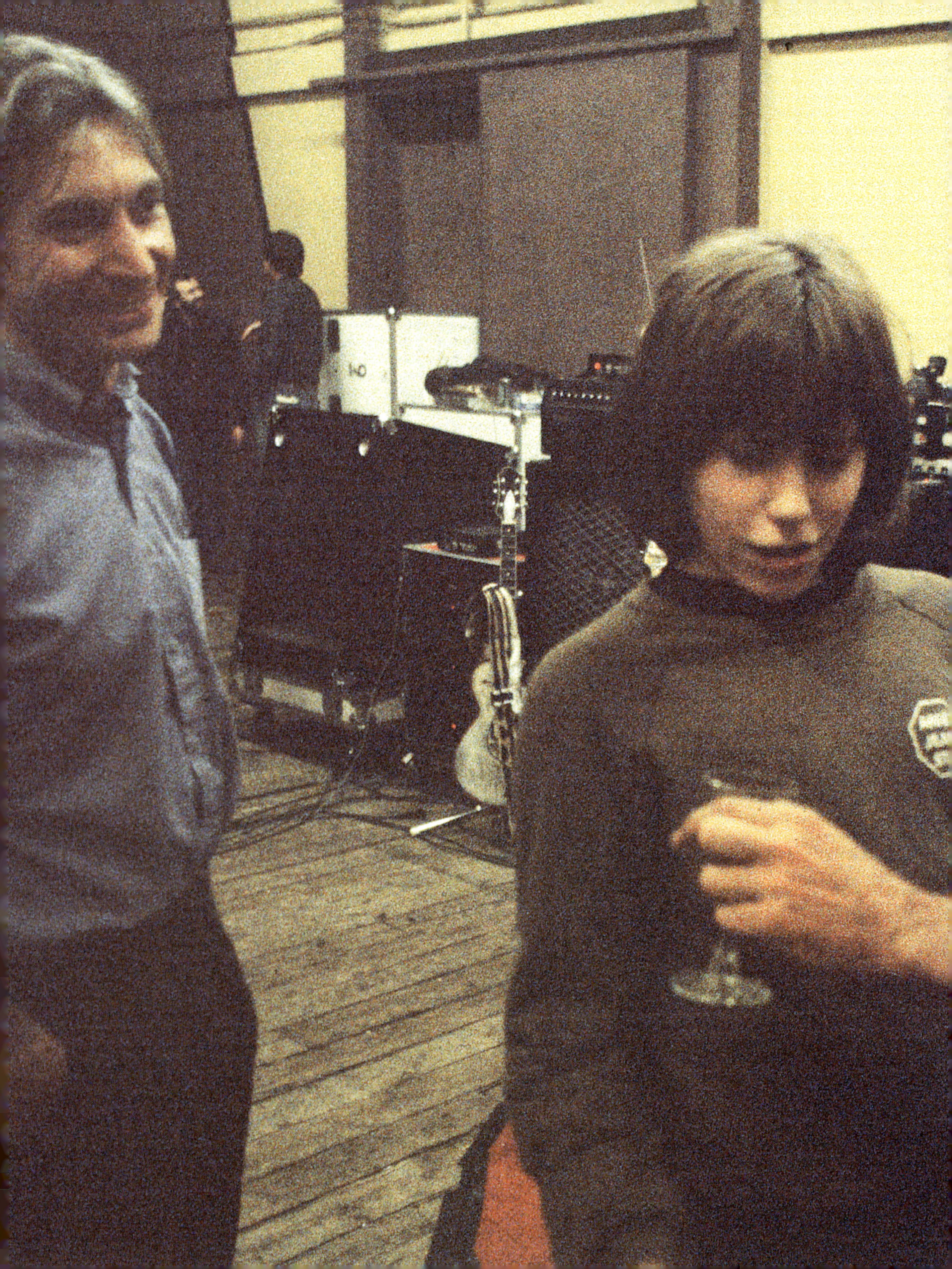

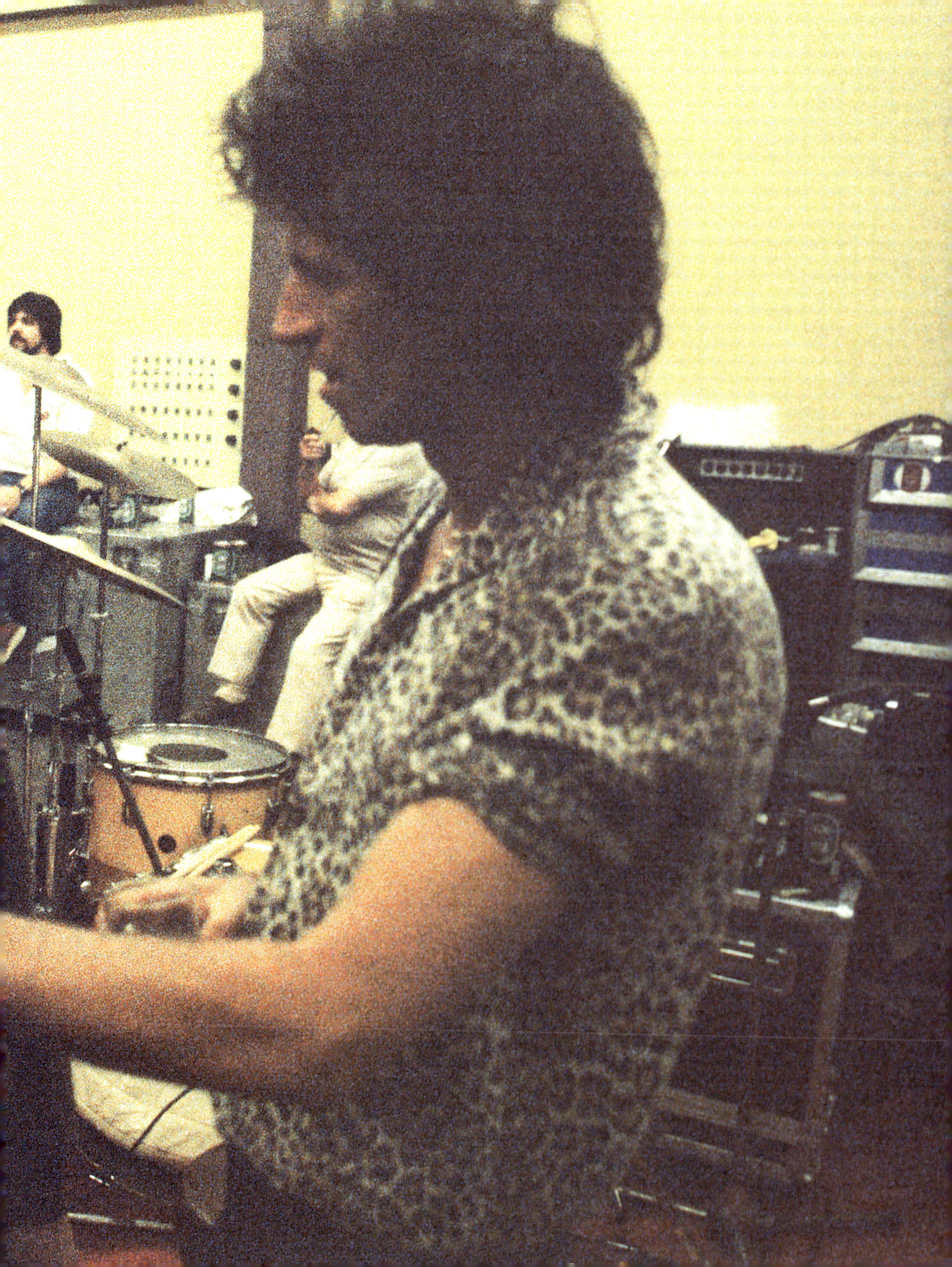

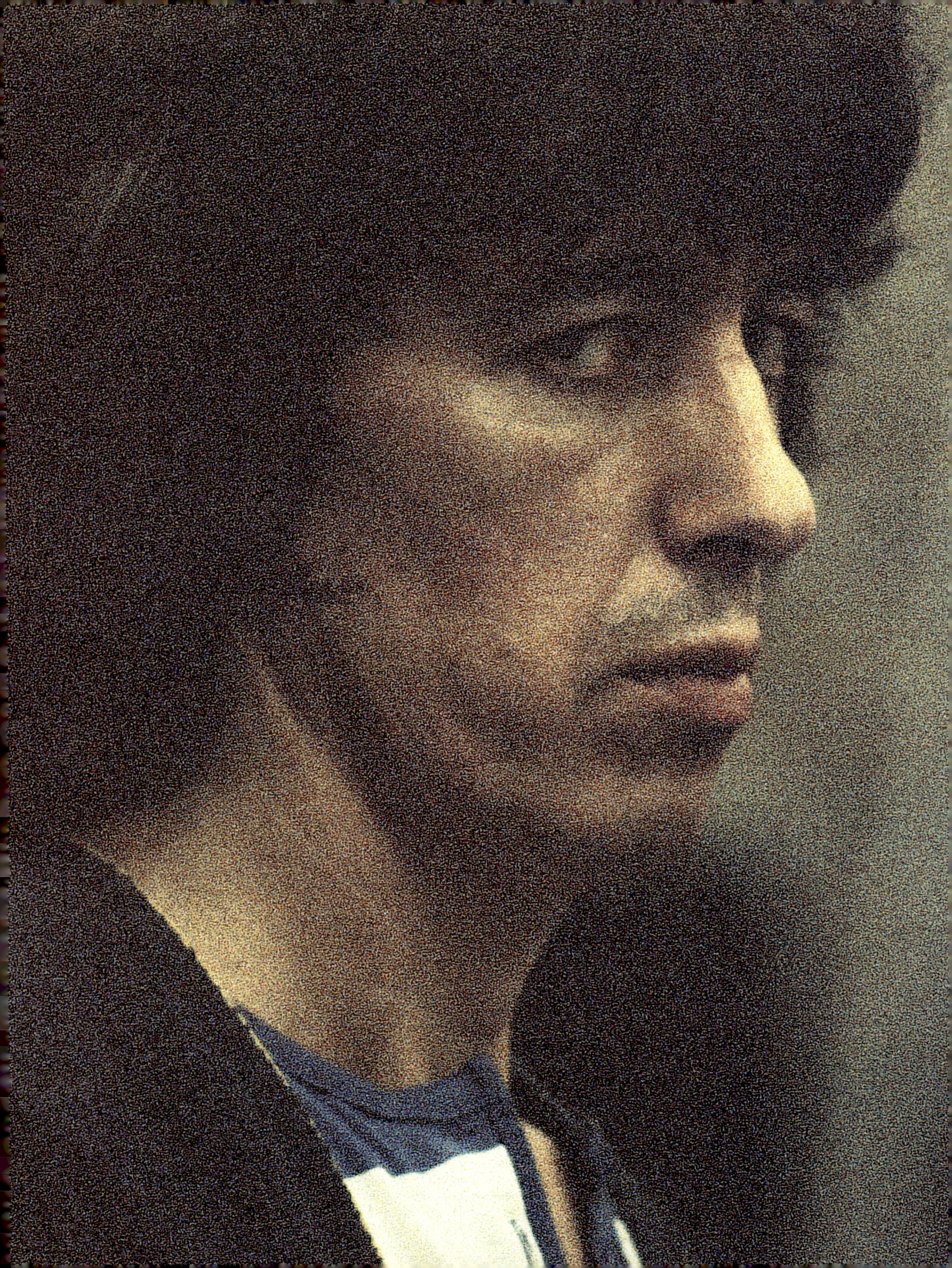

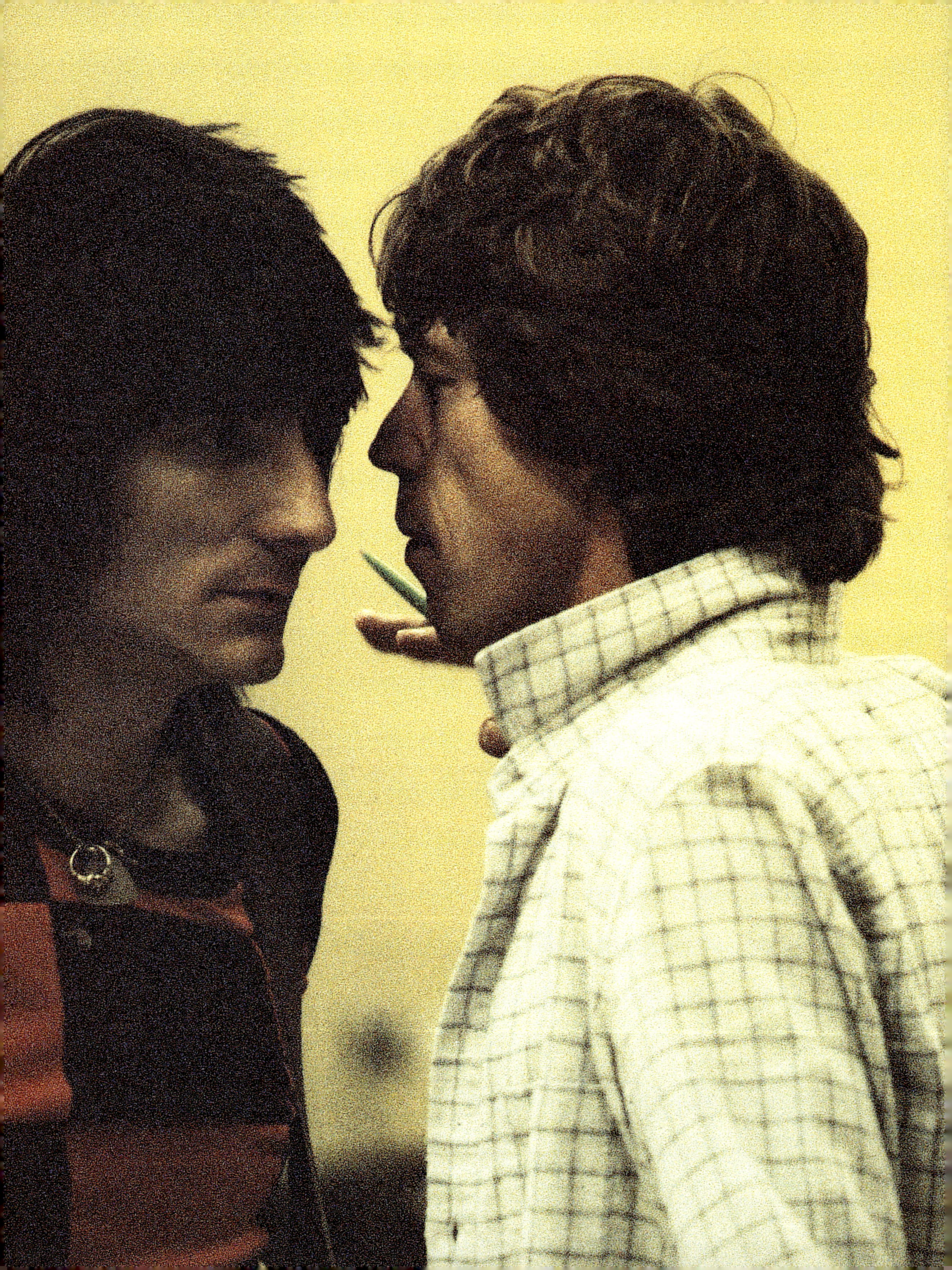

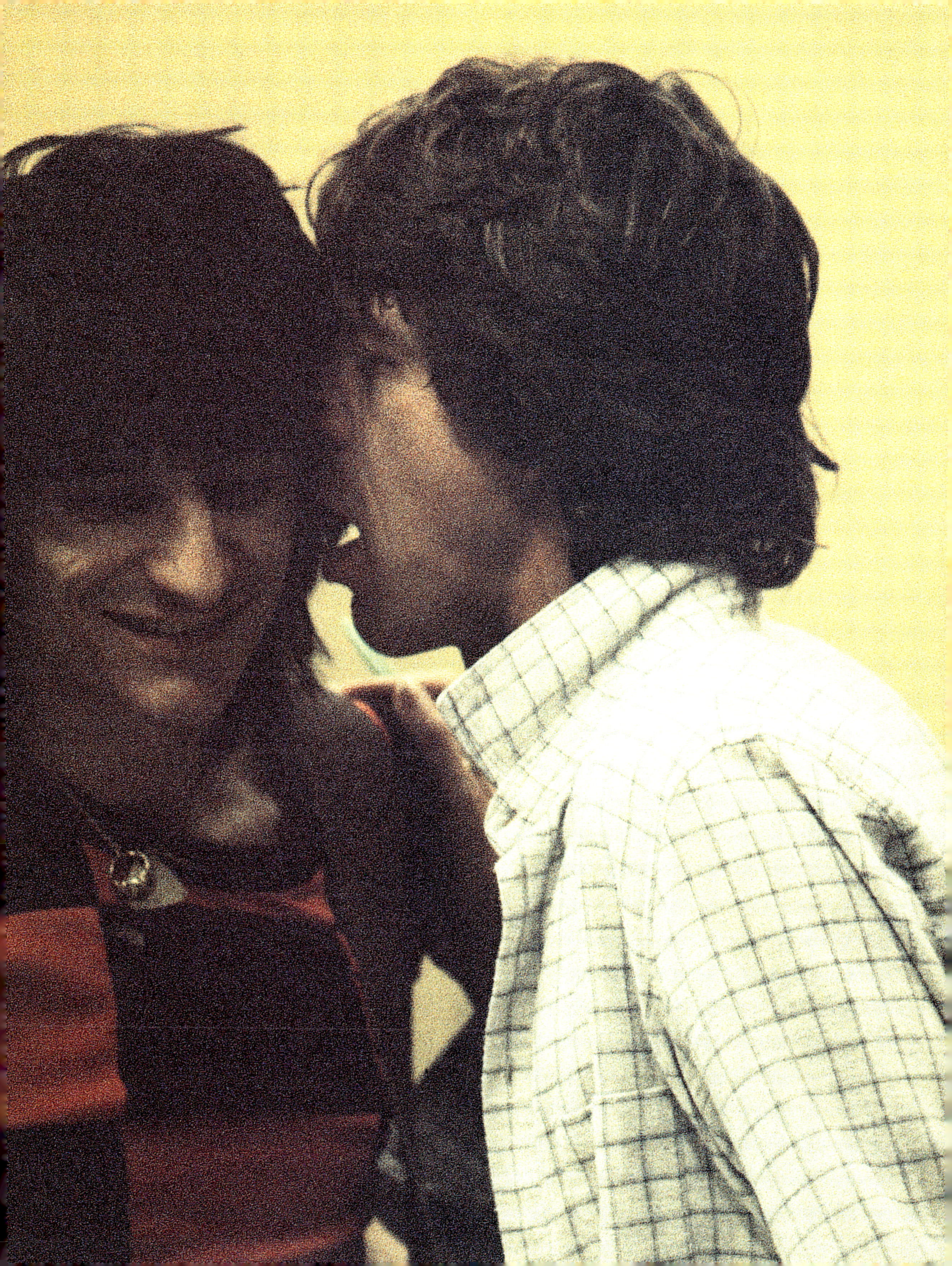

Stu war ein außergewöhnlicher Typ. Er hatte nicht gerade viel Geduld mit irgendwelchen Störenfrieden und war sehr pragmatisch, was sein Verhältnis zu den Stones betraf. Er war unglaublich loyal und stark und ungeheuer gut in dem, was er tat. Er war kräftig wie ein Bär. Ich erinnere mich daran, wie er Brian auf der Amerika-Tour 1965 bei einem der Gigs eine höllische Abreibung verpasste, weil er das Gefühl hatte, dass Brian alles egal war. Er gehörte richtig zur Band dazu. Als ich ihn kennen lernte, spielte er Klavier, damals trat er nicht wie ein Roadie auf. Wie jeder Stones-Fan weiß, spielte er so gut wie kein anderer den Honky-Tonk am Klavier. Ich liebte es, ihm beim Klavierspielen zuzuhören. Er war der sechste Rolling Stone.

1982 – Er war der sechste Rolling Stone

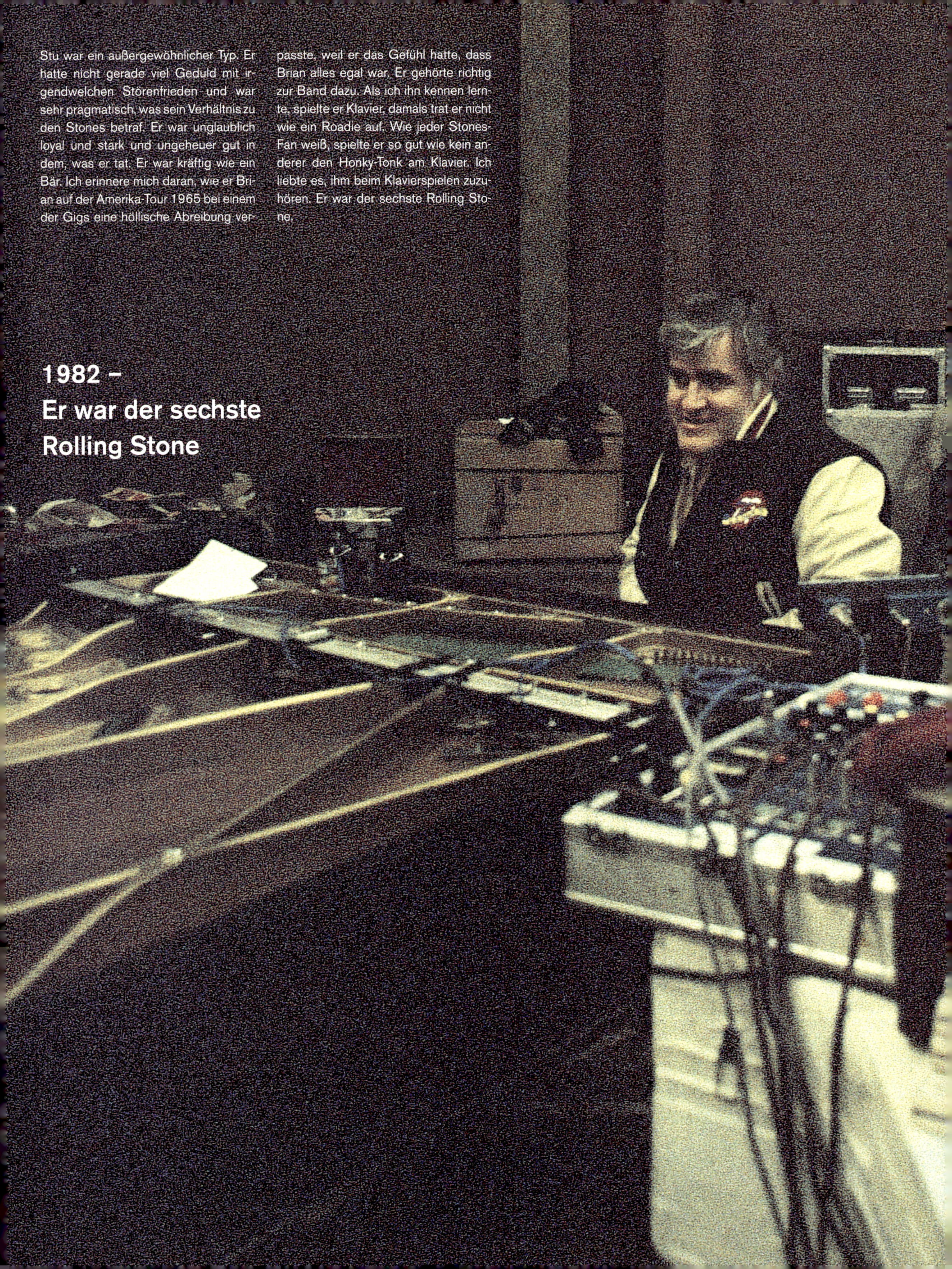

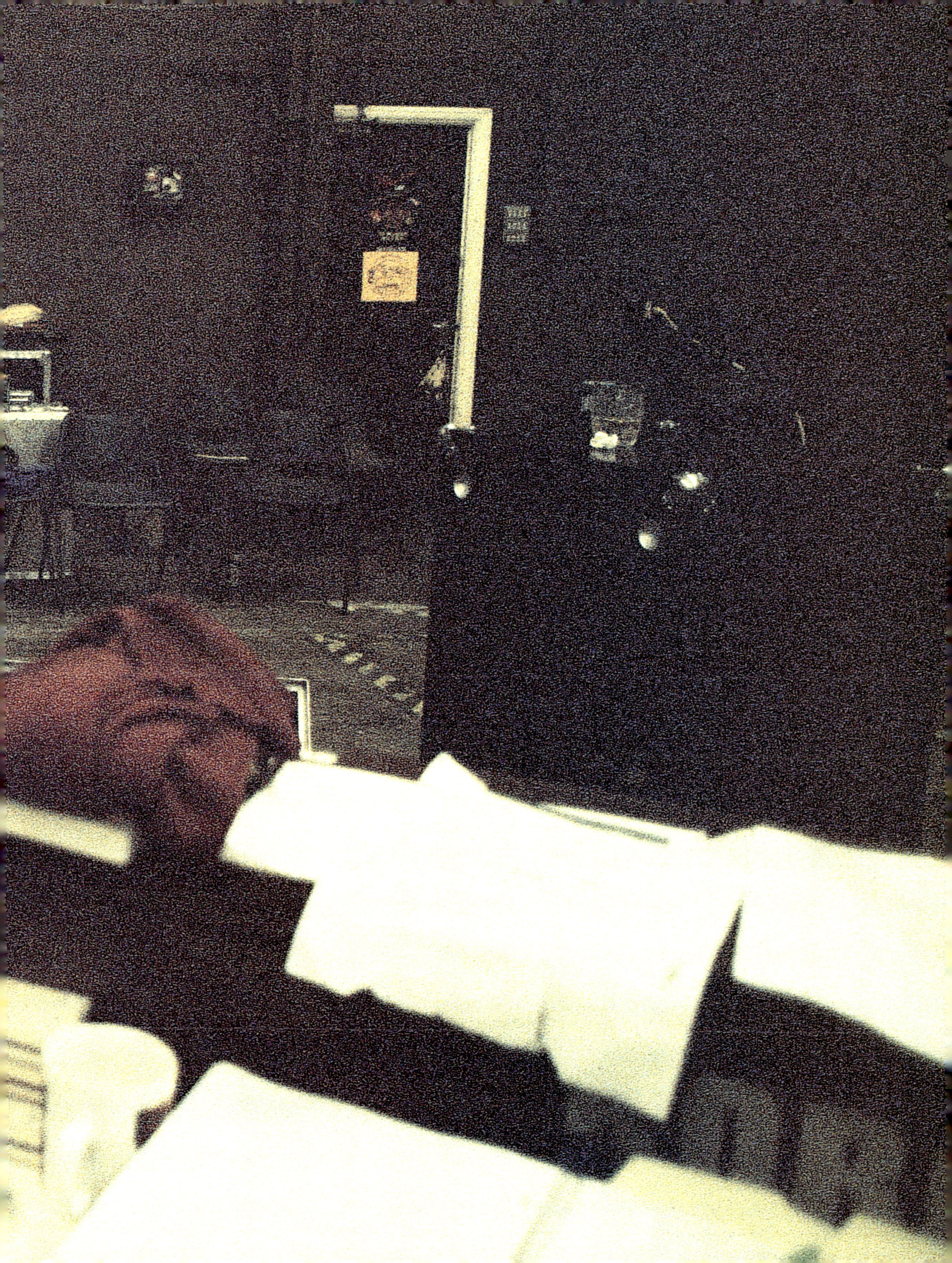

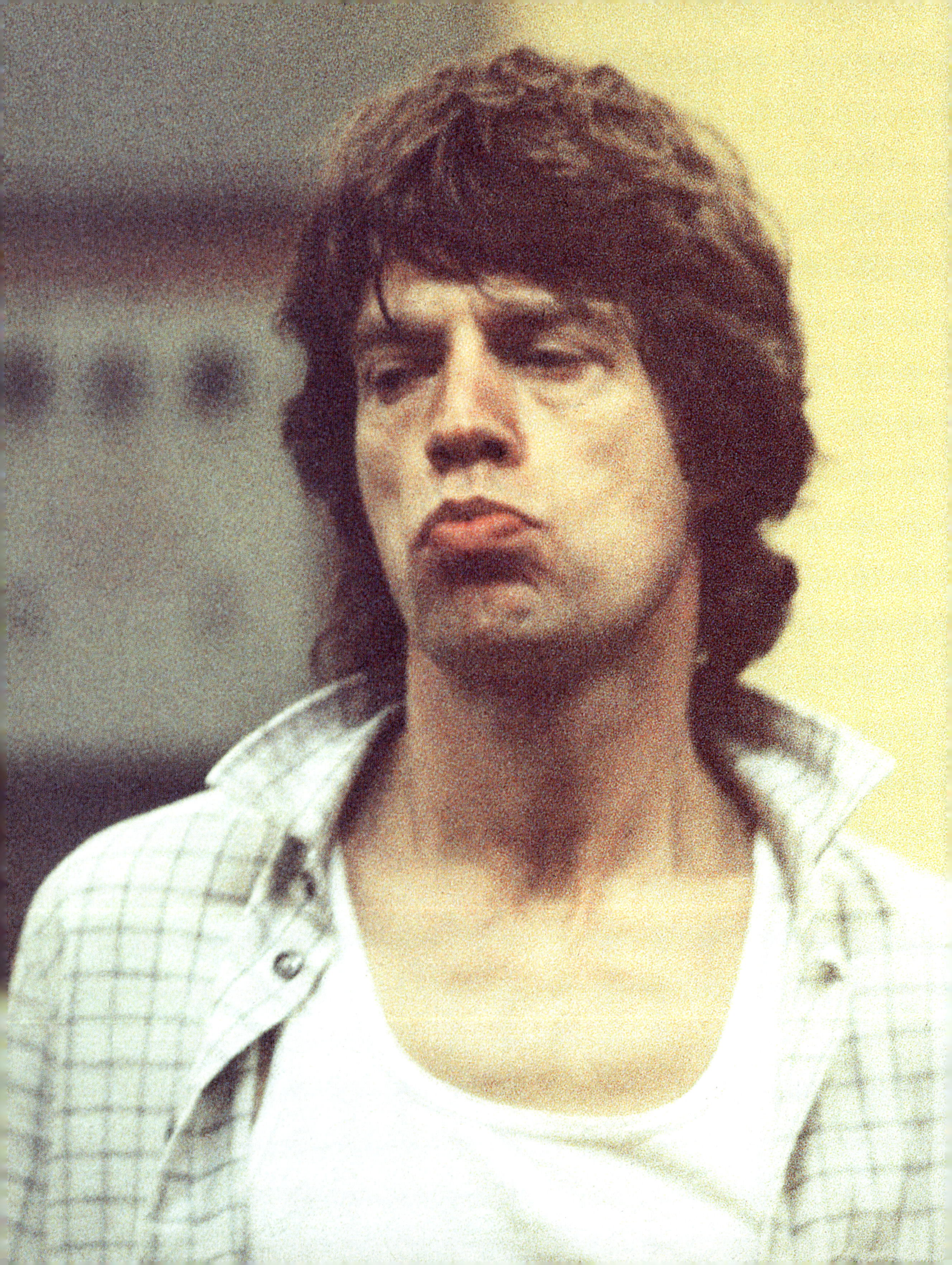

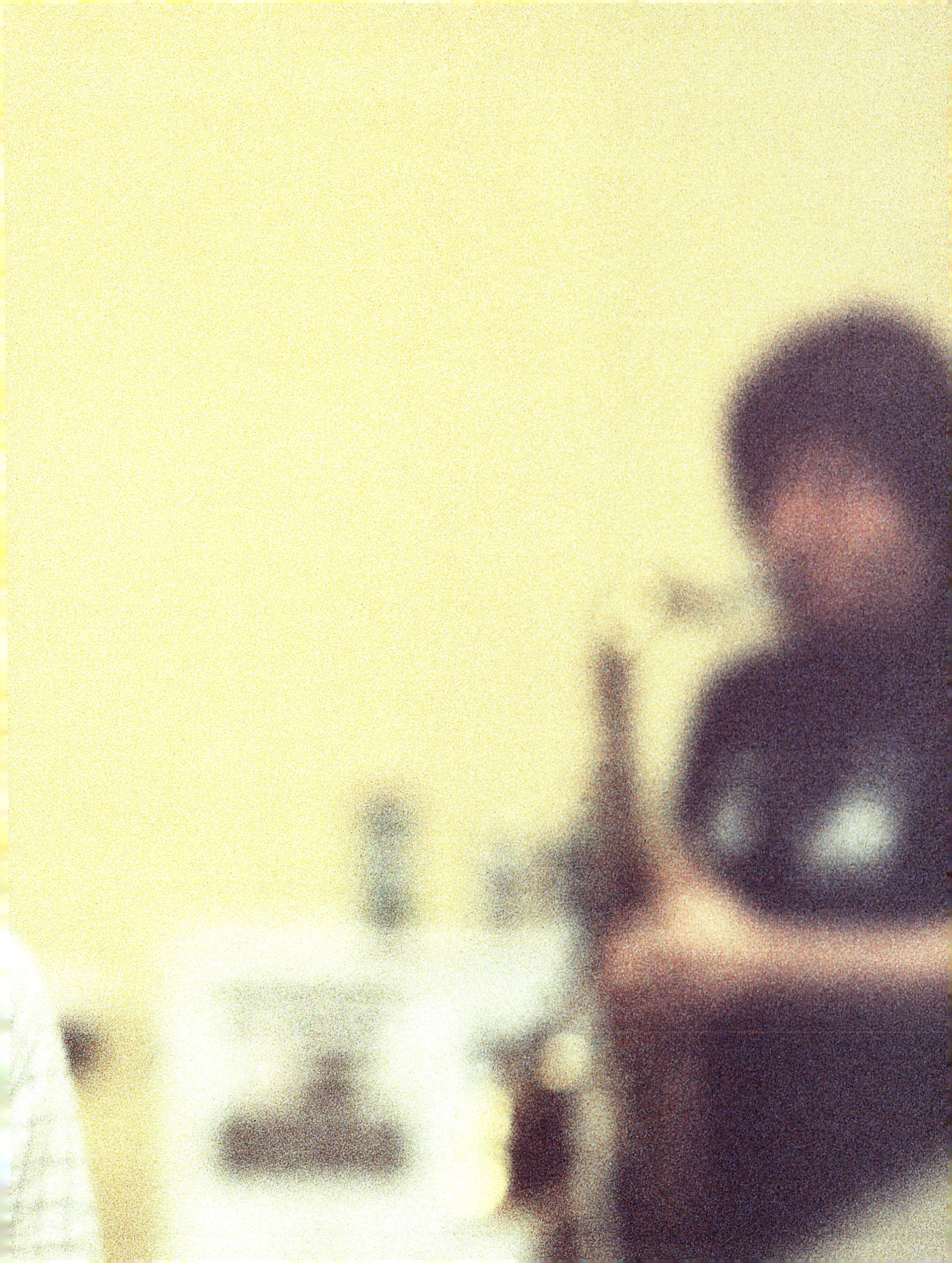

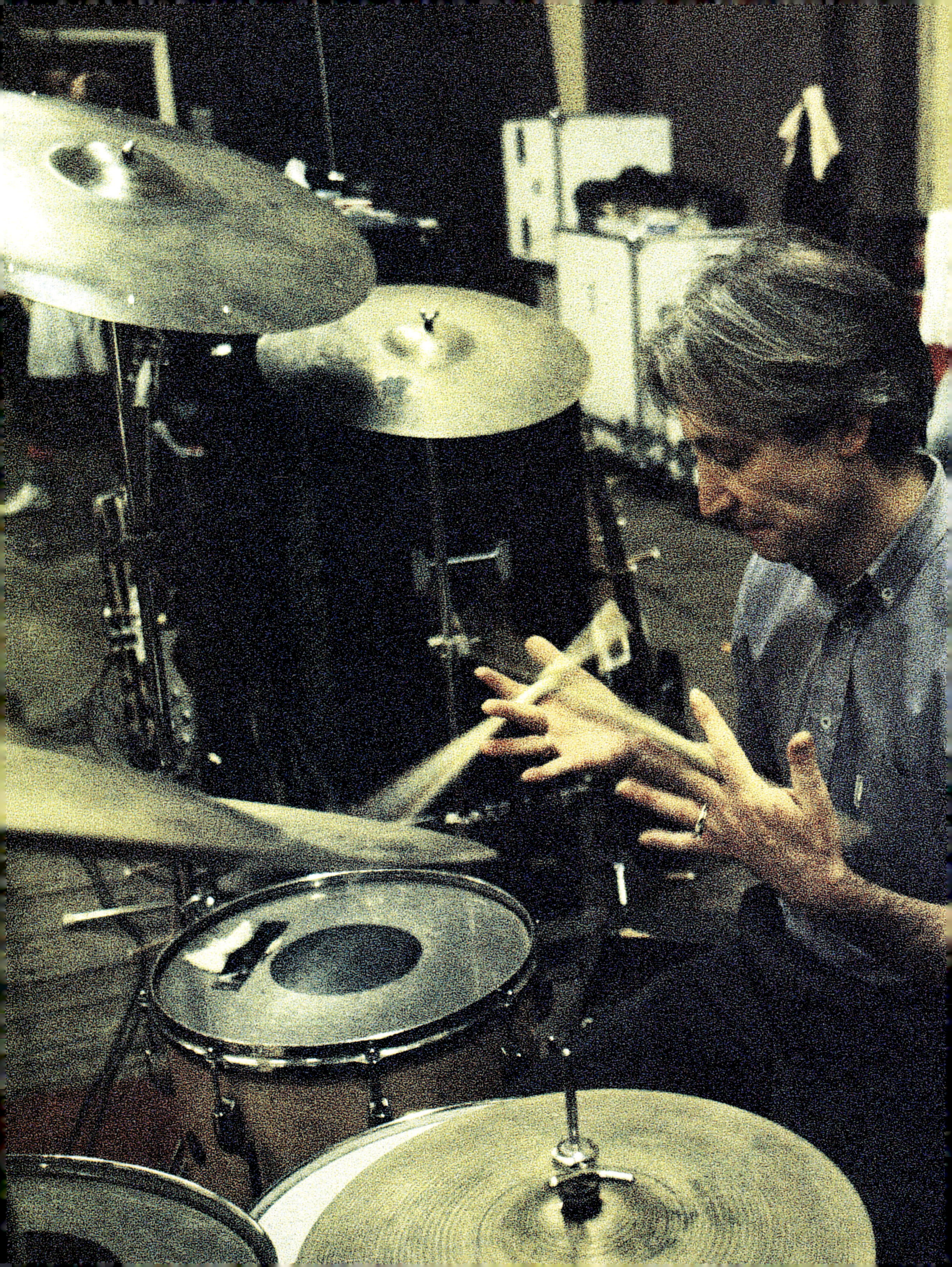

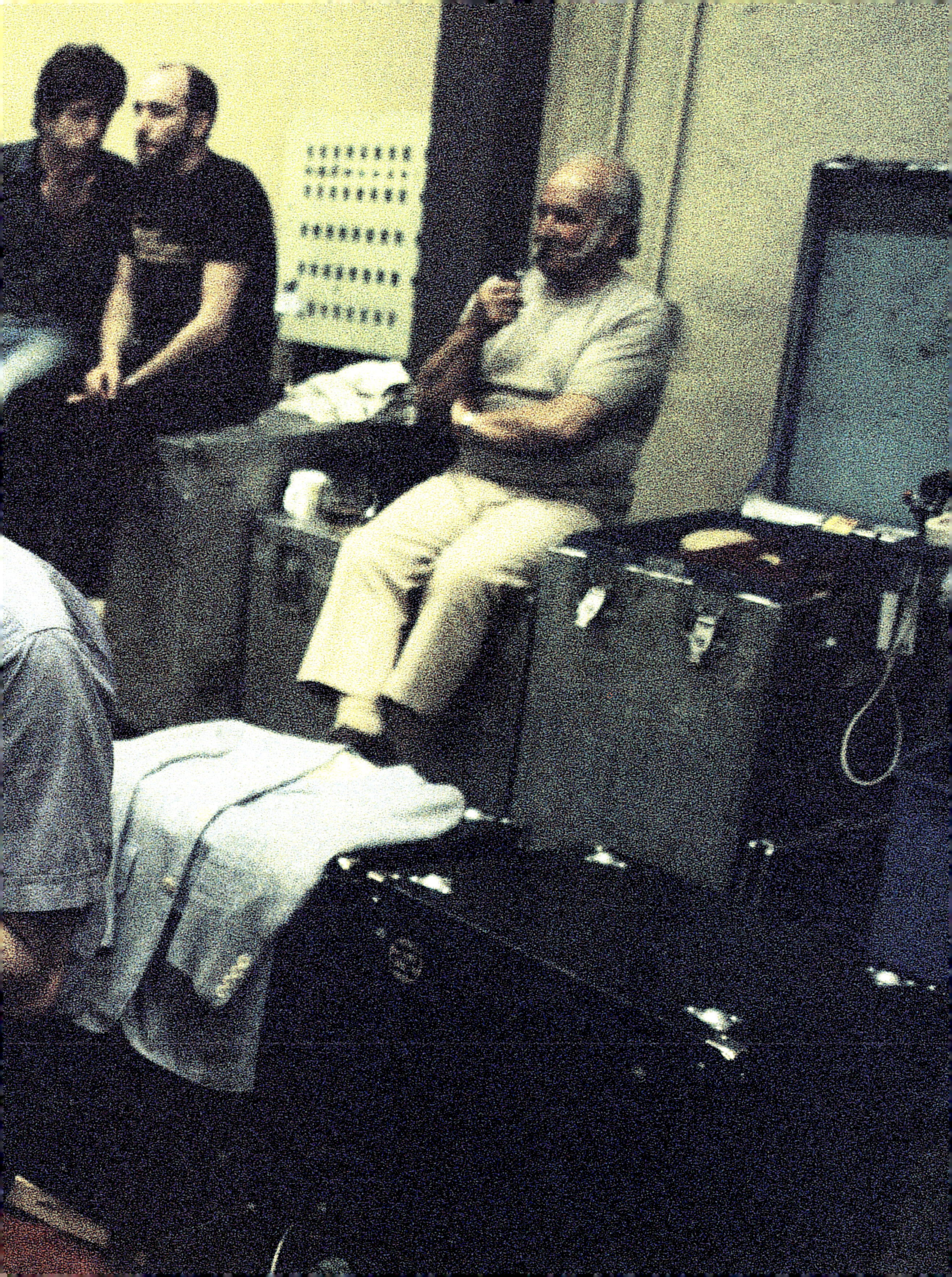

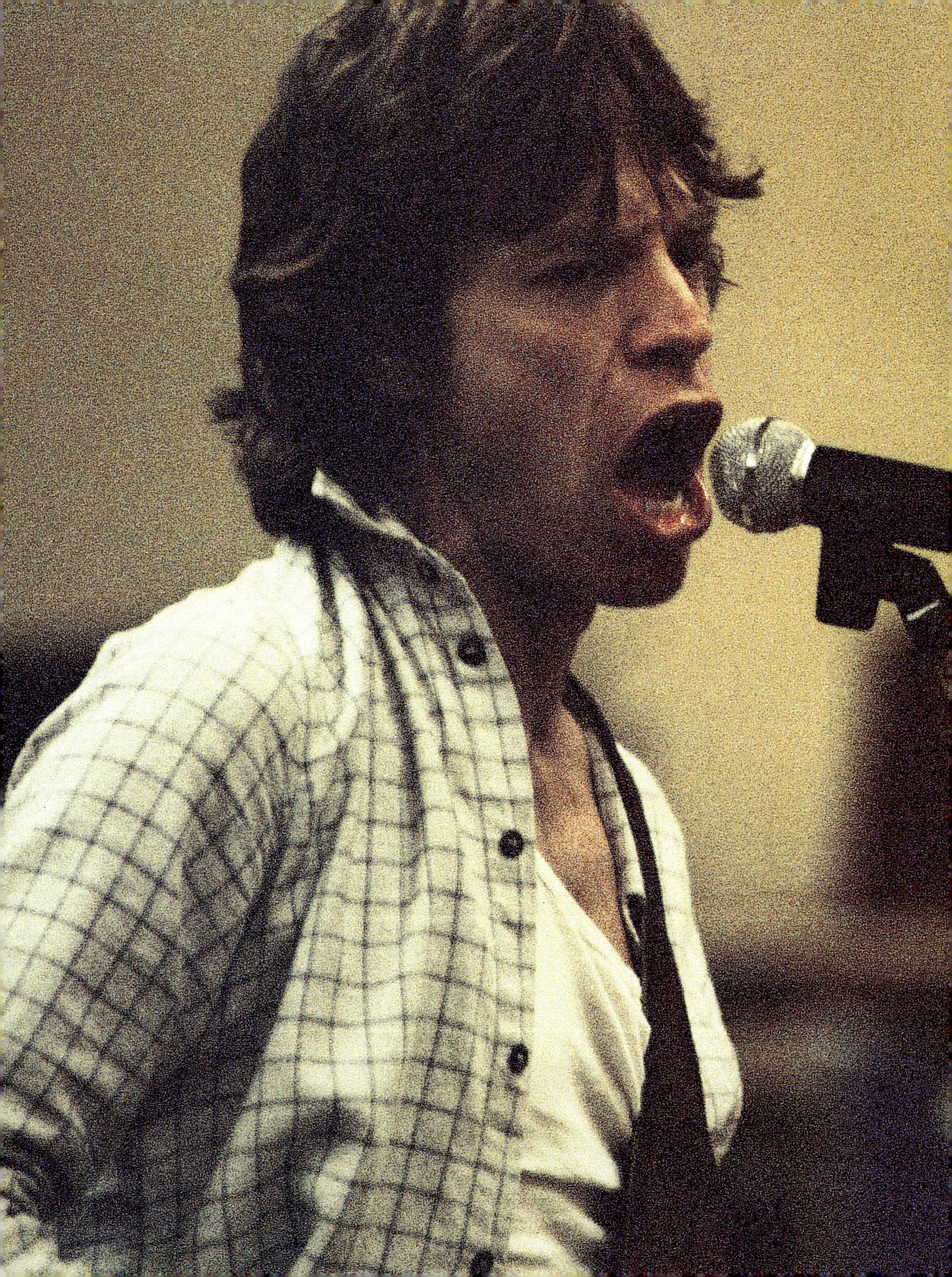

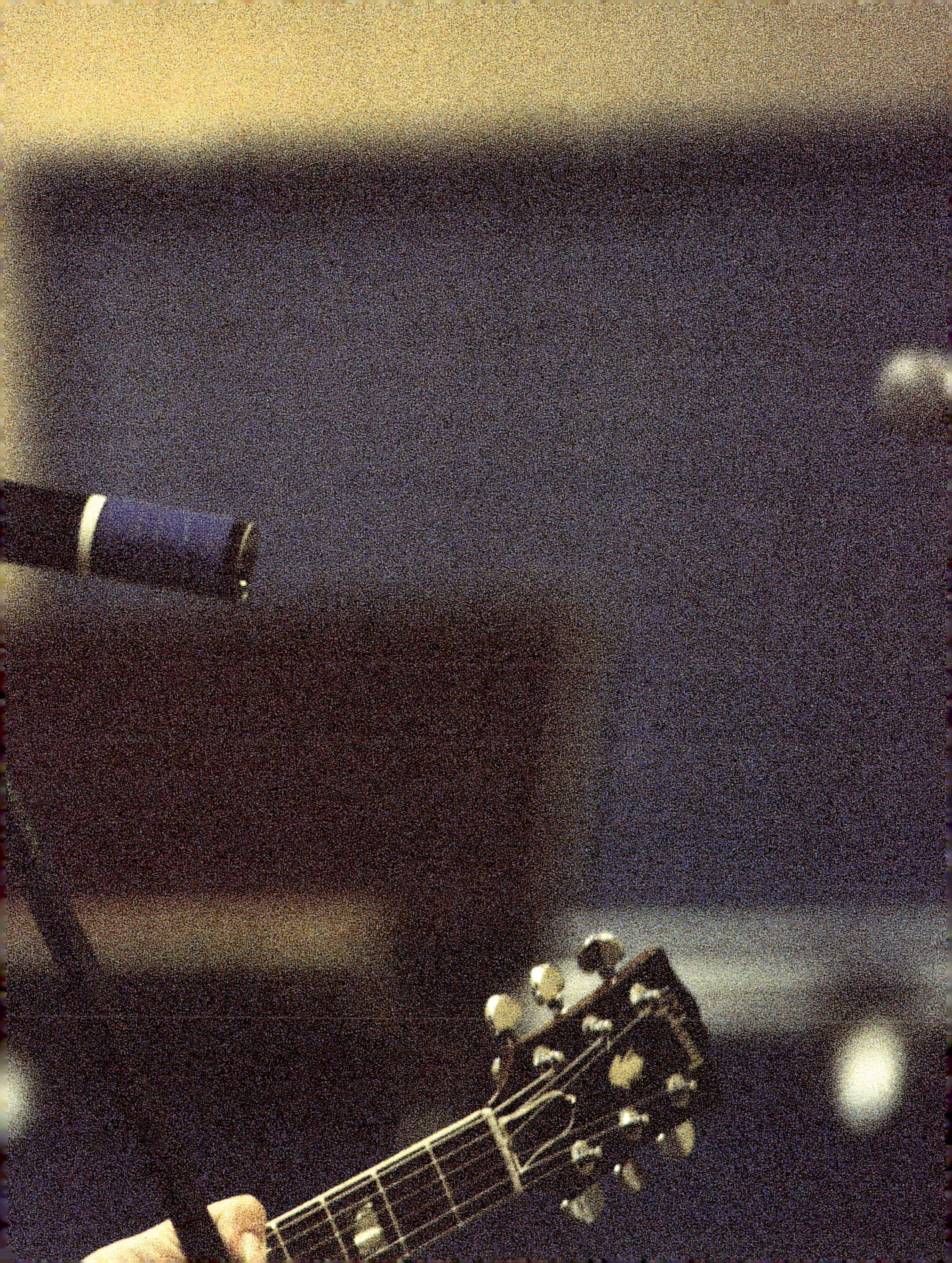

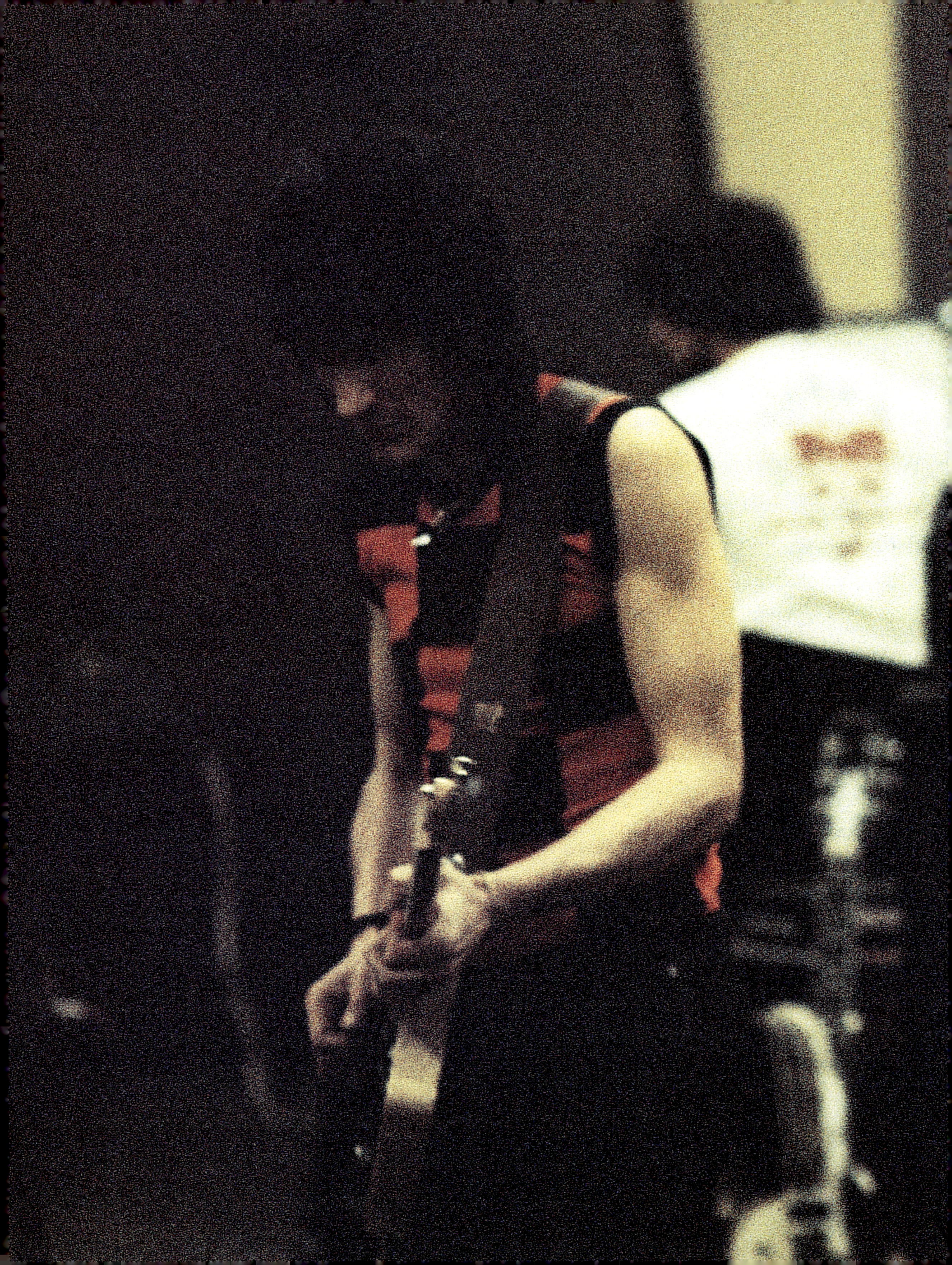

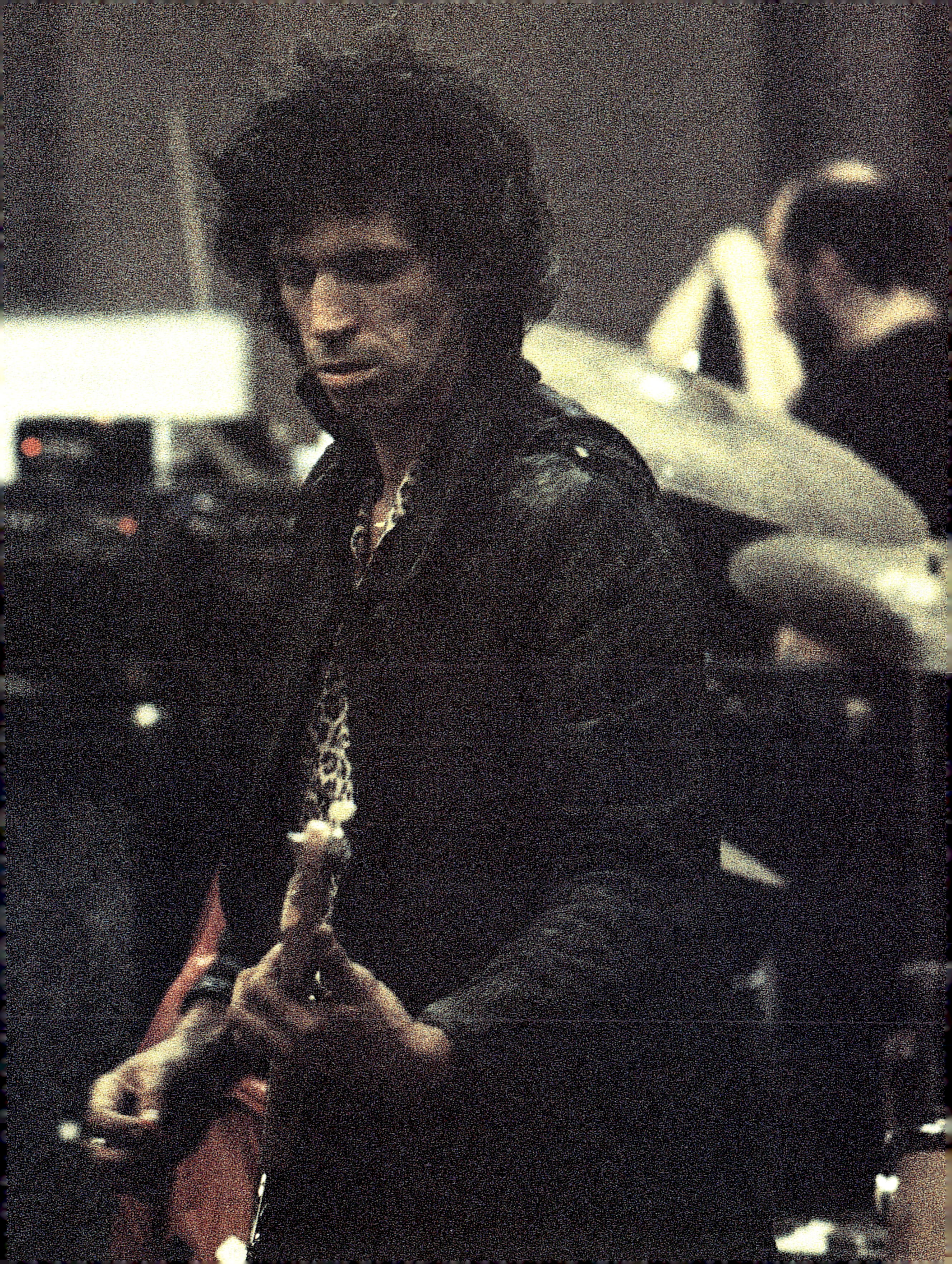

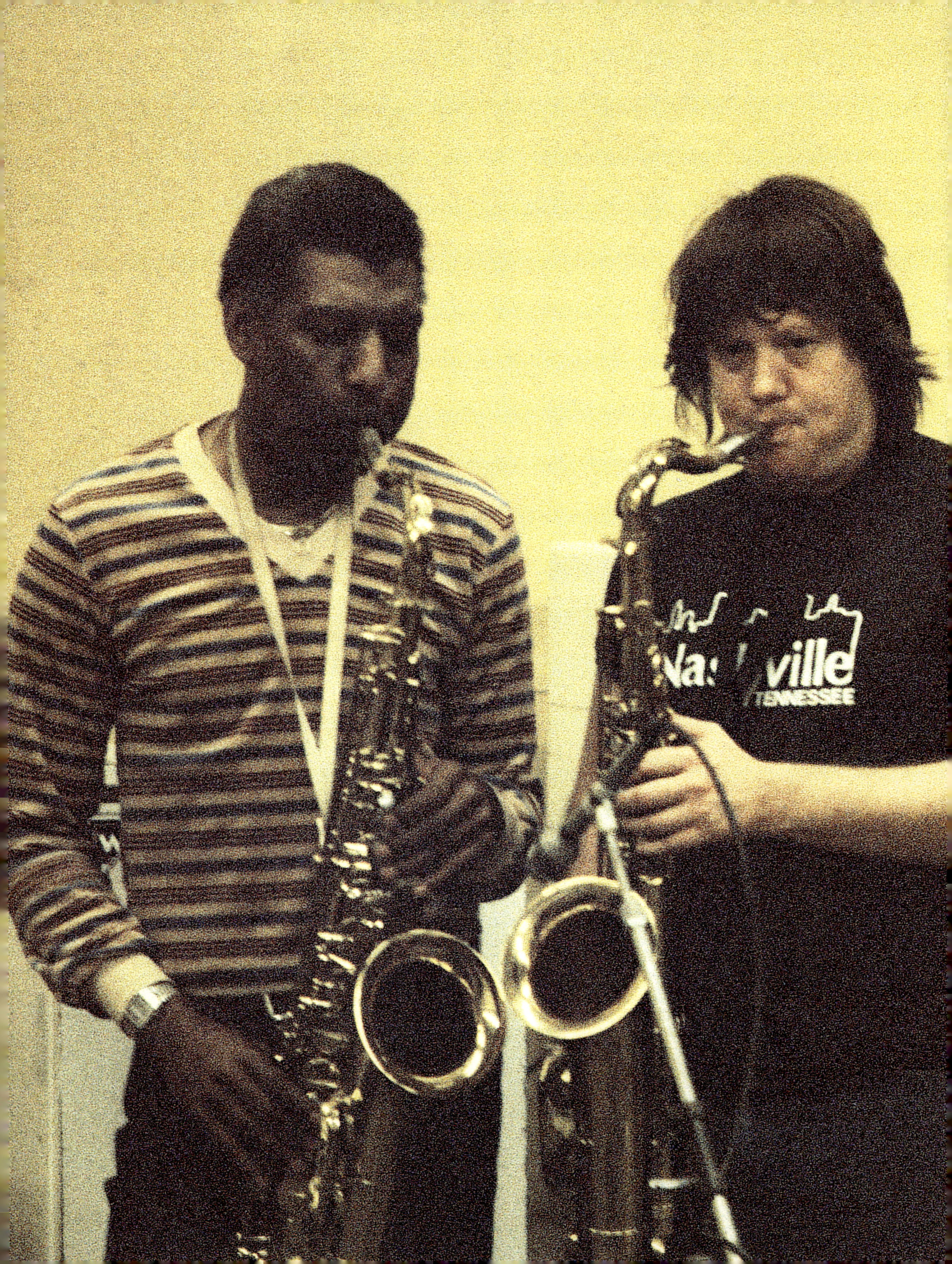
ville
TENNESSEE

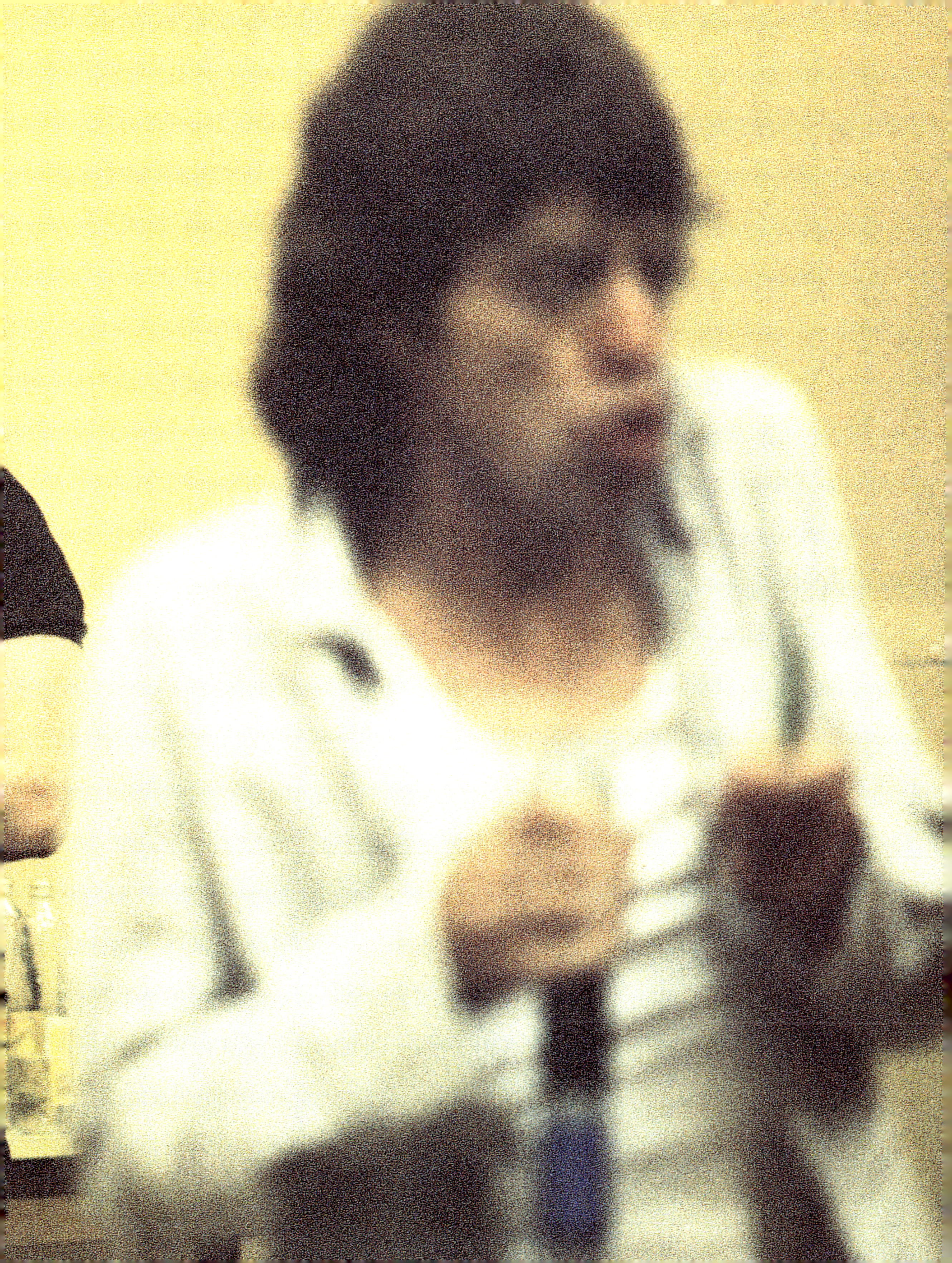

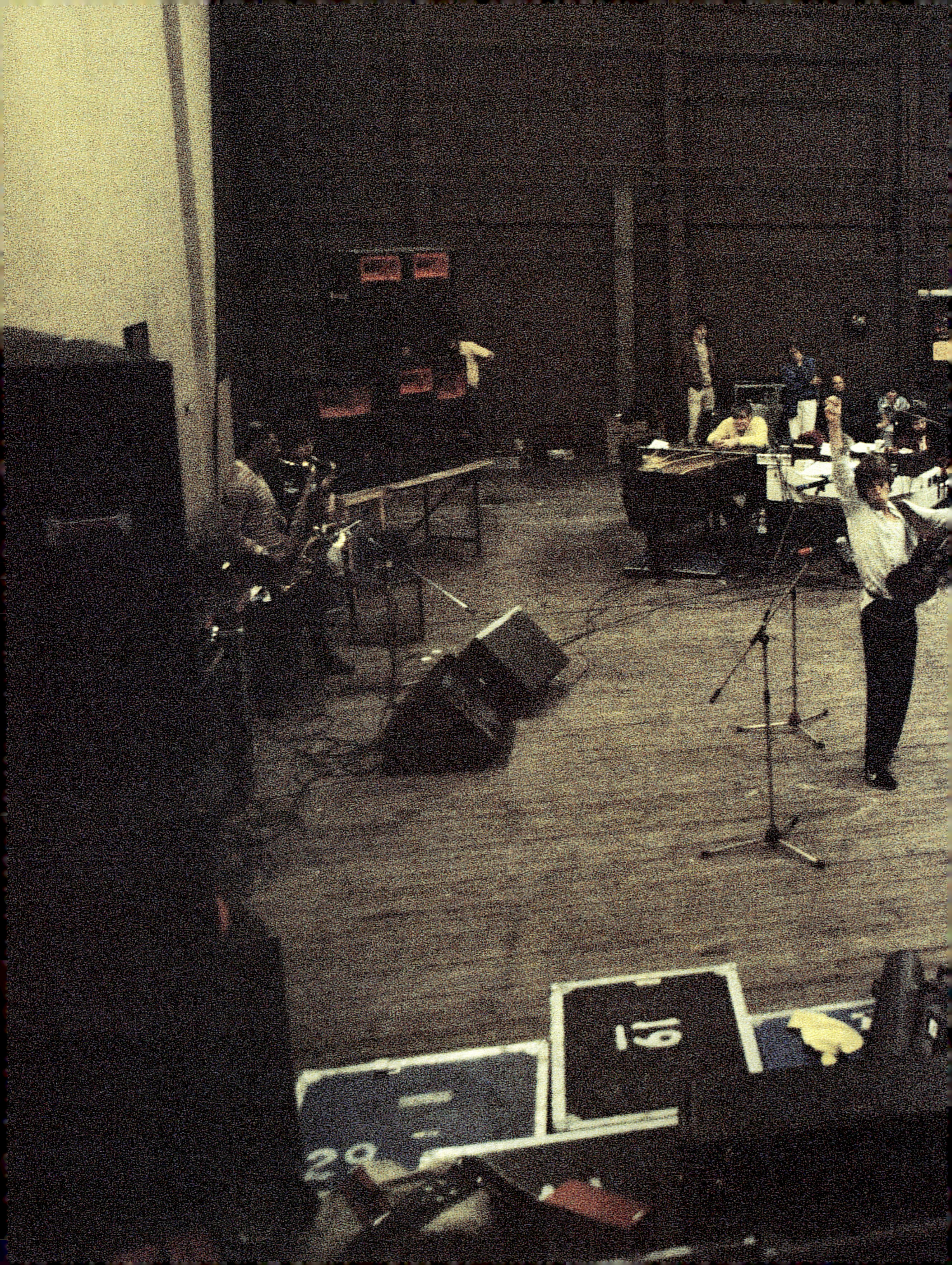

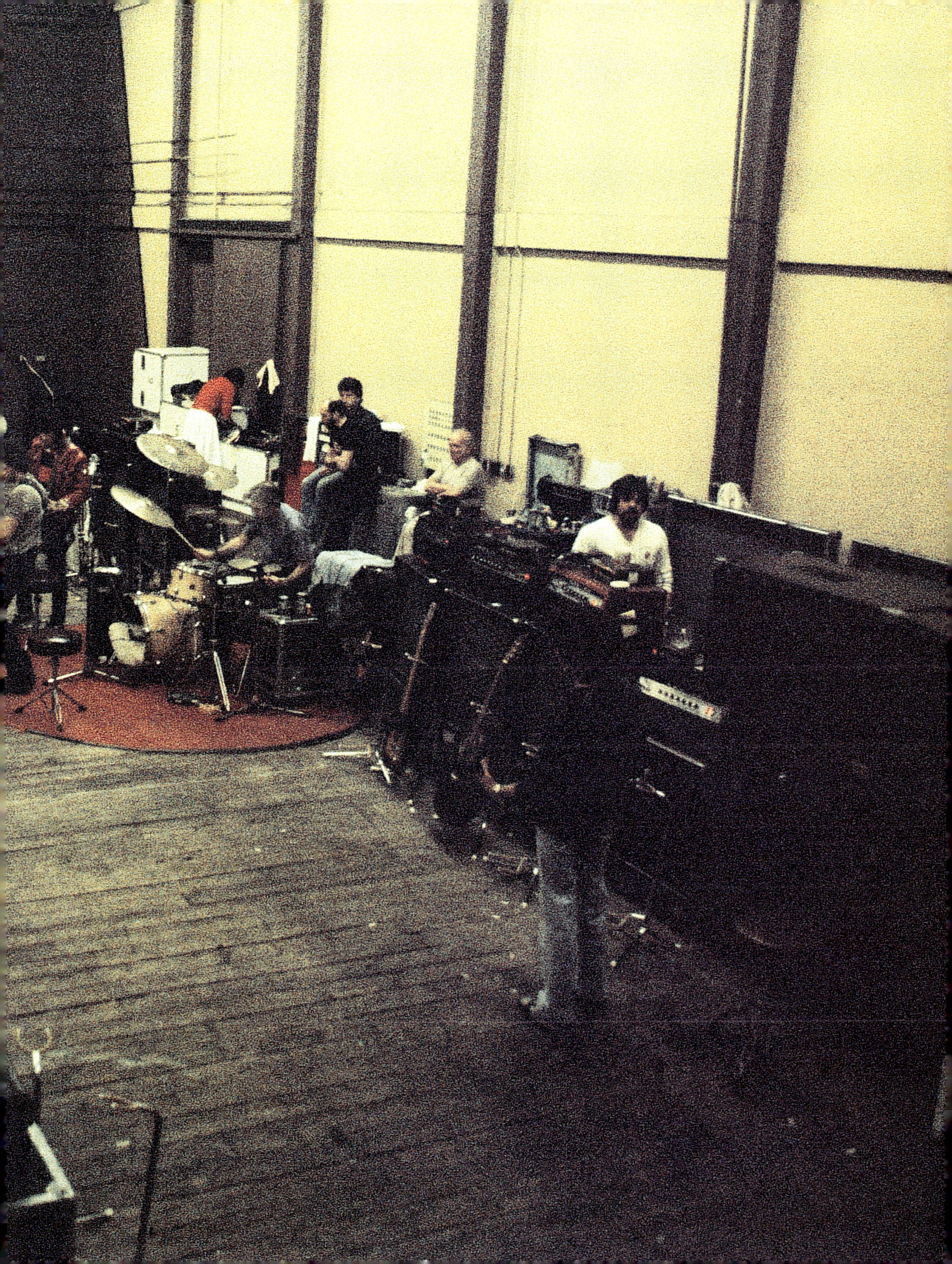

AKTUELLE BÜCHER AUS DEM VERLAG SCHWARZKOPF & SCHWARZKOPF

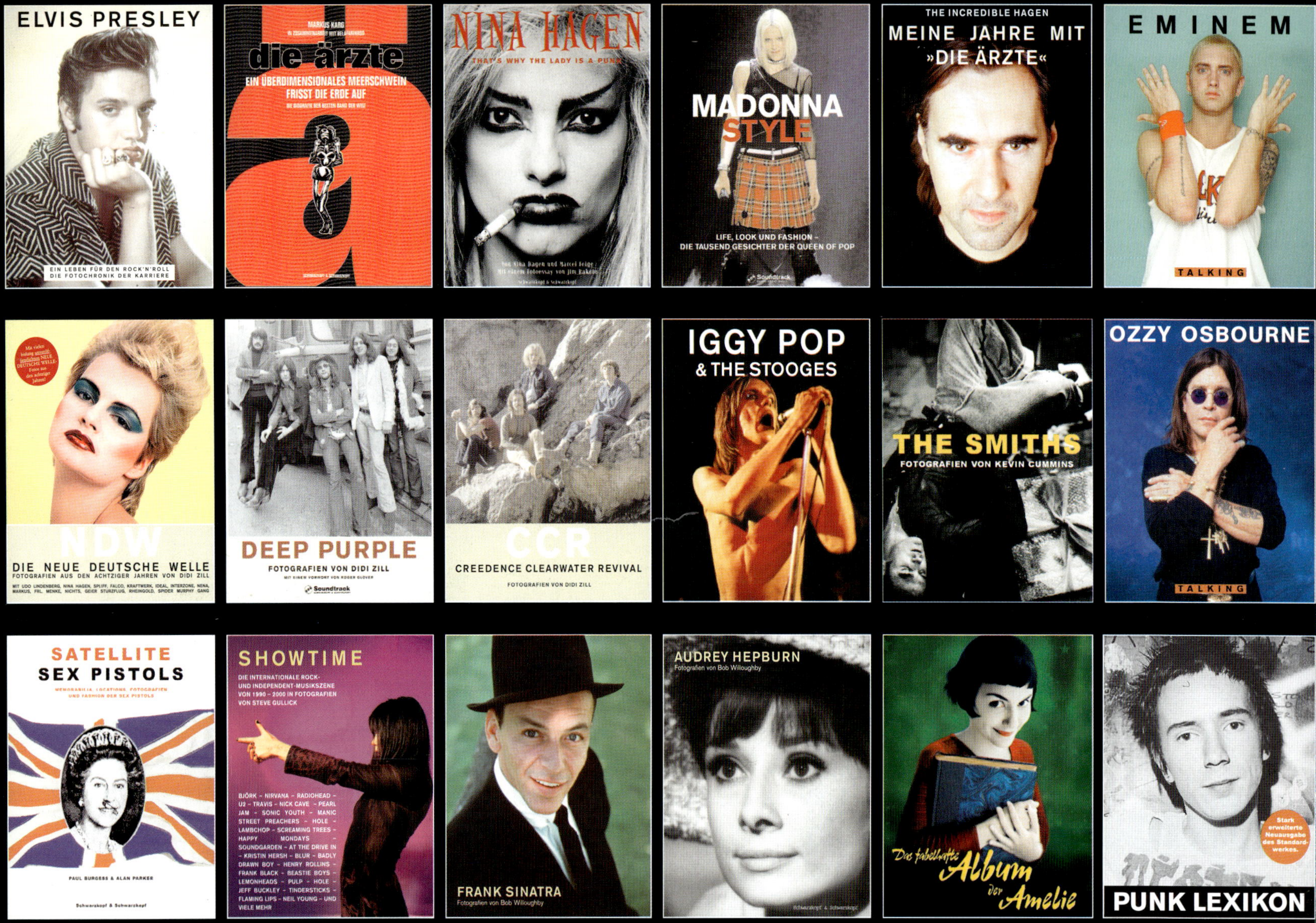

AUSFÜHRLICHE INFORMATIONEN IM INTERNET: WWW.SCHWARZKOPF-SCHWARZKOPF.DE

DANKSAGUNG
Vielen Dank an Alex Proud und Rankin für ihre Unterstützung. Ausserdem an Briar, Kirk, Sarah, Diana, Emely, Paul, Dave und Sophie von Vison On; Warren, Ryan und Katie von Spin; Jefferson und Roger.
Dieses Buch hätte es ohne Jeremy Clyde, Marianne Faithfull, Tony Calder und vor allem Andrew Loog Oldham nie gegeben. Schließlich möchte ich den Rolling Stones dafür danken, dass sie die beste Rock'n'Roll-Band der Welt sind! Gered Mankowitz

IMPRESSUM
THE ROLLING STONES 1965 – 1967
Fotografien von Gered Mankowitz
Schwarzkopf & Schwarzkopf Verlag, Berlin 2003
ISBN 3-89602-434-5

Die Originalausgabe mit dem Titel »The Stones 65-67« ist 2002 in Großbritannien bei Vision On Publishing Ltd erschienen.
© der Originalausgabe 2002 Vision On. Alle Rechte vorbehalten.
© der deutschen Ausgabe 2003 Schwarzkopf & Schwarzkopf Verlag, Berlin. Alle Rechte vorbehalten.

Genehmigte Lizenzausgabe. Kein Teil dieses Buches darf in irgendeiner Form oder durch irgendwelche elektronischen, mechanischen oder sonstigen Mittel reproduziert werden. Das gilt auch für Archivierungs- und Datenbanksysteme solange keine schriftliche Genehmigung des Verlages vorliegt. Alle Rechte durch den Lizenzgeber vorbehalten.

Fotografien: Gered Mankowitz
Künstlerische Gestaltung und Buchdesign: Spin
Reprographie: AJD Colour Ltd
Druck: Toppan Printing Ltd, Hong Kong
Interview mit Gered Mankowitz: Roger Morton
Interview mit Marianne Faithfull: Jefferson Hack

Alle Fotografien von Gered Mankowitz
© Bowstir Ltd 2002
Buchgestaltung © Spin

Übersetzung: Julia Rickers, Berlin

Gered Mankowitz hat entsprechend des Urheber-, Design- und Patentrechtes von 1988 seine Reche als Autor dieses Werkes geltend gemacht.

KATALOG
Wir senden gern unseren kostenlosen Katalog, bitte schreiben Sie an

Schwarzkopf & Schwarzkopf Verlag GmbH
Kastanienallee 32
10435 Berlin

INTERNET
Ausführliche Informationen zum Verlagsprogramm:
www.schwarzkopf-schwarzkopf.de

E-Mail
info@schwarzkopf-schwarzkopf.de